Riverside
Park

**Harlem und
Morningside Heights**
Seiten 250–267

Cathedral of
St. John the Divine

**Central Park und
Upper West Side**
Seiten 234–249

*Central
Park*

*Marcus
Garvey
Park*

American Museum
of Natural History

Solomon R.
Guggenheim
Museum

Central
Park

Metropolitan
Museum of Art

Harlem River

*Randalls
Island*

East River

*Rikers
Island*

Upper East Side
Seiten 214–233

ASTORIA

**Upper
Midtown**
iten 198–213

*Roosevelt
Island*

QUEENSBRIDGE

QUEENS

JACKSON
HEIGHTS

LONG
ISLAND
CITY

SUNNYSIDE

GREENPOINT

BRONX

meter   1

en   1

N

INSPIRIEREN / PLANEN / ENTDECKEN / ERLEBEN

NEW YORK

NEW YORK

INHALT

NEW YORK ENTDECKEN 6

NEW YORK ERLEBEN 62

REISE-INFOS 304

Links: *Straßenszene in der Nähe des Times Square*
Vorhergehende Doppelseite: *Sonnenuntergang am East River*
Umschlag: *Blick von Süden über Manhattan*

NEW YORK
ENTDECKEN

WILLKOMMEN IN
NEW YORK

Herausragende Museen und himmelhohe Wolkenkratzer. Traumhafte Parks und trubelige Einkaufsmeilen. Schräge Bars und schicke Cocktails ... New York ist facettenreich und faszinierend, rastlos, rasant, inspirierend und innovativ. Stellen Sie sich einfach Ihre ganz persönliche Traumreise in den Big Apple zusammen.

1 *Cocktails: Ein Barkeeper legt letzte Hand an*

2 *Beeindruckend: das Innere des Metropolitan Museum of Art*

3 *230 Fifth Avenue: Blick von der begrünten Dachbar auf die Wolkenkratzer*

New York hat tausendundeins Seiten, und jede lohnt, entdeckt zu werden. Die Metropole ist das historische Tor zu Amerika: Auf Ellis Island kamen Millionen Einwanderer an. Wie sie im 19. Jahrhundert in New York lebten, zeigt das Lower East Side Tenement Museum. An zeitgenössische Geschichte erinnert das National September 11 Memorial. Kunstfans zieht es zu den Alten Meistern im Met oder zur Streetart in Harlem. Foodies liegt in New York die Welt zu Füßen, in Stadtteilen wie Nolita und Chinatown, in unzähligen exzellenten Restaurants und Bars. Shopping-Fans werden hier glücklich – in den Luxusläden an der Fifth Avenue, bei Bloomingdale's oder bei den Vintage-Schätzen auf dem Flohmarkt Brooklyn Flea.

New Yorks viele Gesichter lernt man auch in den äußeren *boroughs* kennen. Genießen Sie ein Spiel der Yankees in der Bronx, Craft-Biere in Queens, den einmaligen Blick von der Staten Island Ferry oder von der Brooklyn Bridge nach einem Ausflug ins In-Viertel Williamsburg.

Von Lower Manhattan bis zur Bronx haben unsere Experten detaillierte Routen nach verschiedenen Themen zusammengestellt. Die Stadtteile stellen wir Ihnen in einzelnen Kapiteln samt Experten- und Entdeckertipps vor, zur Orientierung dienen detaillierte Stadtteilkarten. Unser Vis-à-Vis New York ist ideal, um eine unvergessliche Reise zu planen, und ein perfekter Begleiter, um die Metropole zu erkunden. Viel Spaß in New York!

LIEBENSWERTES
NEW YORK

New York ist spektakulär: eine Weltmetropole, eine Stadt, die niemals schläft … Jeder New Yorker liebt seine Stadt aus anderen Gründen. Einige unserer Favoriten stellen wir an dieser Stelle vor.

1 Shakespeare in the Park
An warmen Sommerabenden unterhalten die Schauspieler des Delacorte Theater im Central Park ihr Publikum kostenlos mit Shakespeares berühmtesten Stücken.

Statue of Liberty *2*
Vor dem Hafen hält die ikonische Statue die Fackel der Freiheit hoch – der amerikanische Traum schlechthin. Der Blick von ihrer Krone auf Manhattan ist gigantisch.

3 Jüdische Spezialitäten in der Lower East Side
Berge von Pastrami, leckere Bagels, frisches Challa-Brot: In der Lower East Side lernt man in Delis, Bäckereien und Cafés jüdische Kultur kulinarisch kennen.

High Line 4

Früher Hochbahntrasse, heute Parkanlage: Auf der High Line spaziert man im Grünen und mit umwerfendem Blick auf die City vorbei an Chelseas Dachgärten.

Ein Spiel im Yankee Stadium 5

Die Yankees sind das berühmteste Baseball-Team der USA. Bei Spielen gegen Erzrivalen wie die Boston Red Sox oder die New Yorker Mets ist die Stimmung fantastisch.

Brooklyn Flea und Smorgasburg 6

Kunsthandwerk, Antiquitäten, Spezialitäten – die Wochenendmärkte auf der anderen Seite des East River sind heiß geliebte New Yorker Institutionen.

Jazz live 7

NYC ist ein Synonym für Jazz. Das Erbe der Jazzlegenden halten Village Vanguard, Blue Note und Birdland lebendig, junge Talente treten in kleinen Clubs in Harlem auf.

Metropolitan Museum of Art 8

Das Met ist eines der größten und großartigsten Kunstmuseen. Unter seinem Dach bewahrt es über zwei Millionen Artefakte aus 5000 Jahren.

9 Empire State Building

King Kong ist hinaufgeklettert, Tom Hanks und Meg Ryan haben sich hier geküsst. Der elegante Wolkenkratzer ist seit 1931 ein Wahrzeichen New Yorks.

10 Oper und Ballett im Lincoln Center

Soprane, Tenöre und Baritone, unglaublich grazile Balletttänzerinnen, extravagante Kulissen und Kostüme: Willkommen im Lincoln Center.

Harlem Gospel und Soul Food 11

Sonntags in Harlem: Zuerst schmettern Sie Gospels in der Abyssinian Baptist Church, danach testen Sie bei Sylvia's die köstlichen BBQ-Ribs und kandierten Süßkartoffeln.

Bar-Hopping in Williamsburg 12

Der beste Abschluss für einen langen Tag im supertrendigen Brooklyn: im früher schäbigen, heute schicken Williamsburg – oder Billyburg, wie es die New Yorker nennen – auf großer Cocktailtour von Bar zu Bar wandern.

NEW YORK
AUF DER KARTE

In diesem Reiseführer ist New York in 15 Stadtteile aufgeteilt, die auf den folgenden Seiten beschrieben werden.
Jeder Stadtteil hat eine eigene Farbe, wie auf der Karte
ersichtlich. Die Stadtteile Upper Manhattan, die Bronx,
Queens und Staten Island werden im Kapitel Abstecher
(siehe S. 286 – 303) vorgestellt.

UNION CITY

WEEHAWKEN

NEW JERSEY

Hudson River

THE HEIGHTS

HOBOKEN

NEWPORT

PAULUS
HOOK

**Midtown West und
Theater District**
Seiten 172–183

MoMA

Rockefeller Center

St. Patrick's
Cathedral

**Chelsea und
Garment District**
Seiten 160–171

Grand Central
Terminal

Empire State
Building

**Lower
Midtown**
Seiten 184–197

**Gramercy und
Flatiron District**
Seiten 150–159

**Greenwich
Village**
Seiten 124–137

East Village
Seiten 138–149

**SoHo und
Tribeca**
Seiten 114–123

**Chinatown,
Little Italy
und Nolita**
Seiten 102–113

World Trade
Center

City Hall

**Lower
East Side**
Seiten 90–101

*Ellis
Island*

*Battery
Park*

Williamsburg
Bridge

**Lower
Manhattan**
Seiten 64–89

*Brooklyn
Bridge*

*Manhattan
Bridge* East River

Statue of
Liberty

East River

*Governors
Island*

BROOKLYN
HEIGHTS

WILLIAMSBURG

BOERUM
HILL

Brooklyn
Seiten 268–285

PROSPECT
HEIGHTS

RED HOOK

Riverside
Park

**Harlem und
Morningside Heights**
Seiten 250–267

BRONX

Cathedral of
St. John the Divine

**Central Park und
Upper West Side**
Seiten 234–249

*Central
Park*

*Marcus
Garvey
Park*

American Museum
of Natural History

Solomon R.
Guggenheim
Museum

*Central
Park*

Metropolitan
Museum of Art

Harlem River

*Randalls
Island*

East River

*Rikers
Island*

Upper East Side
Seiten 214–233

ASTORIA

Upper
Midtown
Seiten 198–213

*Roosevelt
Island*

QUEENSBRIDGE

QUEENS

JACKSON
HEIGHTS

LONG
ISLAND
CITY

SUNNYSIDE

GREENPOINT

Nordamerika

KANADA

Seattle

Chicago

Boston

San Francisco

USA

Washington, DC

NEW YORK

Los Angeles

Memphis

Atlanta

*Atlantischer
Ozean*

Houston

Miami

MEXIKO

*Golf von
Mexiko*

*Pazifischer
Ozean*

0 Kilometer   1

0 Meilen   1

N

DIE STADTTEILE
NEW YORKS

Globaler Finanzplatz, kultureller Trendsetter, mehr als acht Millionen Einwohner: New York ist eine Weltmetropole – und für viele ist das rastlose Manhattan mit seinen internationalen Restaurants, berühmten Sehenswürdigkeiten und individuellen Stadtvierteln der Inbegriff von New York.

Seiten 64–89

Lower Manhattan

Lower Manhattan hat sich seit 9/11 bemerkenswert erholt: An der Südspitze der Insel pulsiert das Leben voll geschäftiger Energie. Hier liegen das Finanzzentrum und der älteste Teil der City, bewegt man sich nicht nur auf Ellis und Liberty Island auf geschichtsträchtigem Boden.

Entdecken
Geschichte und Wolkenkratzer

Sehenswert
Statue of Liberty, Ellis Island, National September 11 Memorial and Museum

Genießen
Rundfahrt im New Yorker Hafen

Seiten 90–101

Lower East Side

Die Lower East Side war einst das ärmste der armen Einwandererviertel, heute ist sie bekannt für ihre hippen Bars und die bunte Restaurantszene. Hier reihen sich jüdische Delis neben Latino-Lokalen und chinesischen Restaurants, in den lärmenden Straßen werden alle Sinne in Beschlag genommen.

Entdecken
Jüdische Geschichte auf einer Stadtviertelführung

Sehenswert
Lower East Side Tenement Museum, Katz's Deli

Genießen
Bars, jüdische Spezialitäten

Chinatown, Little Italy und Nolita

In dem pulsierenden, bunten Viertel tobt das Leben. In Chinatown drängeln sich Menschen in den preiswerten Läden und auf den Märkten. Das Angebot reicht von exotischen Früchten über Heilkräuter bis zu asiatischen Antiquitäten. Little Italy umfasst heute nur noch ein paar Blocks, doch noch immer hängt hier der Geruch der altmodischen Bäckereien, sizilianischen Cafés und italienischen Lokale in der Luft. Nolita, aufgehübscht und gentrifiziert, lockt mit Boutiquen und Cafés gut betuchte Fashionistas.

Entdecken
Preiswerte chinesische und italienische Restaurants, chinesische Kultur

Sehenswert
Museum of Chinese in America, New Museum

Genießen
Eine preiswerte kulinarische Tour durch Chinatowns Dim-Sum-Küchen und Nudellokale

SoHo und Tribeca

SoHos freundliches, entspanntes Flair ist eine willkommene Abwechslung zum rastlosen Gedränge in Lower Manhattan. Das Viertel ist vor allem für eins bekannt: Shopping. In seinen hübschen, gemütlichen Straßen bildet schön verzierte Gusseisen-Architektur den angemessen attraktiven Rahmen für schicke Mode- und Design-Boutiquen. Im benachbarten Nobelviertel Tribeca residieren reiche New Yorker und einige der besten Restaurants der Stadt.

Entdecken
Gusseisen-Architektur, Boutiquen, feine Restaurants

Sehenswert
New York Earth Room, Children's Museum of the Arts

Genießen
SoHos schönste Gusseisen-Architektur in der Greene Street

$\rightarrow$

Seiten 124 –137

Greenwich Village

Das »Village«, wie es die New Yorker nennen, ist seit den 1920er Jahren Zentrum der Künstlerszene und mit seinem hohen Anteil an Studenten von der New York University und einer aktiven LGBTQ+ Szene eines der progressivsten Viertel der Stadt. Besucher lieben es, durch die malerischen Seitenstraßen mit den schönen »Brownstones«, Cafés, Restaurants und Nachtclubs zu bummeln und einfach die bunte Szenerie zu beobachten, unter die sich auch der eine oder andere Promi mischen kann.

Entdecken
Bars und Restaurants, solides Nachtleben, schöne Wohnstraßen

Sehenswert
Whitney Museum of American Art

Genießen
Ein Verwöhnpicknick mit Cupcakes aus der Magnolia Bakery im historischen Washington Square Park

Seiten 138 –149

East Village

Im superangesagten East Village findet man einige unbedingt empfehlenswerte Bars, Restaurants und freie Theater. Der unkonventionellere, trendigere Nachbar von Greenwich Village hat durch die Studierenden der New York University und die neu gebauten Wohnhäuser einen Wandel durchlebt. Das East Village ist mit seinen alternativen Boutiquen, Secondhand-Läden, Plattenläden und ambitionierten Bühnen das Szeneviertel der lässigen, coolen New Yorker.

Entdecken
New Yorker Alternativkultur, Bars, preiswerte internationale Restaurants

Sehenswert
St. Mark's Church-in-the-Bowery, Stomp, Little Tokyo, Russian & Turkish Baths

Genießen
Läden und Atmosphäre von St. Mark's Place, ein entspanntes Picknick im Tompkins Square Park

Seiten 150–159

Gramercy und Flatiron District

Diese einst ruhigen Viertel werden derzeit immer beliebter. Am Union Square türmt sich das bunte Angebot auf New Yorks größtem Bauernmarkt, rundum haben zahlreiche Läden und Restaurants eröffnet. Die Entwicklung hat auch den Flatiron District ergriffen. Dort findet man am Madison Square absolut angesagte Restaurants und mit Eataly das Mekka unter den New Yorker Lebensmittelmärkten. Das wohlhabende Wohnviertel Gramercy ist für seinen Privatpark im Londoner Stil bekannt.

Entdecken
Läden, Märkte und preisgekrönte Restaurants abseits des großen Trubels

Sehenswert
Flatiron Building, Eataly NYC Flatiron, Union Square Greenmarket

Genießen
Shackburger und cremiges Schokoladeneis aus der Hand im Madison Square Park

Seiten 160–171

Chelsea und Garment District

Chelsea ist das dynamische Zentrum der Avantgarde-Kultur und der New Yorker Schwulenszene. Kunstfans zieht es in die Galerien in den umgebauten Lagerhäusern an der begrünten High Line, deren Anlage einen ganzen Schwung von Neubauten nach sich zog. Der Garment District ist das geschäftige Shopping-Paradies mit dem Herald Square und Macy's im Zentrum. Das alles überragende Empire State Building markiert die Grenze zur Midtown.

Entdecken
Moderne Kunstgalerien, Designer-Flagship-Stores, LGBTQ+ Szene

Sehenswert
High Line, Empire State Building, Macy's

Genießen
Einen Spaziergang am frühen Morgen auf der High Line, Kunst in den umliegenden Galerien

$\rightarrow$

Seiten 172–183

Midtown West und Theater District

Kein anderes Viertel entspricht dem gängigen Bild von New York so sehr wie Midtown West. Hier liegt der Broadway mit seinen berühmten Bühnen, spektakulär sind auch die grellen Neonlichter am Times Square, wo Straßenkünstler und Touristenscharen mit dem dröhnenden Verkehr konkurrieren. Die bekannten Restaurants und Cocktailbars des Viertels sind perfekt, um sich von dem Trubel und der lärmenden Hektik zu erholen.

Entdecken
Modernes New York, klassische Wolkenkratzer, Theater, gediegene Bars

Sehenswert
Rockefeller Center, New York Public Library

Genießen
Digitale Reklametafeln und Videodisplays am Times Square

Seiten 184–197

Lower Midtown

Lower Midtown ist vorwiegend ein Geschäftsviertel. Hier stehen einige der schönsten Gebäude aus New Yorks goldener Ära, von der Art-déco-Schönheit Chrysler Building mit seiner unverwechselbaren Spitze über den riesigen Beaux-Arts-Bahnhof Grand Central bis zum klassisch modernen UN-Hauptquartier. Tagsüber wuseln in den Straßen Scharen von Angestellten, abends ist hier jedoch wenig los, und die Blocks nahe den Vereinten Nationen sind Wohngebiete für reiche New Yorker und Diplomaten.

Entdecken
Moderne Architektur, klassische Wolkenkratzer, New York bei der Arbeit

Sehenswert
United Nations, Grand Central Terminal, Morgan Library, Chrysler Building

Genießen
Atmosphäre des Grand Central Terminal bei einer Führung

Upper Midtown

Upper Midtown ist das reichste Business- und Shopping-Viertel der Stadt – in diesem Revier der Banken, Büros, Nobelhotels und teuren Eigentumswohnungen steht seit den 1980er Jahren auch der Trump Tower. Die Fifth Avenue säumen superteure Boutiquen und Luxusikonen wie Saks, Bloomingdale's, Cartier und Tiffany & Co. Die meisten Besucher wollen die klassischen Wolkenkratzer und Instagramfreundlichen Straßenszenen sehen, aber auch das Museum of Modern Art, eines der weltbesten Museen für moderne Kunst.

Entdecken
Berühmte Bars und Warenhäuser, Luxusläden, Business-Leben in New York

Sehenswert
MoMA, St. Patrick's Cathedral, Bloomingdale's, Tiffany & Co., Roosevelt Island

Genießen
Bummel durch Bloomingdale's samt kultiger »Brown Bag« für die Beutestücke

Upper East Side

Die Upper East Side war lange Zeit das Viertel für New Yorks obere Zehntausend, bis heute sind Fifth Avenue, Madison Avenue und Park Avenue Bastionen des alten Geldadels. In den Beaux-Arts-Gebäuden an der Fifth Avenue residieren Botschaften und Museen, die Nobelboutiquen wetteifern mit der Konkurrenz in der Madison Avenue in Sachen Exklusivität. Weiter östlich finden sich Spuren deutscher, ungarischer und tschechischer Einwanderungsgeschichte. Das steife Image der Upper East Side lockern hippe Gastropubs und Cocktailbars für Gutbetuchte auf.

Entdecken
Beaux-Arts-Architektur, Kunst, historische Kirchen

Sehenswert
Met, Guggenheim, Frick Madison

Genießen
Klimts fantastisches *Porträt von Adele Bloch-Bauer I* in der Neuen Galerie

$\rightarrow$

Seiten 234 – 249

Central Park und Upper West Side

Der Central Park ist die grüne Lunge der City. Hier kann man auftanken, bevor man sich wieder in die von jaulenden Sirenen untermalte Hektik Manhattans stürzt. Im Sommer ist der Park von Familien, Joggern, Fußballspielern und Radfahrern bevölkert, im Winter liegt er oft unter einer traumhaften Schneedecke. Die benachbarte Upper West Side ist ein beliebtes Wohnviertel. Hier findet man zudem das grandiose American Museum of Natural History und das unermüdlich rege Lincoln Center.

Entdecken
Die grüne Oase Central Park zum Entspannen oder zum Rad- bzw. Bootfahren

Sehenswert
American Museum of Natural History

Genießen
Eine Radtour im Central Park und danach Räucherfisch und Bagels bei Barney Greengrass

Seiten 250 – 267

Harlem und Morningside Heights

Harlem ist bekannt für die größte afroamerikanische Gemeinde der USA, das Viertel ist spannend, pulsierend und quicklebendig. Auf Besucher warten besonders hübsche Straßen und eine interessante kulinarische Szene: Hier duftet es in den quirligen Restaurants köstlich nach Soul Food sowie karibischen und westafrikanischen Küchen. Abends sorgen zahllose Bars und Jazzclubs für Unterhaltung. Morningside Heights ist Sitz der Columbia University.

Entdecken
Afroamerikanische Kultur, Streetart, Soul Food, Jazz, Gospelmessen am Sonntag

Sehenswert
Schomburg Center, Hamilton Grange, National Jazz Museum in Harlem

Genießen
Den mitreißenden Gospelchor in der Abyssinian Baptist Church

Brooklyn

Das jenseits des East River gelegene Brooklyn ist eine weitläufige Stadt in der Stadt, ein Patchwork aus Stadtvierteln mit einer boomenden Downtown, in der die Wohntürme in den Himmel wachsen. Zwischen den schönen Brownstone-Häusern von Fort Greene und Park Slope und den hippen Bars in Williamsburg und Bushwick, wo die Stimmen der Bargäste durch die alten Straßen treiben, liegen die Kunstgalerien von Dumbo, Vintage-Schätze auf dem Brooklyn Flea und nostalgische Vergnügungsparks auf Coney Island.

Entdecken
Flohmärkte, Pizza, Brown-stone-Reihenhäuser, Farm-to-table-Restaurants

Sehenswert
Brooklyn Museum, Smorgas-burg, Dumbo, Brooklyn Navy Yard, Coney Island

Genießen
Vintage auf dem Brooklyn Flea, dann Delikatessen auf dem Smorgasburg

Abstecher

New York ist nicht nur Manhattan, sondern besteht aus fünf Stadtbezir-ken *(boroughs)*. Im kulturell bunten Queens kann man kulinarisch auf Weltreise gehen, die Bronx bietet schöne Parks, einen botanischen Garten von Weltrang und das legen-däre Yankee Stadium. Selbst der »vergessene« *borough* Staten Island, der Insel-Stadtbezirk im New Yorker Hafen, wartet mit einem kolonialen Freilichtmuseum, einem hinreißenden Museum mit tibetischer Kunst und mit Historie auf. Mehr über die Abstecher erfahren Sie ab *S. 286.*

Entdecken
New York der Einwanderer, authentische Ethno-Küchen, mittelalterliche und moderne Kunst, Baseball

Sehenswert
The Cloisters, New York Botanical Garden, Noguchi Museum, Yankee Stadium

Genießen
New Yorker Alltag jenseits von Manhattan

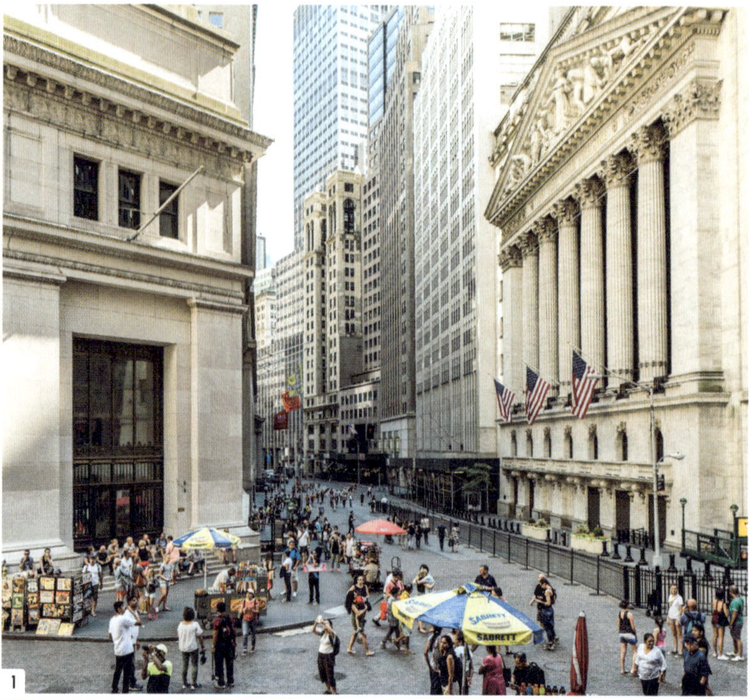
1

2

3

4

←

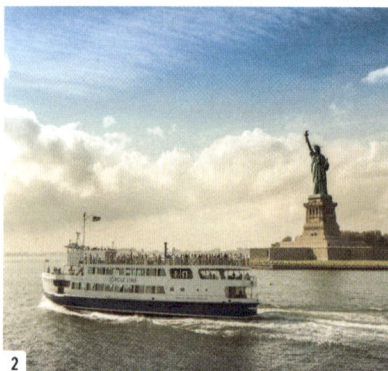

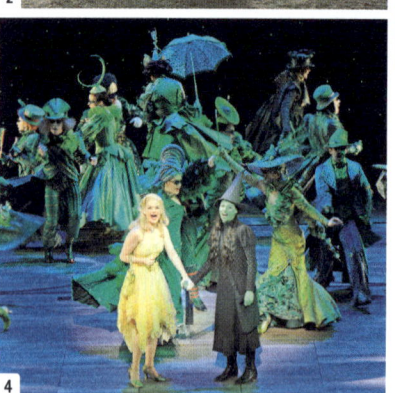

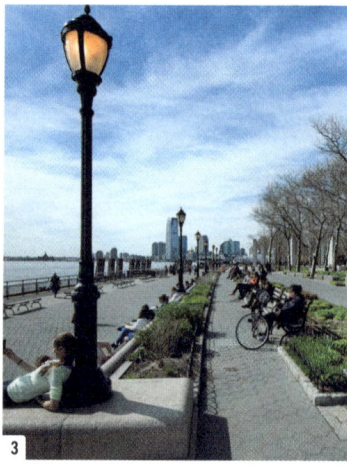

1 *Fußgänger vor der New Yorker Börse*

2 *Eine Fähre vor der Statue of Liberty im Hafen von New York*

3 *Auszeit mit Blick auf die Skyline im Battery Park*

4 *Vorführung des Broadway-Musicals* Wicked

New York City hat so viel zu bieten, dass es einen nahezu überwältigt. Im Folgenden finden Sie Touren, auf denen Sie die Metropole von ihrer schönsten und spannendsten, berühmtesten und unbekannten, liebenswerten und genussvollen Seite kennenlernen.

24 STUNDEN
IN NEW YORK

Vormittags

Geschichtsträchtige Symbole: Für eine New-York-Tour gibt es kaum einen besseren Start als Liberty und Ellis Island. Kommen Sie schon frühmorgens zum Battery Park *(siehe S. 82)*, um die Fähre um 8:30 Uhr zur Statue of Liberty *(siehe S. 68f)* zu buchen. Dort angekommen, kaufen Sie ein Ticket für »Pedestal Access«. Damit können Sie das Museum und die Aussichtsterrasse am Fuß der Statue besuchen (den Weg hinauf zur Krone sparen Sie sich – das dauert zu lange, und Sie haben noch viel vor). Danach geht es weiter nach Ellis Island *(siehe S. 70f)*, wo die Vorfahren von mehr als 100 Millionen Amerikanern die Neue Welt erreichten. Im Ellis Island Café bekommen Sie ein einfaches Mittagessen.

Ist der Hunger noch auszuhalten, empfiehlt es sich, mit der Fähre wieder zum Battery Park überzusetzen und im Gigino at Wagner Park (www.gigino-wagnerpark.com) einzukehren: Die italienischen Weine und Gerichte sowie die Aussicht sind exzellent.

Nachmittags

Vom Battery Park aus ist es via Broadway zu Fuß nicht weit bis zur historischen Trinity Church *(siehe S. 79)*, auf deren Friedhof Alexander Hamilton, einer der Gründerväter der USA, begraben liegt. Von der Kirche führt die von gigantischen Wolkenkratzern gesäumte Wall Street *(siehe S. 78f)* Richtung Osten und zum East River. Werfen Sie einen Blick auf die weltberühmte Börse, die New York Stock Exchange, und die Statue von George Washington vor der Federal Hall *(siehe S. 78)*.

Anschließend fahren Sie mit der U-Bahnlinie 6 nach Uptown. Von der Station 33rd Street spazieren Sie zum Empire State Building *(siehe S. 164f)* – bei gutem Wetter reihen Sie sich ein in die Warteschlange zum Aussichtsdeck in der 86. Etage, es lohnt sich! Weiter geht es zur 34 St-Herald Square Station und zum quirligen, hektischen, einmaligen Times Square *(siehe S. 180)*. Danach stärken Sie sich bei einem frühen Abendessen in dem für seine Gastro-Szene bekannten Viertel Hell's Kitchen *(siehe S. 183)*.

Abends

Wer vorab Karten gekauft hat, besucht ein klassisches Broadway-Musical oder eine Vorstellung in einem der Theater rund um den Times Square. Nach der Show geht es mit dem Taxi oder der U-Bahnlinie 1 zur Christopher St Station zu Snacks und Drinks im Greenwich Village.

$\longrightarrow$

1 *Ruderpartie im Central Park*

2 *Feiner Käse im*
Eataly NYC Downtown

3 *Der* Reflecting Pool *des National*
September 11 Memorial, im Hintergrund
das One World Trade Center

4 *Abendliches New York:*
Spaziergänger auf der High Line

2 TAGE
IN NEW YORK

Tag 1

Vormittags Starten Sie Ihre Tour mit Bagels und Kaffee zum Mitnehmen im Central Park *(siehe S. 238–241)* – zur Öffnungszeit um 10 Uhr stehen Sie dann am Metropolitan Museum of Art *(siehe S. 220–223)* parat (vom Südende des Parks an der 59th Street braucht man rund 40 Minuten zu Fuß). Im Met könnte man Tage zwischen herrlicher Kunst verbringen. Rechnen Sie mit zwei bis drei Stunden, und konzentrieren Sie sich auf Highlights. Ein Muss sind europäische Malerei und der Tempel von Dendur. Mit dem Bus oder einem gemieteten Rad fahren Sie die Fifth Avenue entlang und halten am Rockefeller Center zum Mittagessen.

Nachmittags Von dort geht es zu Fuß (oder mit dem Bus) zum Empire State Building *(siehe S. 164f)* mit seiner prächtigen Art-déco-Architektur und der großartigen Aussicht. Wer noch nicht ganz erschöpft ist, fährt 15 Minuten mit dem Bus M34 zu den Hudson Yards und dem Nordende der High Line *(siehe S. 166f)* und unternimmt dort einen schönen Spaziergang.

Abends Das Abendessen lassen Sie sich in einem der Lokale im Meatpacking District *(siehe S. 131)* am Südende der High Line schmecken.

Tag 2

Vormittags Mit der Kamera im Gepäck geht es auf eine geführte Bootsfahrt vom Pier 16 des Seaport District *(siehe S. 84)* rund um Liberty und Ellis Island. Danach erreichen Sie zu Fuß oder mit dem Taxi das bewegende National September 11 Memorial *(siehe S. 72f)* mit seinen Wasserfällen und stillen Eichenhainen.

Nachmittags Nach dem Mittagessen im Eataly NYC Downtown (4 World Trade Center) spazieren Sie auf dem Broadway zur Wall Street mit der Stock Exchange *(siehe S. 86f)*. Vom Pier 11, wo die Wall Street den East River erreicht, setzen Sie mit der Fähre zum Fulton Ferry District *(siehe S. 278)* in Brooklyn über. Kaufen Sie sich ein Eis, und spazieren Sie dann durch die Straßen des historischen Viertels. Auf dem Weg zurück über die Brooklyn Bridge *(siehe S. 272–275)* genießen Sie einen unvergesslichen Blick von der Brücke auf die Skyline von Lower Manhattan.

Abends Von der Brücke ist es nur ein kurzer Weg nach Chinatown *(siehe S. 109)*, wo Sie in einem der zahlreichen Restaurants zu Abend essen. Nachtschwärmer zieht es danach weiter nach SoHo und seinen angesagten Bars *(siehe S. 118)*.

←
1 *Skelettstruktur in der Halle des neuen Oculus*

2 *Rotunde des Guggenheim*

3 *Frühstück in SoHo*

4 *Abendlicher Drink in Williamsburg mit Blick auf Manhattan*

5 TAGE
IN NEW YORK

Tag 1

Vormittags Mit der ersten Fähre geht es zur Statue of Liberty *(siehe S. 68f)*. Nachdem Sie das Wahrzeichen von Nahem bewundert haben, fahren Sie zurück zum Battery Park und gehen zum National September 11 Memorial and Museum *(siehe S. 72f)*.

Nachmittags Nach dem Mittagessen im Le District *(siehe S. 80)* bummeln Sie durch den futuristischen »Jahrhundertbahnhof« Oculus *(siehe S. 75)* zu St. Paul's Chapel *(siehe S. 80)*, Wall Street und weiter zum Shoppen in den Seaport District NYC *(siehe S. 84)*.

Abends Zum Aperitif bleiben Sie im Seaport District, danach mundet ein Abendessen in Chinatown *(siehe S. 109)*.

Tag 2

Vormittags Nach dem Frühstück im Meatpacking District unternehmen Sie einen Spaziergang auf der High Line *(siehe S. 166f)*. Mit Taxi oder Bus geht es von der 34th Street zum Empire State Building *(siehe S. 164f)* mit seinem Aussichtsdeck. Dort oben nehmen Sie einen Imbiss.

Nachmittags Der Nachmittag gehört der modernen Kunst im MoMA *(siehe S. 202–205)*, am besten mit reservierten Tickets.

Abends Am Times Square *(siehe S. 180)* bewundern Sie das Funkeln der Neonlichter in der Dämmerung. Abschließend genießen Sie eine Broadway-Show.

Tag 3

Vormittags Kommen Sie zum Met *(siehe S. 220–223)*, wenn es öffnet, beschränken Sie sich auf eine oder zwei Abteilungen. Mittags essen Sie in einem seiner Cafés.

Nachmittags Das beeindruckende Solomon R. Guggenheim Museum *(siehe S. 218f)* lockt für rund eine Stunde, dann atmen Sie frische Luft im Central Park *(siehe S. 238–241)*. Nach einem Snack im Loeb Boathouse bezeugen

Sie John Lennon Respekt in den Strawberry Fields und spazieren zur Sheep Meadow – wer mag, setzt sich zum Ausruhen auf die Wiese.

Abends Im Lincoln Center *(siehe S. 244f)* genießen Sie Oper, Konzert oder Ballett sowie ein Abendessen in einem der exzellenten Restaurants, am besten mit Reservierung.

Tag 4

Vormittags Nach dem Frühstück in SoHo spazieren Sie durch Greenwich Village *(siehe Spaziergang S. 134f)*. Im stimmungsvollen Washington Square Park *(siehe S. 132)* legen Sie eine Pause ein.

Nachmittags Nach dem Mittagessen in Little Italy oder Nolita *(siehe S. 110f)* nehmen Sie an einer Führung im Lower East Side Tenement Museum *(siehe S. 94f)* teil, sehenswert (wenn die Energie reicht) ist auch das Museum at Eldridge Street *(siehe S. 96f)*.

Abends Bleiben Sie in der Lower East Side für Abendessen und Drinks – die Auswahl an sehr guten Restaurants und Bars ist groß.

Tag 5

Vormittags Ein Spaziergang führt über die Brooklyn Bridge *(siehe S. 272–275)* und nach einer Rast im Fulton Ferry District *(siehe S. 278)* durch den Brooklyn Bridge Park *(siehe S. 280)* am Ufer.

Nachmittags Nach dem Mittagessen direkt am Wasser geht es zu Fuß kurz bergauf zu einem Spaziergang durch Brooklyn Heights *(siehe Spaziergang S. 284f)*. Weiter geht es ins trendige Dumbo *(siehe S. 278)* zu den Kunstgalerien, auf einen Imbiss zum Time Out Market oder zu einer Vorstellung im St. Ann's Warehouse.

Abends Nach einem perfekten Tag in Brooklyn bringt Sie ein Taxi mitten ins großartige Nachtleben von Williamsburg *(siehe S. 279)*.

Delis

Delis sind eine Institution, einst waren es traditionell jüdische Läden. Bagels und Räucherfisch schmecken bei Zabar's *(siehe S. 247)* und Russ & Daughters (179 East Houston St). Bei Katz's Deli (205 East Houston St) gibt es riesige Pastrami-Sandwiches. Alleva Dairy (188 Grand St) ist typisch italienisch, Sahadi's (187 Atlantic Avenue) in Brooklyn nahöstlich.

Salami und Pickles bei Katz's Deli in der Lower East Side

NEW YORK FÜR
FOODIES

Für Foodies ist New York das pure Vergnügen. Kolumbianisch, armenisch, koreanisch, senegalesisch … Alle Küchen in allen Preisklassen sind hier vertreten. Die Palette reicht von Pizzaschnitten für einen US-Dollar bis zu teuerster, weltberühmter Gourmetküche.

Brunchen

In New York ist der Sonntagsbrunch eine große Sache. In den meisten beliebten Lokalen sorgen spezielle Brunch-Menüs (teils mit Alkohol) für lange Warteschlangen – traditionell im Greenwich Village, in SoHo und der Lower East Side, mittlerweile aber auch in Brooklyn, vor allem in Carroll Gardens, Cobble Hill und Williamsburg. Um Enttäuschungen zu vermeiden, reservieren Sie am besten einen Tisch.

Amerikas Hauptstadt der Gourmetrestaurants

Thomas Kellers Per Se *(siehe S. 245)* steht stets an der Spitze der vielen preisgekrönten Restaurants, Eric Riperts Le Bernardin *(siehe S. 183)* besitzt drei Sterne. Chef's Table at Brooklyn Fare (431 West 37th St) und Eleven Madison Park *(siehe S. 157)* gehören zur jungen Welle der Gourmetrestaurants.

Köstliches Dessert im Le Bernardin, Midtown West und Theater District

↑ *Gäste in der DeKalb Market Hall in Brooklyn*

Food-Courts

Nach dem Erfolg von Eataly *(siehe S. 154f)* und Smorgasburg *(siehe S. 282)* in Brooklyn sind Gourmet-Food-Courts derzeit der letzte Schrei in New York. Französische Küche bietet Le District *(siehe S. 80)*, gehobene die Plaza Food Hall (1 West 59th St), Time Out Market (55 Water St) ist in einem alten Warenhaus untergebracht. Die DeKalb Market Hall (445 Albee Sq West, Brooklyn) hat von Sushi bis Limettenkuchen einfach alles.

 Expertentipp
Food-Touren

Auf geführten Food-Touren erkunden Sie die Stadt zu Fuß, samt Stärkungen. Top-Anbieter sind z. B. NoshWalks (www.noshwalks.com) und Scott's Pizza Tours (www.scottspizzatours.com).

Amerikanische Ikonen

Lombardi's *(siehe S. 110)* war 1905 die erste Pizzeria, bei Patsy's *(siehe S. 261)* gab es 1933 erstmals Pizzastücke. Der Pole Nathan Handwerker machte den Hotdog berühmt – Nathan's Famous (1310 Surf Avenue) gibt es auf Coney Island bis heute. Der Deutsche Arnold Reuben erfand den Cheesecake, der bei Junior's *(siehe S. 282)* genial schmeckt. Die jüngste Ikone, der Cronut (Croissant-Donut), stammt von Dominique Ansel (189 Spring St).

↑ *Alte und neue Ikonen: Nathan's Famous und Cronuts (Detail)*

31

Parks

In New Yorks Parks kann man einen perfekten Vormittag, Nachmittag oder ganzen Tag verbringen. Zwei der schönsten Parks der USA, High Line *(siehe S. 166f)* und Central Park *(siehe S. 238 – 241)*, sind gratis. Sehenswert sind auch Bryant Park *(siehe S. 180f)*, Washington Square *(siehe S. 132)*, Tompkins Square *(siehe S. 142)*, Riverside *(siehe S. 247)* und Prospect Park *(siehe S. 282)*.

→

Kirschblüte im Central Park

NEW YORK FÜR
WENIG GELD

New York ist ein teures Pflaster, doch mit ein wenig Planung entdeckt man als Besucher auch viele preiswerte oder gar kostenlose Angebote, von Museen und Kunstgalerien über Parks bis zu Theateraufführungen.

Picknicken

Mit einem Picknick kann man New York preiswert kulinarisch kennenlernen. Für ein Picknick auf der Great Lawn im Central Park *(siehe S. 238 – 241)* decken Sie sich bei Zabar's *(siehe S. 247)* ein. Sandwiches sind auch eine gute Idee für einen Ausflug nach Governors Island *(siehe S. 76f)*, wobei es dort auch Imbissstände gibt. Für ein Picknick am Strand eignet sich Coney Island *(siehe S. 283)*, dafür kauft man osteuropäische Snacks bei Brighton Bazaar (1007 Brighton Beach Avenue) oder Hotdogs bei Nathan's Famous *(siehe S. 31)*.

Brooklyn-Brewery-Führungen

New Yorks führende Mikrobrauerei bietet kostenlose Führungen: samstags und sonntags halbstündlich von 13 bis 18 Uhr. Verkostungen der Biere sind nicht inbegriffen, doch die Wertmarken, die man vor Ort erwerben kann, sind preiswert *(siehe S. 279)*.

Kostenlos und interessant: Führungen durch die Brooklyn Brewery ↑

Kostenlos ins Museum

In fast allen Museen zahlt man an einem Tag (oder Abend) nach Belieben. Freier Eintritt gilt für: African Burial Ground *(siehe S. 85)*, American Folk Art Museum *(siehe S. 247)*, Bronx Museum of the Arts *(siehe S. 297)*, Hamilton Grange *(siehe S. 258)*, Museum at the FIT *(siehe S. 170)*, National Museum of the American Indian *(siehe S. 83)*, Schomburg Center *(siehe S. 256f)*, Theodore Roosevelt Birthplace *(siehe S. 157)*, New York Public Library *(siehe S. 178f)*, Federal Hall National Memorial *(siehe S. 78)* und General Grant National Memorial *(siehe S. 258f)*.

←

Dinosaurierskelett, American Museum of Natural History

TOP 5 Kostenlos nach Plan

Montag
Museum at Eldridge Street (ganztägig); National September 11 Memorial Museum (15:30 – 17 Uhr).

Mittwoch
Historic Richmond Town (ganztägig).

Freitag
NY Hall of Science (14 – 17 Uhr); Asia Society (18 – 21 Uhr); MoMA (16 – 20 Uhr); Whitney (19 – 22 Uhr).

Samstag
Jewish Museum (ganztägig).

Sonntag
NY Hall of Science (Sep – Juni: 10 – 11 Uhr).

Kunstgalerien in Chelsea

Es kostet keinen Cent, bei einer Tour durch Chelseas Kunstgalerien avantgardistische zeitgenössische Kunst zu entdecken *(siehe S. 171)*. Den Kunstgenuss kann man mit einem Spaziergang auf der High Line *(siehe S. 166f)* kombinieren – ein kostenloses Highlight unter New Yorks Sehenswürdigkeiten. Allerdings können an Samstagen auch sehr viele andere auf dieselbe preiswerte Idee kommen.

↑ *Eine der Kunstgalerien in Chelsea, die für innovative Kunst und Design bekannt sind*

Zeitgenössisch

Entlang der High Line *(siehe S. 166f)* entstand eine ganze Reihe innovativer Gebäude: darunter Frank Gehrys IAC Building (2007), Renzo Pianos Whitney Museum von 2015 *(siehe S. 128f)* und Zaha Hadids 520 West 28th (2017). Dem One World Trade Center, seit 2013 das höchste Bauwerk der Stadt *(siehe S. 74)*, folgten einige »superhohe« Wolkenkratzer.

$\rightarrow$

Frank Gehrys beleuchtetes IAC Building in der Abenddämmerung

NEW YORKS
ARCHITEKTUR

Architektonisch hat New York neben den imposanten Wolkenkratzern noch sehr viel mehr zu bieten. An den großartigen baulichen Wahrzeichen der Stadt lassen sich alle bedeutenden, maßgeblichen Architekturstile der letzten 200 Jahre nachvollziehen.

Die Goldenen Jahre

Art-déco-Wolkenkratzer wurden ab den 1920er Jahren errichtet *(siehe S. 85)*. Einige besonders beeindruckende Gebäude – u. a. One Wall Street (1931), 70 Pine Street (1930) und das Chrysler Building (1930) – entstanden kurz nach dem Börsenkrach von 1929. Das Rockefeller Center *(siehe S. 176f)* aus den 1930er Jahren markiert den Höhepunkt des Art déco in New York.

$\uparrow$ *Art déco vom Feinsten: das Chrysler Building in Lower Midtown*

1950er und 1960er Jahre

Zur Moderne (beeinflusst u. a. durch das Bauhaus und Architekten wie Le Corbusier) gehören in Midtown Mies van der Rohes Gebäude mit den typischen gläsernen Vorhangfassaden: UN-Hauptquartier *(1950, siehe S. 190f)*, Lever House *(1952, siehe S. 211)* und Seagram Building *(1958, siehe S. 210)*. Den Höhepunkt des Stils verkörperten die zerstörten Twin Towers des World Trade Center (1973).

←

Das Sekretariatsgebäude des UN-Hauptquartiers

Unverwechselbar: das attraktive Flatiron Building ↓

TOP 6 **Viertel mit Brownstones**

Greenwich Village
Das Village ist das Viertel der ruhigen Hinterhäuser, schönen Reihenhäuser und eleganten Apartmentblocks.

Upper West Side
Klassische »Brownstones« mit Erkern stehen am Riverside Drive zwischen 80th und 81st Street.

Harlem
In Harlem gibt es besonders schöne Wohnbauten, allen voran die denkmalgeschützten Häuser der Strivers' Row.

Brooklyn Heights
In diesem Viertel sieht man eine große Bandbreite von Stilen, von Reihenhäusern im frühen Federal Style bis zu neoromanischen und neogotischen Stadtvillen.

Fort Greene, Brooklyn
Das Viertel besitzt schöne Wohnstraßen, vor allem die South Portland Avenue.

Park Slope, Brooklyn
Hier stehen schöne neoromanische und Queen-Anne-Style-Häuser (um 1880 – 1890).

Von Cast-Iron zu Beaux Arts

Mitte des 19. Jahrhunderts katapultierten die Gusseisen-Bauten New York an die Spitze der architektonischen Entwicklung. Das Flatiron Building von 1902 *(siehe S. 156)* war einer der ersten »echten« Wolkenkratzer der Stadt. 1913 wuchs das Woolworth Building *(siehe S. 85)* mit seinen dekorativen gotischen Spitzen und Wasserspeiern noch wesentlich weiter in die Höhe. Inbegriff der Beaux-Arts-Architektur jener Zeit sind das Metropolitan Museum of Art *(1902, siehe S. 220 – 223)*, die New York Public Library *(1911, siehe S. 178f)* und der Grand Central Terminal *(1919, siehe S. 188f)*.

1

2

MANHATTANS SKYLINE

Die berühmteste Skyline der Welt verändert sich ständig. Seit den ersten Wolkenkratzern in den 1890er Jahren sind die Türme immer höher geworden, und mit den neuen »Supertalls« wandelt sich das Stadtbild so extrem wie zuletzt in den 1930er Jahren.

In Manhattan drängen sich die Wolkenkratzer in zwei Arealen: in Lower Manhattan (dem Financial District) und in Midtown. Die Skyline der Stadt weist über 260 Gebäude auf, die höher als 152 Meter sind. In den 1890er Jahren rissen bereits die ersten Gebäude die 91-Meter-Marke, der erste große Wolkenkratzer war jedoch erst das 1913 vollendete, 241 Meter hohe Woolworth Building *(siehe S. 85)*. Die ersten Türme wurden als vertikale Monolithen ohne Rücksicht auf die umliegenden Gebäude hochgezogen. Später führten die Behörden die »Air Rights« ein: Sie bestimmen, ab welcher Höhe sich ein Bau nach oben verschmälern muss, damit seine Nachbarn nicht völlig im Schatten liegen.

Manhattans »Supertalls«

In Manhattan stehen einige der berühmtesten »Supertalls« der Welt. Diese – der Name sagt es schon – Giganten sind über 305 Meter hoch und selbstverständlich nicht nur superhoch, sondern auch superteuer. Mehr über diese neuen Wolkenkratzer und Manhattans Skyline erzählt das Skyscraper Museum *(siehe S. 81)*.

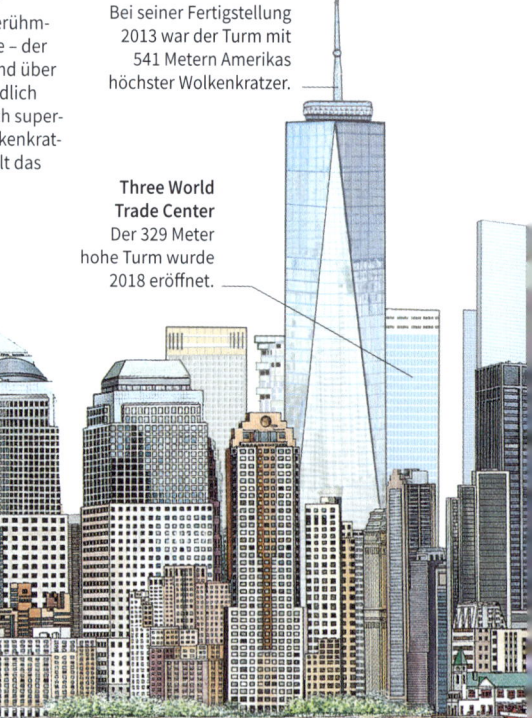

One World Trade Center
Bei seiner Fertigstellung 2013 war der Turm mit 541 Metern Amerikas höchster Wolkenkratzer.

Three World Trade Center
Der 329 Meter hohe Turm wurde 2018 eröffnet.

Brookfield Place
Das höchste Gebäude des Büro- und Shopping-Komplexes ist 225 Meter hoch.

3

1 *Battery Park, im Hintergrund 17 State Street*

2 *26 Broadway, früher das Standard Oil Building, wurde von 1921 bis 1928 in Form einer Öllampe gestaltet.*

3 *Das One World Trade Center hat Manhattans Skyline entscheidend verändert.*

 Schöne Aussicht
Manhattans Skyline

Den besten Blick auf die Skyline bieten Top of the Rock *(siehe S. 176)*, The Hills at Governors Island *(siehe S. 76)*, die Plattform des Empire State Building *(siehe S. 164)*, Roosevelt Island *(siehe S. 211)*, Brooklyn Bridge Park *(siehe S. 280)* und die Staten Island Ferry *(siehe S. 84)*.

↓ *Manhattans Südspitze, vom Hudson River aus gesehen*

Woolworth Building
Die schön verzierte »Kathedrale des Kommerzes« ist 241 Meter hoch.

One Wall Street
Der 282 Meter hohe Art-déco-Turm stammt von 1931.

17 State Street
Der 164 Meter hohe Turm besitzt eine auffällige gebogene Glasfassade.

One Liberty Plaza
Der 226 Meter hohe Wolkenkratzer steht auf dem ehemaligen Grundstück des Singer Building, des höchsten Gebäudes, das jemals abgerissen wurde.

26 Broadway
Das ehemalige Standard Oil Building ist 158 Meter hoch.

Frick Madison

Henry Clay Fricks private Kunstsammlung wird normalerweise in seinem Stadtpalais, derzeit jedoch in der Madison Avenue präsentiert *(siehe S. 224)*. Zu den Highlights gehören Holbeins Porträts von Sir Thomas More und Thomas Cromwell, Vermeers *Soldat und lachendes Mädchen*, Bellinis *Der heilige Franziskus in der Wüste* und Rembrandts rätselhaftes Gemälde *Der polnische Reiter*.

←

Der traumhafte Atriumgarten in Henry Clay Fricks Stadtpalais

NEW YORK FÜR
KUNSTFANS

New York ist ein Zentrum des internationalen Kunstmarkts: Hier haben große Auktionshäuser wie Christie's und Sotheby's sowie Hunderte Händler und Galerien ihren Sitz. An den Kunstakademien treffen sich Talente aus aller Welt. Grandios sind auch die Kunstprojekte im öffentlichen Raum.

TOP 5 | **New Yorker Künstler**

Jean-Michel Basquiat (1960–1988)
Seither erzielen Street- und Pop-Art Rekordpreise.

Keith Haring (1958–1990)
Graffiti und Pop-Art.

Jeff Koons (*1955)
Der Pop-Künstler ist für seine Balloon Dogs aus Stahl berühmt.

Florine Stettheimer (1871–1944)
Avantgardistische Malerin und Mäzenin.

Andy Warhol (1928–1987)
Ikone der Pop-Art.

Guggenheim

Die Ausstellungen im Inneren stehen oft im Schatten von Frank Lloyd Wrights bahnbrechendem Gebäude. Das Guggenheim besitzt jedoch eine exquisite Kandinsky-Sammlung sowie Gemälde von Picasso, van Gogh, Monet und Cézanne *(siehe S. 218f)*.

→

Die unverwechselbare Fassade des Guggenheim

MoMA

Einige der berühmtesten Kunstwerke der Welt sind im Museum of Modern Art, kurz MoMA *(siehe S. 202–205)*, zu sehen, darunter Dalís *Die Beständigkeit der Erinnerung*, van Goghs *Sternennacht*, Picassos *Les Demoiselles d'Avignon* und *Der Tanz* von Matisse.

Expertentipp
Streetart-Touren

Graffiti-Künstler begannen Ende der 1960er Jahre mit »Tagging«. Führungen zu den Werken bieten Graff Tours (www.grafftours.com) und Brooklyn Unplugged (www.brooklynunplug gedtours.com).

↑ *Besucher vor Vincent van Goghs* Sternennacht *(1889) im MoMA*

Whitney

Das Whitney an der High Line ist New Yorks führendes Museum für moderne und zeitgenössische amerikanische Kunst *(siehe S. 128f)*. Die Sammlung zeigt insbesondere Werke von Alexander Calder, Jasper Johns, Reginald Marsh, Georgia O'Keeffe, Claes Oldenburg und Cindy Sherman.

←

Gebäude des Whitney Museum of American Art nach dem Entwurf von Renzo Piano

Met

New Yorks Grande Dame der Kunst besitzt Werke der vergangenen 5000 Jahre aus aller Welt *(siehe S. 220–223)*, darunter Duccios *Madonna mit Kind*, zahllose französische Impressionisten und moderne Werke von Clyfford Still, Andy Warhol und Chuck Close.

→

Claude Monets Seerosen *(1916–19) in der Dauerausstellung des Met*

◁ Museum of the Moving Image
In einer beliebten Dauerausstellung im Museum of the Moving Image in Queens *(siehe S. 299)* dreht sich alles um die Muppets. Präsentiert werden 47 echte Muppets und mehr als 300 damit verbundene Objekte. Älteren Kindern gefallen die Abteilungen über Film, Fernsehen und Videospiele.

▷ **Museen für Kinder**
New York ist gut mit interaktiven Museen für Kinder versorgt. Das Children's Museum of Manhattan *(siehe S. 246)* ist randvoll mit Spielzeug, das Children's Museum of the Arts *(siehe S. 119)* fördert die kindliche Kreativität, und das Brooklyn Children's Museum *(siehe S. 280)* begeistert mit Farb- und Sensorikzimmern sowie Spielbereichen für Kleinkinder.

NEW YORK FÜR
FAMILIEN

Speziell auf junge Besucher ausgerichtete Museen, haarsträubende Achterbahnfahrten, gigantische Warenhäuser und riesige Parks – der Big Apple ist auch für Kinder aller Altersgruppen ziemlich cool.

◁ **American Museum of Natural History**
Die Nummer eins unter den Familienausflugszielen *(siehe S. 242f)* begeistert mit Dinos, einem simulierten afrikanischen Regenwald, 3-D-IMAX-Kinos, einem Planetarium sowie Sonderausstellungen – danach können sich die Kids im nahen Central Park *(siehe S. 238 – 241)* austoben.

◁ Karussells

Kleinen Kindern gefallen vor allem altmodische Karussells wie das Central Park Carousel mit seinen 57 handgeschnitzten Pferden. Im SeaGlass Carousel im Battery Park *(siehe S. 82)* fährt man auf Fischen durch einen Unterwassergarten. Vom Jane's Carousel im Brooklyn Bridge Park bietet sich zudem ein Spaziergang über die Brooklyn Bridge an.

◁ Madison Square Park und Shake Shack

Im Sommer ist im Madison Square Park immer etwas geboten, von Open-Air-Yogakursen bis zu eindrucksvollen öffentlichen Kunstinstallationen. Ein Plus ist das orignale Burger-Lokal Shake Shack. Dort gibt es Shackburger, Käse-Pommes und cremiges Schokoladeneis für ein Picknick im Park.

△ Räder, Schlittschuhe und Boote im Central Park

Im Central Park kann man super radeln, Leihräder gibt es z. B. bei Master Bike Shop *(siehe S. 240)*. Im Sommer geht man am Lasker Pool zum Schwimmen und mietet sich ein Ruderboot am Loeb Boathouse *(siehe S. 241)*. Schlittschuhlaufen (mit Schuhverleih) ist im Winter auf dem Wollman Lasker Rink angesagt.

Diners

Lexington Candy Shop
Farbenfrohes Diner.

📍 P7 🏠 1226 Lexington Ave 🅆 lexingtoncandyshop.com

Ⓢ Ⓢ Ⓢ

Bubby's
Toll zum Frühstücken.

📍 D11 🏠 Hudson St 🅆 bubbys.com

Ⓢ Ⓢ Ⓢ

Ellen's Stardust Diner
Singende Kellner.

📍 D3 🏠 1650 Broadway 🅆 ellensstardustdiner.com

Ⓢ Ⓢ Ⓢ

Märkte

Möbel, Vintage-Mode, Kunst, Antiquitäten – der Brooklyn Flea *(siehe S. 279)* am Wochenende ist der Klassiker. In Manhattan bietet der Chelsea Flea *(siehe S. 168)* bis zu 135 Händler, noch größer ist Grand Bazaar NYC in der Upper West Side. Der größte Bauernmarkt findet auf dem Union Square *(siehe S. 157)* statt. Zudem gibt es saisonale Märkte.

Obst, Gemüse und Blumen beim Bauernmarkt auf dem Union Square

SHOPPING
IN NEW YORK

New York ist ein Shopping-Paradies, schließlich ist die Metropole Amerikas Kommerzhauptstadt. Shopping-Touren führen zu Flagship-Stores aller großen Marken, lokalen Boutiquen, Straßenmärkten, Vintage-Läden und zu den berühmtesten Kaufhäusern der USA: Bloomingdale's und Macy's.

Shopping in SoHo

Mode kauft man in Manhattan vor allem in SoHo um Broadway und Spring Street. Populäre, erschwingliche Marken wie Voz, The RealReal, Reformation, und The Vintage Twin haben hier alle riesige Filialen. Auch Designer für gehobenere Ansprüche wie etwa Christian Dior, Marc Jacobs, Balenciaga, Stella McCartney, Paul Smith, Kate Spade und Louis Vuitton unterhalten in den Nebenstraßen des Viertels edle Boutiquen. Am besten geht man in SoHo unter der Woche shoppen, am Wochenende ist es hier krachend voll.

Kaufhäuser

Bloomingdale's ist New Yorks berühmtestes Kaufhaus, größer (und preiswerter) ist Macy's *(siehe S. 169)*. Bergdorf Goodman und Saks Fifth Avenue sind hochpreisige Warenhäuser mit einem großen Angebot an Designermode und tollen Schaufensterdekorationen *(siehe S. 208)*.

Taxis vor Saks & Company an der Fifth Avenue

Luxusmarken

Tiffany & Co. – bei Audrey Hepburns Liebling im Film *Frühstück bei Tiffany* glitzern Diamanten *(siehe S. 208f).* New Yorker Designer mit Flagship-Stores sind Vera Wang (991 Madison Avenue), Marc Jacobs (59 Greene St) und Alexander Wang (103 Grand St). Prada (575 Broadway) ist Trendsetter in SoHo, die TV-Serie *Sex and the City* heizte die Nachfrage nach Schuhen von Louboutin (967 Madison Avenue) und Manolo Blahnik (31 West 54th St) an.

$\longrightarrow$

Manolo Blahnik, eine New Yorker Ikone für Fashionistas

Bücher und Comics

Billige Bücher gibt es beim Strand Bookstore *(siehe S. 145),* Antiquarisches bei WORD (126 Franklin St) und Housing Works (126 Crosby St), Comics bei St. Mark's Comics und Forbidden Planet (832 Broadway), LGBTQ+ Bücher bei Bluestockings (116 Suffolk St).

$\longleftarrow$

Kunden stöbern in den Sonderangeboten vor dem Strand Bookstore

Vintage und secondhand

In Brooklyn lohnen sich Beacon's Closet *(siehe S. 279),* Amarcord (223 Bedford Avenue) und Domsey Express (431 Broadway), in Manhattan Michael's Consignment (1125 Madison Avenue), L Train Vintage (204 First Ave) und Edith Machinist (104 Rivington St).

$\longrightarrow$

Vintage-Mode bei Beacon's Closet, Greenpoint, Brooklyn

▷ **Den Knicks im Madison Square Garden zujubeln**

Das Basketball-Team New York Knicks ist eher mittelprächtig, wird von seinen Anhängern aber umso fanatischer unterstützt. Auf den Zuschauerrängen sind z. B. regelmäßig Spike Lee, Alec Baldwin und Howard Stern zu sehen. Die Spiele im Madison Square Garden *(siehe S. 169)* sind ein aufregendes Spektakel mit Musik, Pomp und leckeren Snacks.

◁ **Tischtennis spielen**

Susan Sarandon ist Mitbesitzerin des SPiN (48 East 23rd St) – und dort auch oft zu sehen. Der Tischtennisclub mit 19 Tischen sowie Lokal ist am Wochenende bis 2 Uhr offen. Er ist eher eine Lounge-Bar mit erstklassigen Cocktails und Snacks als ein Sportclub.

NEW YORK FÜR
SPORTFANS

New York ist eine Hochburg des Sports: Hier sind berühmte Teams wie die Knicks (Basketball), die Yankees und Mets (Baseball) zu Hause. Wer selbst Sport treibt, findet viele erstaunlich preiswerte oder kostenlose Angebote.

◁ **Ein Baseballspiel im Yankee Stadium ansehen**

Im Sommer ist es Tradition, dem erfolgreichsten US-Baseball-Team bei Hotdogs und einem kalten Bierchen zuzujubeln *(siehe S. 297)*. Seit ihrer Gründung 1913 haben die Yankees 27 Mal die World Series gewonnen! Unterhaltung ist garantiert.

▷ Radfahren im Park

New York ist in den letzten Jahren erheblich radfahrerfreundlicher geworden. Radwege führen fast durch ganz Manhattan am Hudson River entlang. Im Central Park gibt es inzwischen ein Wegenetz – im Sommer sind beides tolle Optionen. Leihräder bekommen Sie im Central Park *(siehe S. 240)* und über Citi Bike (www.citibikenyc.com).

◁ Kajakfahren auf dem Hudson River

Kajakfahren auf dem Hudson River ist vor allem im Sommer beliebt und eine erstaunlich entspannte Angelegenheit. Vom Wasser aus ist der Blick auf die Skyline von Manhattan besonders reizvoll und ungewöhnlich. Am Downtown Boathouse am Pier 26 kann man von Mitte Mai bis Mitte Oktober kostenlos Kajak fahren. Die Manhattan Kayak Company am Pier 84 bietet Kajakkurse und Stand-up Paddling.

 Expertentipp
Tickets

Am besten online oder an der Tageskasse: die Sommer-Tickets für das Yankee Stadium (ab 19 $ für nicht überdachte Plätze) und das Barclays Center (Basketballer der Brooklyn Nets).

▷ Schlittschuhlaufen

Von November bis März öffnen die Open-Air-Eislaufbahnen ihre Tore. Traumhaft ist das Ambiente am Wollman Rink im Central Park *(siehe S. 241)* oder an der Eislaufbahn im Rockefeller Center *(siehe S. 176f)*. Reizvoll sind auch die winterlichen Eislaufbahnen beim Standard High Line Hotel und im Bryant Park (kostenlos).

◁ The Cloisters Museum

Der Weg an Manhattans Nordende lohnt sich: Auf einem Hügel am Hudson präsentiert hier das Met mittelalterliche Gobelins, Gemälde und Skulpturen – und originale mittelalterliche Kreuzgänge, die in den Komplex integriert wurden. In diesem Ambiente fühlt man sich weit jenseits von Nordamerika *(siehe S. 290f)*.

▷ Hispanic Society, Washington Heights

Die Hispanic Society besitzt die größte Sammlung hispanischer Kunst außerhalb Spaniens. Die Hauptabteilung ist in den Rottönen eines andalusischen Palasts gehalten – und zeigt Meisterwerke wie Goyas *Herzogin von Alba* und Joaquín Sorollas Wandbilder-Zyklus *Ansichten von Spanien (siehe S. 292)*.

NEW YORK AUF
NEUEN WEGEN

New Yorks weltberühmte Sehenswürdigkeiten überstrahlen seine unbekannteren und doch unbedingt sehenswerten Attraktionen. Auch Reisende, die nicht zum ersten Mal in New York sind, können immer wieder unbekannte Highlights finden und den Spuren anderer Länder und Kulturen folgen. Wer Zeit und Lust hat, kann überall in der Stadt Schönes, Ungewöhnliches und Spannendes entdecken.

◁ Green-Wood Cemetery, Brooklyn

Im 19. Jahrhundert wurden auf dem Green-Wood Cemetery New Yorks »Macher« bestattet, etwa der Zeitungsverleger Horace Greeley, der Prediger Henry Ward Beecher und der Glaskünstler Louis C. Tiffany. Auf dem schönen Friedhof kann man auf eigene Faust oder mit einem Führer ihre Grabstätten entdecken. Auch der Komponist Leonard Bernstein liegt hier begraben *(siehe S. 283)*.

◁ The Rockaways, Queens

Surfen in New York? Das geht, und zwar an den langen Sandstränden der Rockaway Peninsula, die man bequem per Subway erreicht. Der Strand im Jacob Riis Park ist meist ruhig, im Sommer sorgt jedoch der Riis Park Beach Bazaar *(siehe S. 301)* mit Live-Bands und Imbissständen für Trubel (www.riisparkbeachbazaar.com).

◁ Jacques Marchais Museum of Tibetan Art, Staten Island

So etwas erwartet man in New York eigentlich nicht: kostbare Gebetsfahnen und ein Museum, das wie ein altes tibetisches Kloster an einem Hang auf Staten Island gelegen ist. Es wurde in den 1940er Jahren von dem erfolgreichen Kunsthändler Jacques Marchais gegründet und besitzt mittlerweile die größte Sammlung tibetischer Kunst außerhalb Chinas *(siehe S. 302)*.

Mikrobrauereien

Einige der besten New Yorker Craftbeers werden in den äußeren Stadtbezirken gebraut – in den Trinkstuben der Brauereien kann man sie testen. Empfehlenswert sind Folgende: Bronx Brewery (856 East 136th St, Port Morris), Finback Brewery (7801 77th Avenue, Ridgewood), SingleCut Beersmiths (19 – 33 37th St, Astoria) in Queens. In Brooklyn liegen Other Half Brewing (195 Centre St, Carroll Gardens), Threes Brewing (333 Douglass St, Gowanus) und Brooklyn Brewery *(siehe S. 298)*.

△ Greenpoint, Brooklyn

New Yorks polnische Gemeinde hat ihren eigenen Charakter. In der Manhattan Avenue gibt es *kielbasa* und *pierogi* (Piroggen), z. B. bei Polka Dot (726 Manhattan Avenue). Die hippen Kreativen zieht es neuerdings in die dänische Mikrobrauerei Tørst (615 Manhattan Avenue) und das Café Grumpy (193 Meserole Avenue), das man aus der TV-Serie *Girls* kennt *(siehe S. 279)*.

Auf George Washingtons Spuren

George Washington (1732–1799) aus Virginia verbrachte im Unabhängigkeitskrieg Jahre in New York. 1776 requirierte er das Morris-Jumel Mansion *(siehe S. 292)* als Hauptquartier, 1783 kehrte er in die Stadt zurück, wo er in der Fraunces Tavern *(siehe S. 83)* seine Offiziere verabschiedete. Die Statue vor der Federal Hall *(siehe S. 78)* erinnert daran, dass er hier 1789 den Amtseid als erster US-Präsident ablegte. In der St. Paul's Chapel wird seine Kirchenbank wie ein Schrein gehütet *(siehe S. 80)*.

George Washingtons Bronzestatue vor der Federal Hall

NEW YORKS
STADTGESCHICHTE

Offiziell wurde New York 1625 von Holländern als »Nieuw Amsterdam« gegründet. Von seiner relativ kurzen Geschichte erzählen unzählige Exponate in historischen Museen, alte Synagogen und Kirchen, Festungsruinen, edle Herrenhäuser sowie weitere stumme Zeitzeugen.

TOP 5 Historische Museen

Museum of the City of New York
Infos zur Stadtgeschichte *(siehe S. 229)*.

New York Historical Society
New Yorker Themenausstellungen *(siehe S. 246)*.

National Museum of the American Indian
Rund eine Million Exponate *(siehe S. 83)*.

Museum of Chinese in America
Geschichte der US-Chinesen *(siehe S. 108f)*.

Italian American Museum
Little Italy *(siehe S. 111)*.

Jüdische Geschichte

Jüdische Kultur ist ein prägendes Element im New Yorker Selbstverständnis. Die restaurierte Synagoge im Museum at Eldridge Street *(siehe S. 96f)* bietet einen Einstieg in den jüdischen Alltag der Lower East Side, den Food- und Synagogen-Touren noch vertiefen. Jüdischer Geschichte widmen sich auch das Museum of Jewish Heritage *(siehe S. 81)* und das Jewish Museum *(siehe S. 225)*. Der Tempel Emanu-El *(siehe S. 226)* ist eine der größten Synagogen der Welt.

Beeindruckende Opulenz im Museum at Eldridge Street

Afroamerikanische Geschichte

Das koloniale New York wurde hauptsächlich von afroamerikanischen Sklaven erbaut. An sie erinnert der African Burial Ground in Lower Manhattan *(siehe S. 85)*. Geschichte und Kultur Harlems, der bekanntesten afroamerikanischen Community Amerikas, bewahren das Schomburg Center *(siehe S. 256f)*, Apollo Theater *(siehe S. 262)*, Studio Museum 127 in Harlem *(siehe S. 260)* und das Langston Hughes House *(siehe S. 259)*. In Queens ist das Wohnhaus des legendären Jazzmusikers Louis Armstrong heute ein Museum *(siehe S. 298)*.

Shirley Chisholm (1924 – 2005)

1968 wurde die aus Brooklyn stammende Shirley Chisholm als erste Afroamerikanerin in den US-Kongress gewählt. Vier Jahre später kandidierte sie als erste Frau der Demokratischen Partei und als erste Afroamerikanerin für das Präsidentenamt. Barack Obama verlieh ihr 2015 die Presidential Medal of Freedom. Ein Denkmal im Prospect Park erinnert an Chisholm.

← *Denkmal auf dem African Burial Ground in Lower Manhattan*

Einwanderungsgeschichte

New Yorks Geschichte ist auch und vor allem eine Geschichte der Immigration. Die beste Einführung bietet das Museum auf Ellis Island *(siehe S. 70f)*, von 1892 bis 1954 die zentrale Sammelstelle für Einwanderer. Das Lower East Side Tenement Museum *(siehe S. 94f)* zeigt in einer restaurierten Mietskaserne, wie die Neuankömmlinge lebten und arbeiteten.

↑ *Einwandererquartiere am East Broadway um 1900*

→
*Led Zeppelin Tribute
Concert in der renom-
mierten Carnegie Hall*

NEW YORK
LIVE!

**Die Lichter des Broadway haben Sogwirkung, doch in New York kann man
sich auch jenseits der Theatermeile fantastisch live unterhalten lassen, bei
Musik, Comedy, in TV-Shows … Das Angebot ist in der Menge, Bandbreite und
Qualität einmalig und bedient noch dazu jedes Budget.**

Comedy Clubs

New Yorker Comedy Clubs bieten fast
jeden Abend Shows, oft treten sehr
bekannte Stand-up-Comedians auf.
Berühmt ist Carolines on Broadway
(1626 Broadway). Comic Strip Live
(1568 Second Avenue) gibt es seit
1975 und Dangerfield's (1118 First
Avenue) seit 1969. Der Gotham Comedy Club (208 W 23rd St) war schon
Kulisse vieler Shows und Filme.

Stand-up-Comedian ↑
*Sydnee Washington im
Carolines on Broadway*

Musik

Livemusik im Big Apple – das heißt, aus dem Vollen zu schöpfen. Grunge- und Punk-Fans zieht es zu Arlene's Grocery (95 Stanton St) in der Lower East Side, dort traten schon The Strokes, Lady Gaga und Arcade Fire am Anfang ihrer Karriere auf. Die Carnegie Hall *(siehe S. 181)* ist die unbestrittene Queen der New Yorker Konzertsäle. Hier finden vor allem Klassik-, teils auch Popkonzerte statt. New York ist zudem eine Wiege des Jazz, legendäre Clubs sind Blue Note (131 West 3rd St) und Village Vanguard (178 Seventh Avenue) in Greenwich Village und Bird-land (315 West 44th St) in Midtown. Das multi-kulturelle Nuyori-can Poets Cafe *(siehe S. 143)* im East Village ist bekannt für Poetry-Slams, Performan-ces, Hip-Hop und Theater-Events.

← *Jazz live im legen-dären Birdland in Midtown*

TOP 4 New Yorker Jazzgrößen

Louis Armstrong (1901–1971)
Die Jazzlegende zog 1943 nach Queens und lebte dort fast 30 Jahre.

Duke Ellington (1899–1974)
Der Duke lebte ab den 1920er Jahren in New York, sein Orchester war die Hausband des Cotton Club.

Billie Holiday (1915–1959)
»Lady Day« begann ihre Karriere 1929 in Jazz-clubs in Harlem.

Sonny Rollins (*1930)
Der Saxofonist aus Harlem gab 1957 eine LP vom Konzert im Vil-lage Vanguard heraus.

💬 Expertentipp
Kostenlose Livemusik

Punk-Karaoke mit Band (Mo) gibt es bei Arlene's Grocery, Indie hört man im Saint Vitus, Warsaw und Otto's Shrunken Head, eine Adresse für Jazz ist Marjorie Eliot's (So 15:30 – 18 Uhr).

Late-Night-Shows

Amerikanische TV-Shows live und in Farbe – für die Shows kann man sich online um kostenlose Tickets bewerben, um im Studio-Publikum dabei zu sein. Zur Wahl stehen Comedy Centrals *Daily Show with Trevor Noah* (733 11th Avenue), *The Late Show with Stephen Colbert* (1697 Broad-way) sowie die NBC-Kon-kurrenz *The Tonight Show starring Jimmy Fallon* und *Late Night with Seth Meyers* (30 Rockefeller Plaza).

↑ *Bryan Cranston mit Gastgeber Stephen Colbert in* The Late Show with Stephen Colbert

Old-School-Cocktails

Klassiker schmecken im Dead Rabbit (30 Water St), den perfekten Martini gibt es im Café Carlyle *(siehe S. 225)*. Die Bloody Mary trat ihren Siegeszug in der King Cole Bar *(siehe S. 210)* unter Gemälden von Maxfield Parrish an. In Bemelmans Bar *(siehe S. 225)* trinkt man zu Ludwig Bemelmans Bildern. Die Bar Pleiades ist eine Hommage an Chanel *(siehe S. 225)*.

→

Barkeeper beim Cocktailmixen in der King Cole Bar des St. Regis Hotel

NEW YORKS
COCKTAILS

Fast an jeder Ecke findet man eine gemütliche Cocktailbar, viele haben eine lange Tradition. In New York wurden die Bloody Mary und der Manhattan erfunden, der Cosmopolitan und der Martini perfektioniert. »Mixologen« rühren und schütteln in zahllosen Bars – von elegant bis hyperromantisch.

Cocktails für Fashionistas

Zur Fashion Week boomen Paul's Casablanca *(siehe S. 118)*, Paul's Cocktail Lounge im Tribeca Grand Hotel (2 Sixth Avenue), Boom Boom Room und Top of the Standard im The Standard High Line (848 Washington St), das als Kellerbar gestaltete Apotheke (9 Doyers St) in Chinatown und das für seine Negronis bekannte Dante (79 – 81 MacDougal St).

Verführerische Drinks: ↑
effektvoll präsentierter
Cocktail

Japan-Cocktails

Japanische Cocktailbars in Chinatown und der Lower East Side sind oft minimalistisch eingerichtet und servieren Cocktails auf Sake-Basis. Die schöne Bar Goto (245 Eldridge St) ist relativ neu, das versteckt gelegene Angel's Share (8 Stuyvesant St) gibt sich schon seit 1993 stimmungsvoll bei Kerzenlicht (Tipp: im Restaurant Village Yokocho nach der nicht gekennzeichneten Tür suchen). Das Decibel (240 East 9th St) serviert außer Sake auch Litschi-Martinis und »Kamikaze«-Cocktails.

← *Chinatown und Lower East Side sind die Viertel für kreative und exotische Cocktails*

Bars

Die Bars bieten zu besten Cocktails auch eine wundervolle Aussicht.

Loopy Doopy Rooftop Bar
🏠 Conrad New York, 102 North End Ave
🆆 conradnewyork.com

Lemon's
🏠 Wythe Hotel, 80 Wythe Ave, Williamsburg
🆆 wythehotel.com

230 Fifth
🏠 230 Fifth Ave
🆆 230-fifth.com

Roof Garden Café
🏠 The Met, 1000 Fifth Ave 🆆 metmuseum.org

Speakeasys

Die neuen Speakeasys lassen die Flüsterkneipen der Prohibition wiederaufleben: Bei Death & Co *(siehe S. 143)* tragen die Barkeeper Fliege und Hosenträger, eine schwarze Tür führt in den 124 Old Rabbit Club (124 Macdougal St). The Back Room (102 Norfolk St) serviert Drinks in Teetassen.

↑ *»The Night in Tunisia«, ein Cocktail im Death & Co, einer Bar im Stil der 1920er Jahre im East Village*

DAS JAHR IN
NEW YORK

Januar

△ **New York Jewish Film Festival** *(Mitte – Ende Jan)*. Das Lincoln Center präsentiert internationale Filme über jüdisches Leben.

Februar

△ **Westminster Kennel Club Dog Show** *(Mitte Feb)*. Im Madison Square Garden schaut das schmachtende Publikum zu, wie 2500 Hunde um Rosetten und Trophäen wetteifern.

Mai

△ **Sakura Matsuri** *(Anfang Mai)*. Das japanische Kirschblütenfest findet mit diversen Events unter den blühenden Kirschbäumen des Brooklyn Botanic Garden statt.

Juni

National Puerto Rican Day Parade *(2. So)*. An diesem Tag wird Puerto Rico gefeiert – rund zwei Millionen Menschen schauen bei der Parade in der Fifth Avenue zu.

△ **Pride Week** *(Mitte Juni)*. Zu New Yorks alljährlicher Feier der LGBTQ+ Kultur gehört der New York City Pride March in der Fifth Avenue (von 37th bis Greenwich St).

Mermaid Parade *(Mitte Juni)*. Umzug mit Nixen- und Meeresfauna-Kostümen auf Coney Island.

September

△ **West Indian-American Day Parade and Carnival** *(1. Mo)*. Zum Soundtrack der Steel-Drums tanzen die Teilnehmer von Brooklyns größtem Labor-Day-Umzug in Crown Heights.

Brooklyn Book Festival *(Anfang Sep)*. New Yorks größtes kostenloses Literaturfest findet in der Brooklyn Borough Hall statt.

Feast of San Gennaro *(10 Tage Mitte Sep)*. Neapels Stadtpatron wird mit Cannoli-Wett-essen, Spielen, Imbissständen und einer ausgelassenen Parade in Little Italy gefeiert.

New York Film Festival *(Ende Sep – Mitte Okt)*. Im Lincoln Center ist amerikanische und internationale Filmkunst zu sehen.

Oktober

New York Comic Con *(Anfang Okt)*. Comic-, Anime- und Mangafans strömen kostümiert ins Jacob K. Javits Convention Center.

Columbus Day Parade *(2. Mo)*. In der Fifth Avenue feiert man italoamerikanische Kultur und Kolumbus' Ankunft in Amerika.

△ **Village Halloween Parade** *(31. Okt)*. Amerikas größte Halloween-Feier findet in spektakulären Kostümen in der Sixth Avenue (von Spring bis West 23rd Street) statt.

März

△ **St. Patrick's Day Parade** *(17. März).*
Alles ist grün: In New York führt die Parade der irisch-amerikanischen Gemeinde durch die Fifth Avenue.

Easter Parade *(März/Apr).*
Hunderte New Yorker promenieren am Ostersonntag auf der Fifth Avenue (von 49th bis 57th St) mit aufwendig gestalteten, blumenbedeckten Osterhüten.

April

△ **Tribeca Film Festival** *(Ende Apr).*
Das von Robert De Niro, einem New Yorker, gegründete Festival zeigt an zehn Tagen mehr als 100 Filme aus der ganzen Welt im Tribeca Film Center und in verschiedenen Kinos.

Juli

△ **Independence Day** *(4. Juli).*
Das grandiose Feuerwerk über East oder Hudson River sieht man am besten vom Ufer aus.

August

△ **US Open** *(letzter Mo im Aug/1. Mo im Sep).*
Die besten Tennisspieler der Welt schlagen bei diesem Turnier im Flushing Meadows-Corona Park in Queens auf.

November

△ **New York City Marathon** *(1. So).*
Rund 50 000 Teilnehmer laufen von Staten Island aus durch alle fünf *boroughs*.

Macy's Thanksgiving Day Parade *(4. Do).*
Zu der berühmten Parade gehören riesige Ballonfiguren, Festwagen, Marschkapellen und Santa Claus. Sie führt vom Central Park West (West 77th St) zum Columbus Circle und via Broadway zum Herald Square.

Rockefeller Center Christmas Tree Lighting *(Ende Nov).* Mit dem Anzünden des Weihnachtsbaums an der Eisbahn am Rockefeller Center beginnt offiziell die Weihnachtszeit.

Dezember

△ **Silvester am Times Square** *(31. Dez).*
Zuerst wird getrunken, getanzt und gefeiert, bevor wie jedes Jahr am Times Square beim »Ball Drop« mitgezählt wird.

1

KURZE
GESCHICHTE

New York, das Tor zur Neuen Welt, war für Millionen Einwanderer schon immer eine kosmopolitische Hafenstadt, in der nur der Wandel beständig ist: vom holländischen Pelzhandelsposten zum globalen Finanzplatz und kulturellen Hotspot, der uns mit Beatniks, Jazz und Hip-Hop bereicherte.

Niederländer und Briten

Als die Niederländische Westindien-Kompanie (WIC) 1624 einen Pelzhandelsposten auf Governors Island errichtete, gehörte das heutige Stadtgebiet zum dicht bewaldeten Siedlungsgebiet der Lenape. Auf *Manna-Hata*, der »Insel der Hügel«, wie die Lenape Manhattan nannten, wurde schon ein Jahr später Nieuw Amsterdam gegründet. Die Siedlung stieg zum Hauptort der unruhigen Kolonie Nieuw Nederland auf, die Peter Stuyvesant ab 1647 als Generaldirektor verwaltete. 1664 fiel Nieuw Amsterdam an die Briten, die es zu Ehren des Duke of York, eines Bruders von König Charles II, in New York umbenannten.

1 *Nieuw Amsterdam im Jahr 1660* ↑

2 *Die Schlacht von Long Island, Brooklyn 1776*

3 *Statue von George Washington vor der Federal Hall*

4 *Times Square in Manhattan, Fotografie von 1917*

Chronik

1624
Niederländische Kolonie auf Governors Island

1776
Der Unabhängigkeitskrieg beginnt, ein Brand zerstört große Teile der Stadt

1653
Zum Schutz vor Angriffen wird ein Wall aufgeschüttet, parallel dazu verläuft die Wall Street

1664
Die Briten übernehmen die Kolonie, die nun New York heißt

Unabhängigkeitskrieg

Nach Jahren zunehmender Spannungen zwischen Briten und den Kolonisten brach in den 13 britischen Kolonien der Amerikanische Unabhängigkeitskrieg aus, der 1776 auch New York erreichte. General George Washington verlor mehrere entscheidende Schlachten, die Stadt wurde von den Briten eingenommen und blieb bis zum Ende des Kriegs besetzt. 1783 ergaben sich die Briten den Amerikanern, daraufhin wurde New York für kurze Zeit Hauptstadt der Vereinigten Staaten.

Zuwanderung und »vergoldetes Zeitalter«

Nach dem Krieg erlebte New York ein rasantes Bevölkerungswachstum. Auch die Wirtschaft florierte, 1792 begann der Börsenhandel. Mit dem 1825 fertiggestellten Eriekanal konnte der Binnenhandel ausgedehnt werden. Immer mehr Zuwanderer kamen in die Stadt, viele drängten sich in Armenvierteln von Lower Manhattan. Die Kaufleute hingegen wurden immer reicher. In den 1870er Jahren begann das »vergoldete Zeitalter«, in dem viele opulente Bauten entstanden. 1898 schloss sich New York – das zuvor nur Manhattan umfasste – offiziell mit Brooklyn, Staten Island, Queens und der Bronx zusammen.

Alexander Hamilton (um 1755 – 1804)

Hamilton kam 1772 nach New York und diente im Unabhängigkeitskrieg unter Washington. Als erster US-Finanzminister gründete er die First Bank of the United States und die Münze. Er wurde bei einem Duell getötet, das Musical *Hamilton* basiert auf seinem Leben.

1851
Erste Ausgabe von *The New York Times*

1835
Der »Große Brand« verwüstet die meisten Gebäude an der Südspitze von Manhattan

1861–1865
Bürgerkrieg: Die Draft Riots fordern mehr als 1000 Menschenleben

1882
Thomas Edisons Kraftwerk Pearl Street geht in Betrieb

1886
Enthüllung der Freiheitsstatue, ein Geschenk Frankreichs an die USA

1

2

New York Anfang des 20. Jahrhunderts

Der Boom setzte sich in den folgenden Jahrzehnten fort, die Wolkenkratzer der Metropole erreichten ständig neue Rekordhöhen. Für die Mehrzahl der Arbeiter jedoch, von denen viele Einwanderer waren, blieben die Arbeits- und Lebensbedingungen weiterhin schlecht. In den 1920er Jahren wurde die Prohibition eingeführt, aber die Stadt ignorierte dieses in die Verfassung aufgenommene Alkoholverbot weitgehend. Stattdessen wurde New York ein kultureller Hotspot: Jazz Age und Harlem Renaissance wurden durch den Zuzug vieler Afroamerikaner aus dem Süden vorangetrieben. Diese Blütezeit endete mit dem Börsencrash 1929 und der folgenden Großen Depression. 1932 war rund ein Viertel der New Yorker ohne Arbeit. Die wirtschaftliche Erholung erfolgte nur langsam.

Nach dem Zweiten Weltkrieg

Während New York – wie ein Großteil der USA – die wirtschaftlichen Folgen des Zweiten Weltkriegs rasch überwand, nahmen die sozialen Spannungen in der Stadt zu. Die immer stärker werdenden Einkommensunterschiede zwischen Weißen und

Clara Lemlich (1886 –1982)

Als jüdische Einwanderin aus der Ukraine kam Clara Lemlich 1903 nach New York. Weil sie entsetzt über die Bedingungen der Textilarbeiterinnen war, trat sie der International Ladies' Garment Workers' Union bei und führte 1909 die »Aufruhr der 20 000« an. An diesem Massenstreik von Manschettenmacherinnen beteiligten sich vor allem jüdische Frauen.

Chronik

1929
Börsencrash

1964
Rassenunruhen in Harlem und Brooklyn

1968
Shirley Chisholm aus New York wird erste afroamerikanische Abgeordnete im US-Kongress

2001
Bei einem Terroranschlag stürzen die beiden Türme des World Trade Center ein

1989
David Dinkins wird New Yorks erster afroamerikanischer Bürgermeister

Afroamerikanern führten zu Rassenunruhen. Demgegenüber standen neben fortschrittlichem Denken und politischen Bewegungen auch maßgebliche Entwicklungen in Kunst und Kultur. Die Stonewall Riots 1969 gaben der LGBTQ+ Community enormen Auftrieb, für Bürgerrechte der Afroamerikaner kämpften Aktivisten wie etwa James Baldwin, Ralph Ellison und Malcolm X. In den 1970er Jahren kam im East Village der Punk auf, in der Bronx entwickelte sich der Hip-Hop.

New York City heute

Einen Einschnitt markierten die Terroranschläge vom September 2001. Von diesem als 9/11 bezeichneten geradezu traumatischen Ereignis hat sich die Stadt erstaunlich schnell erholt. Neue Wolkenkratzer prägen die Skyline, die Kriminalität sinkt, die Besucherzahlen steigen. Diese Entwicklung konnten auch die Finanzkrise 2008 und die Auswirkungen von Hurrikan Sandy 2012 nicht trüben. Doch trotz guter Wirtschaftszahlen leiden Teile der Bevölkerung unter horrend steigenden Mieten, außerdem sind immer mehr Menschen von Obdachlosigkeit betroffen. Diesen großen Problemen steht der für New York typische fortschrittliche und optimistische Geist gegenüber.

1 *Jazzlegende Duke Ellington, ein Protagonist der Harlem Renaissance* ↑

2 *Die brennenden Twin Towers des World Trade Center am 11. September 2001 nach dem Terroranriff mit zwei entführten Linienflugzeugen*

3 *Eine Hilfsstelle für Betroffene von Hurrikan Sandy 2012*

4 *Bunte Parade beim WorldPride 2019 anlässlich des 50. Jahrestages der Stonewall Riots*

2002
Milliardär Michael Bloomberg wird Bürgermeister und behält das Amt als Einziger für drei Amtszeiten

2008
US-Hypothekenkrise erschüttert die Wall Street

2009
Captain »Sully« Sullenberger gelingt eine Notlandung auf dem Hudson River

2014
Die Tötung des Afroamerikaners Eric Garner durch Polizeibeamte schockiert die Öffentlichkeit

2016
Alexandria Ocasio-Cortez aus New York ist die jüngste je in den Kongress gewählte Frau

← *Harold Ramis, Dan Aykroyd, Ernie Hudson und Bill Murray in* Ghostbusters

NEW YORK ALS
FILMKULISSE

New York erscheint an manchen Ecken erstaunlich vertraut, auch wenn man noch nie zuvor dort war. Kein Wunder, dient die Stadt doch seit den 1930er Jahren als Kulisse für Tausende weltweit beliebter Filme und TV-Serien – ein Boom, der andauert.

Von Marilyn Monroes aufgewirbeltem Rock in *Das verflixte 7. Jahr* über Macaulay Culkins Freundschaft mit der Taubenfrau im Central Park in *Kevin – Allein in New York* bis zur Außenansicht von Monicas Apartment in *Friends* und dem Gebäude des Magischen Kongresses in *Phantastische Tierwesen und wo sie zu finden sind* – seit der Erfindung des Kinos lebt New York (im) Film. Man könnte doch eine Hommage-Tour zu den Locations berühmter Filmszenen unternehmen! Auf der Karte sind schon mal ein paar eingezeichnet.

↑ *Melanie Griffith auf der Staten Island Ferry in* Die Waffen der Frauen

Filme

1955
Das verflixte 7. Jahr

1961
Frühstück bei Tiffany

1967
Barfuß im Park

1988
Die Waffen der Frauen

1933
King Kong

1973
Hexenkessel

1984
Ghostbusters

1976
Taxi Driver

Film-Drehorte

① *King Kong,* Empire State Building
② *Das verflixte 7. Jahr,* Lexington Avenue / E 52nd St
③ *Frühstück bei Tiffany,* Tiffany & Co.
④ *Barfuß im Park,* Washington Square Park
⑤ *Hexenkessel,* St. Patrick's Old Cathedral
⑥ *Taxi Driver,* Times Square
⑦ *Ghostbusters,* Hook and Ladder Company No. 8
⑧ *Die Waffen der Frauen,* Staten Island Ferry
⑨ *Harry und Sally,* Katz's Deli
⑩ *Kevin – Allein in New York,* Central Park
⑪ *Friends,* 90 Bedford St
⑫ *Sex and the City,* 66 Perry St
⑬ *Der Teufel trägt Prada,* King Cole Bar
⑭ *Inside Man,* 20 Exchange Place
⑮ *Girls,* Café Grumpy
⑯ *Phantastische Tierwesen und wo sie zu finden sind,* Woolworth Building
⑰ *Unorthodox,* Williamsburg

Sex and the City

Die Kultserie *Sex and the City* wurde vollständig in New York gedreht. Bei Führungen lernt man »Carries Vortreppe« (66 Perry St), Steves Bar (Onieals, 174 Grand St), Charlottes Galerie (141 Prince St) und Samanthas Wohnung (300 Gansevoort St) kennen (Buchungen unter www.onlocationtours.com).

1989
Harry und Sally

1992
Kevin – Allein in New York

1994 – 2004
Friends

1998 – 2004
Sex and the City

2006
Der Teufel trägt Prada, Inside Man

2012 – 17
Girls

2016
Phantastische Tierwesen und wo sie zu finden sind

2020
Unorthodox

NEW YORK
ERLEBEN

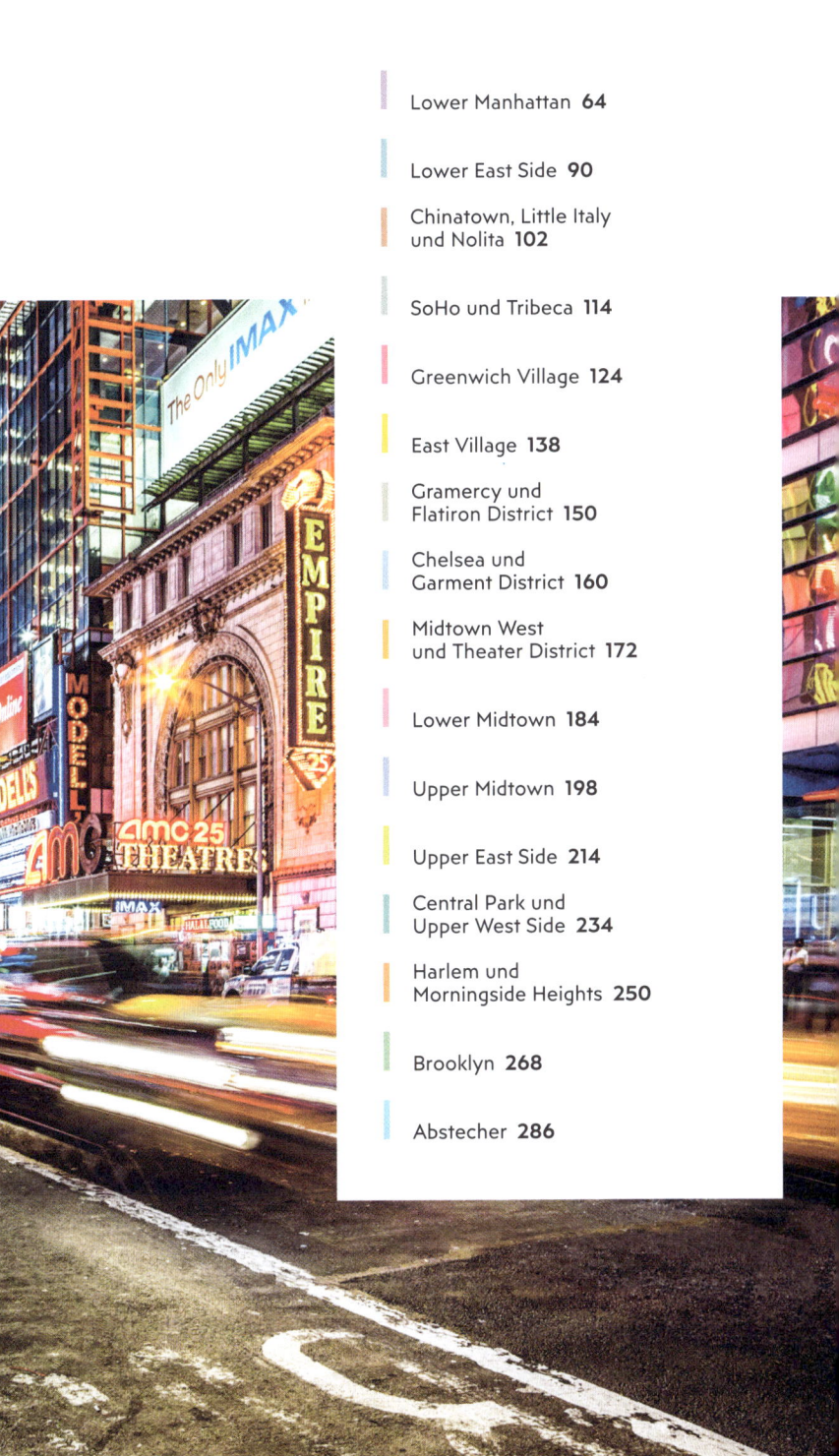

Lower Manhattan

Alte und moderne Architektur verschmelzen an der Südspitze Manhattans miteinander. Im Schatten der Wolkenkratzer stößt man auf Kirchen aus der Kolonialzeit und frühe amerikanische Baudenkmäler. Hier entstand in den 1620er Jahren New York um die Wall Street. Die Straße ist nach wie vor das Herz der weltweiten Finanzmärkte.

Seit den Anschlägen vom 11. September 2001 hat sich das Areal erholt: Das neue One World Trade Center erhebt sich 541 Meter in die Höhe. Weitere, nach 2001 errichtete Bürotürme, Hotels und Transportwege kennzeichnen die Gegend, inklusive der frappierenden Verkehrsdrehscheibe Oculus, deren skelettartige Struktur wie ein sich in die Lüfte schwingender Phönix aussieht.

In Richtung Norden bildet das Civic Center, das Regierungsviertel von Downtown, eine Achse mit dem Police Department und Regierungsgebäuden. Der nahe Seaport District NYC ist ein restaurierter Pier mit Läden, Restaurants und alten Schiffen.

C　　　　　　　　**D**　　　　　　　　**E**

HUDSON ST

WEST BROADWAY

CHURCH ST

BROADWAY

Franklin St
1

SoHo und Tribeca
Seiten 114–123

PACE PLAZA

African Burial
Ground　26

Lower
Manhattan

CHAMBERS
ST

WARREN ST

MURRAY ST

GREENWICH ST

Chambers St
1.2.3　S

S Chambers St
A.C

CHAMBERS

City Hall
24

Rockefeller
Park

TERRACE

RIVER

Park Place
2.3　S
PLACE

City Hall
R　S

City
Hall Park

PARK ROW

BROADWAY

Paulus Hook
←

NORTH END AV

MURRAY ST

BARCLAY ST

Woolworth
Building　27

ST PETER'S PL

Battery Park City und
Irish Hunger Memorial　12

VESEY ST

World Trade
Center
4

World Trade
Center E　S

St. Paul's
Chapel
10

ANN ST

S Fulton St
A.C.4.5

Brookfield
Place
4

7　Cortlandt St R　2

The Oculus　DEY ST

S Fulton St
6　J.Z　S

13

Brookfield Place /
Battery Park City

FULTON ST

S

JOHN ST

*North Cove
Yacht Harbor*

WESTSIDE

3

National
September 11
Memorial
and Museum

GREENWICH ST

WTC
Cortlandt 1　S

CORTLANDT
ST

Federal
Reserve
Bank　6

NASSAU ST

Warren St Pier

*Battery
Park City*

LIBERTY
ST

LIBERTY ST

*Zuccotti
Park*

CEDAR ST

Federal
Hall
7

Hudson River

SOUTH END AV

STREET

ALBANY ST

THAMES ST

CHURCH ST

Trinity
Church
9

Wall
Street
8

Wall St
4.5　S

S Broad St
J.Z

ALBANY ST
CARLISLE ST

9A (WEST ST)

WASHINGTON ST

RECTOR ST

TRINITY PL

EXCHANGE PL

14

RECTOR PLACE

Rector St
1.R　S
11

9/11
Tribute
Museum

NEW ST

BROAD ST

BEAVER ST

1

W THAMES ST

Cunard
Building

BROADWAY

*South
Cove*

THIRD PLACE

SECOND PLACE

Bowling
Green 1　S

18　Charging Bull

19　Bowling
Green

STATE ST

FIRST PLACE

13

14
Skyscraper
Museum

Museum of
Jewish
Heritage

National Museum of
the American Indian

20

Whitehall St
R　S

PEARL STREET

WHITEHALL ST

Battery
Park
17

Pier A Harbor
House

**LOWER
MANHATTAN**

Hudson River

East River

Battery
Park

BMB

Dargestelltes Areal

Castle Clinton
National Monument

SeaGlass
Carousel

**NEW
JERSEY**

*Liberty
State
Park*

Ellis
Island
2

**GOVERNORS
ISLAND**

5

Governors
Island

South Ferry
1　S

BROOKLYN - BATTERY TUNNEL

U.S. Coast
Guard

Statue of Liberty
1

*Upper
Bay*

0 Kilometer　　1

0 Meilen　　　　1

↙ *Liberty Island,
Ellis Island*

15

C　　　　　　　　**D**　　　　　　　　**E**

Chinatown,
Little Italy und Nolita
Seiten 102–113

Lower East Side
Seiten 90–101

0 Meter   250   N
0 Yards   250

WORTH ST

Courthouse District
25

U.S. Court-
house

ANDREW'S
PLAZA

S Municipal
15 Building

Chambers St
J.Z

S Brooklyn
Bridge-City Hall
4.5.6

Police
Headquarters

AVENUE OF THE FINEST

ROSE ST

WAGNER SR. PLACE

R. F.

BROOKLYN BRIDGE

SPRUCE ST

DOVER ST

BEEKMAN ST

GOLD ST

Southbridge
Towers

PEARL

PECK SLIP

WATER

FRONT ST

VIADUCT

S Fulton St
2.3

5 FULTON ST

JOHN ST

WILLIAM

BEEKMAN ST

PLATT
ST

PEARL ST

23 **8**
Seaport District NYC

PIER 17

LEGION
SQUARE

MAIDEN LANE

CEDAR ST

PIER 16

PIER 15

PINE ST

S
Wall St
.3

WALL ST

STREET

SOUTH ST

E a s t
R i v e r

FRONT ST

HANOVER
SQUARE

GOUVERNEUR
LAND

OLD SLIP

PIER 11

PEARL

STONE ST

WATER

Elevated
Acre

Wall St Ferry Pier

Fraunces
Tavern Museum

21

16 Vietnam Veterans' Plaza

New York
Plaza

BROAD

Downtown
Manhattan
Heliport

PIER 6

Battery
Maritime Building
(BMB)

South Ferry

BMB

Staten Island
Ferry

22

Lower Manhattan

Highlights

1 Statue of Liberty
2 Ellis Island
3 National September 11 Memorial and Museum
4 World Trade Center
5 Governors Island

Sehenswürdigkeiten

6 Federal Reserve Bank
7 Federal Hall
8 Wall Street
9 Trinity Church
10 St. Paul's Chapel
11 9/11 Tribute Museum
12 Battery Park City und Irish Hunger Memorial
13 Museum of Jewish Heritage
14 Skyscraper Museum
15 Municipal Building
16 Vietnam Veterans' Plaza
17 Battery Park
18 Charging Bull
19 Bowling Green
20 National Museum of the American Indian
21 Fraunces Tavern Museum
22 Staten Island Ferry
23 Seaport District NYC
24 City Hall und City Hall Park
25 Courthouse District
26 African Burial Ground
27 Woolworth Building

Restaurants

① Delmonico's
② Nobu Downtown
③ Le District

Shopping

④ Brookfield Place
⑤ Midtown Comics Downtown
⑥ Fulton Center
⑦ The Oculus
⑧ Seaport District und Pier 17

↓ Staten Island   ↓ Governors Island   Brooklyn, Red Hook ↓   **F**   **G**

Die vom Boden bis zur Fackel 93 Meter hohe Statue of Liberty beherrscht die Einfahrt zum New Yorker Hafen ↑

Highlight

❶ ⌖ ▭ ⌂

Statue of Liberty

📍 C15 🏝 Liberty Island 🚇 South Ferry (1), Bowling Green (4, 5), Whitehall (R, W) 🚌 M15, M20, M55 bis South Ferry
📞 +1-212-363-3200 🕐 Zeiten der Website entnehmen
📅 Thanksgiving, 25. Dez 🌐 nps.gov/stli

Die Statue of Liberty, ein Geschenk Frankreichs an das amerikanische Volk, ist weltweit zur Ikone der Freiheit geworden.

Statue

Das Gedicht von Emma Lazarus am Sockel des UNESCO-Welterbes lautet: »Gebt mir eure Müden, eure Armen, eure geknechteten Massen, die frei zu atmen begehren.« Frédéric-Auguste Bartholdis genialer Entwurf der Freiheitsstatue war das Erste, was Immigranten von New York sahen. Nach dem 11. September 2001 war die Statue im Inneren nicht mehr zugänglich, seit 2009 kann man wieder bis zur Krone hinaufsteigen (rechtzeitige Buchung erforderlich).

Fähre

Zur Statue gelangt man mit den Fähren von Statue Cruises (www.statuecruises.com). Sie fahren zwischen 9 und 15:30 Uhr etwa alle 20 bis 30 Minuten vom Battery Park aus nach Liberty Island. Der Fahrpreis enthält auch den Eintritt für Ellis Island und Liberty Island.

Statue of Liberty Museum

Dieses im Mai 2019 eröffnete Museum dokumentiert die Geschichte der Freiheitsstatue anhand von Fotografien, Drucken, Videos und Audios sehr eindrucksvoll. Zu den herausragenden Exponaten gehört die Originalfackel, die von 1886 bis 1984 aus der Hand der Statue ragte. Im angegliederten Theater wird ein zehnminütiges Multimedia-Erlebnis geboten.

Frédéric-Auguste Bartholdi

21 Jahre lang arbeitete der französische Bildhauer Bartholdi (1834–1904) an der Idee eines Denkmals für die Freiheit. 1871 reiste er in die Vereinigten Staaten und bat Präsident Ulysses S. Grant um finanzielle Unterstützung und die Erlaubnis, diese Statue im Hafen aufzustellen. Mittels immer wieder vergrößerter Modelle schuf Bartholdi die größte je konstruierte Metallstatue aus 300 gegossenen und genieteten Kupferplatten. Ihr Gerüst stammte von Gustave Eiffel.

Chronik

1884
▽ Die fertige Statue wird in 350 Einzelteilen von Paris nach New York verschifft

1886
Präsident Grover Cleveland enthüllt Lady Liberty

1874
△ Bartholdi baut die Statue mittels immer größerer Terrakotta-Modelle

1916
Der öffentliche Zugang zum Balkon der Fackel ist aus Sicherheitsgründen nicht mehr möglich

1986
△ Zum 100-jährigen Jubiläum wird die für 100 Millionen Dollar restaurierte Statue neu enthüllt

② 🎨 Ⓜ 📷 🍴 🛍 ♿

Ellis Island

📍 C15 🏠 Ellis Island Ⓢ Bowling Green (4, 5), South Ferry (1), Whitehall (R, W), dann Statue Cruises Ferry vom Battery Park aus 🚌 M15, M20, M55 bis South Ferry 📞 +1-212-363-3200 🕐 Zeiten der Website entnehmen 🔒 Thanksgiving, 25. Dez 🌐 statueofliberty.org/ellis-island

Fast jeder zweite Amerikaner kann seine Wurzeln bis Ellis Island zurückverfolgen, das zwischen 1892 und 1954 als Einwanderer-»Schleuse« in die USA diente. Das Tor nach Amerika ist heute ein Museum, das die größte Einwanderungswelle, die die Welt je sah, beleuchtet.

Ellis Island Immigration Museum

Rund zwölf Millionen Menschen passierten Ellis Island und verteilten sich dann über das Land. Rund um die Große Halle liegt heute das Ellis Island Immigration Museum. Fotos, Tonaufnahmen von Immigranten und andere Exponate erzählen die Geschichte der Einwanderung. Im elektronischen Archiv kann man Ahnenforschung betreiben. Die American Immigrant Wall of Honor ist die größte mit Namen beschriftete Mauer der Welt (über 775 000 Einträge). Kein anderer Ort vermittelt so deutlich den »Schmelztiegel«-Charakter der USA.

Man sollte früh kommen, um Besuchermassen zu vermeiden. Im Fährticket ist der Eintritt ins Museum enthalten. Fähren legen meist alle 20 bis 30 Minuten ab.

↑ *In den Untersuchungsräumen konnte Einwanderern mit Infektionskrankheiten die Einreise verweigert werden*

→ *Ellis Island, New Yorks zentrale Einwanderer-Sammelstelle (1892–1954)*

Die Architekten waren vom **Beaux-Arts-Stil** inspiriert.

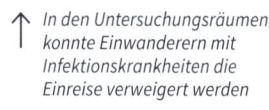

Das **Fährbüro** verkaufte Tickets nach New Jersey.

← *Einige der Habseligkeiten der Immigranten im Gepäckraum*

Große Halle

Neu angekommene Einwanderer mussten für den weiteren »Prozess« in der riesigen Großen Halle warten. An manchen Tagen drängten sich hier über 5000 Menschen, um untersucht und registriert zu werden. Falls erforderlich, fanden in der Halle auch medizinische sowie rechtliche Untersuchungen statt. Der einstige Ort der Beklemmung wirkt heute imposant. In der fast leeren Halle mit Gewölbedecke stehen nur noch einige Tische und originale Holzbänke.

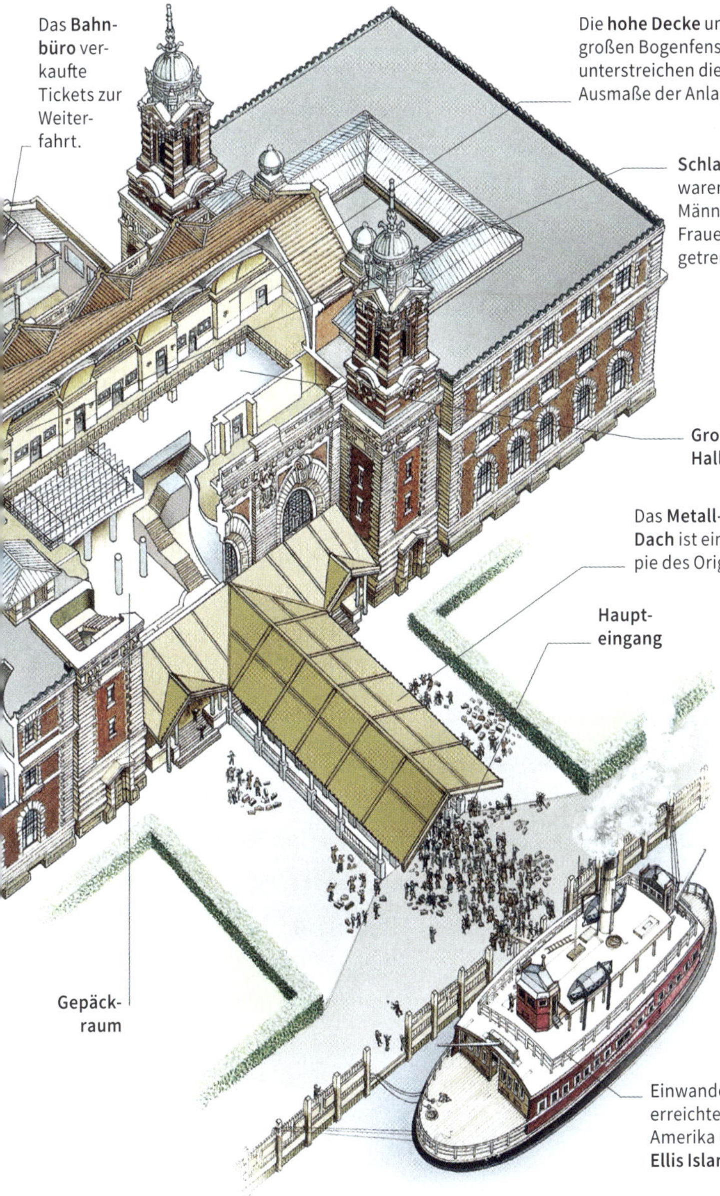

Das **Bahnbüro** verkaufte Tickets zur Weiterfahrt.

Die **hohe Decke** und großen Bogenfenster unterstreichen die Ausmaße der Anlage.

Schlafsäle waren nach Männern und Frauen getrennt.

Große Halle

Das **Metall-Glas-Dach** ist eine Kopie des Originals.

Haupteingang

Gepäckraum

Einwanderer erreichten Amerika über **Ellis Island**.

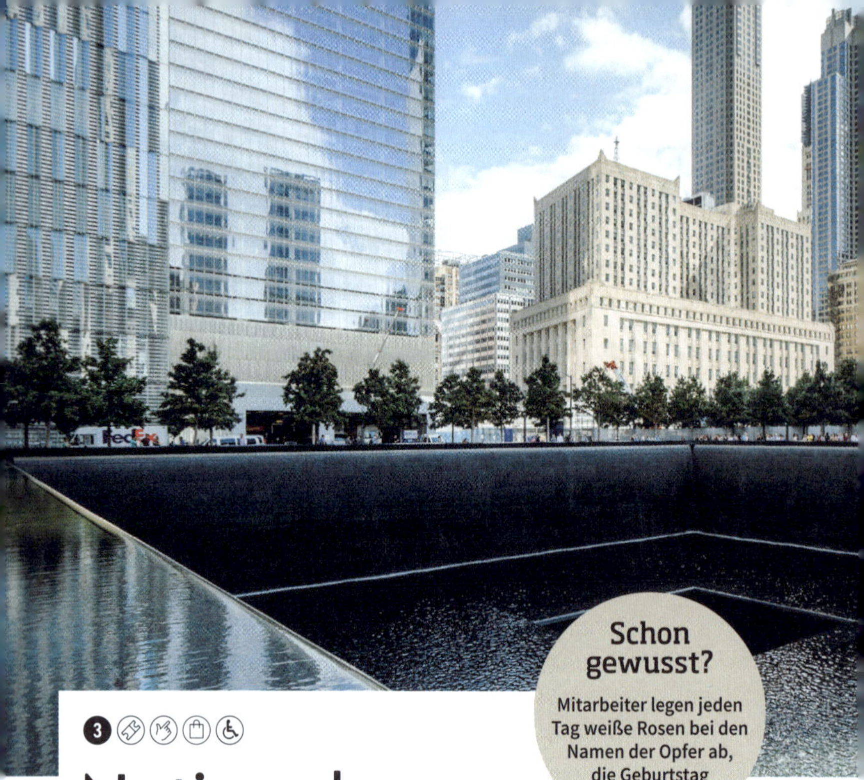

Schon gewusst?

Mitarbeiter legen jeden Tag weiße Rosen bei den Namen der Opfer ab, die Geburtstag haben.

3

National September 11 Memorial and Museum

D13 180 Greenwich St Rector St (R, W), World Trade Center (E) +1-212-312-8800 Memorial und Museum: Zeiten der Website entnehmen 911memorial.org

9/11 steht für die Kurzfassung der Tragödie. Die Anschläge vom 11. September 2001 auf die Türme des World Trade Center haben New York gezeichnet. Das National September 11 Memorial and Museum dient der würdigen Erinnerung an die fast 3000 Menschen, die ihr Leben bei den schlimmsten Terrorattacken auf amerikanischem Boden verloren.

National September 11 Memorial

Das bewegende Mahnmal des israelischen Architekten Michael Arad wurde am zehnten Jahrestag der Terroranschläge von 2001 eröffnet. Zwei Wasserbecken auf der Fläche des einstigen World Trade Center bilden quasi die Fußabdrücke der beiden zerstörten Türme. Von den beiden neun Meter hohen Wasserfällen an den Seiten rauscht Wasser in die Tiefe. Auf der Bronzeumrandung stehen die Namen der Opfer. Auf der Plaza wurden 400 zweifarbige Eichen gepflanzt.

Hier steht auch eine Chinesische Wildbirne (Survivor Tree), die bei den Anschlägen schwer beschädigt worden war. Der Baum wurde in die Bronx umgesetzt, wo er sich erholte. 2010 wurde er wieder an seinem ursprünglichen Ort eingepflanzt.

Expertentipp
Museumstickets

Um den Warteschlangen vor dem National September 11 Museum zu entgehen, können Sie online ein Ticket mit Zeitfenster erwerben (bis zu sechs Monate im Voraus buchbar). Das National September 11 Memorial ist kostenlos zugänglich.

Reflecting Absence – *die Wasserfälle am National September 11 Memorial und die in Bronze eingravierten Namen der Opfer*

National September 11 Memorial Museum

Das unterirdische Museum im Herzen des Komplexes informiert über Ablauf und Hintergründe von 9/11. Es zeigt mit Wrackteilen aus den Türmen, Berichten Betroffener, Audio-Aufnahmen, Videos und zahllosen Überbleibseln von Ground Zero das Ausmaß der Anschläge. Zu sehen sind u. a. ein demoliertes Feuerwehrfahrzeug und das verbogene Endstück eines Stahlträgers (»Last Column«). Das Museum kostet im Gegensatz zum Memorial Eintritt.

11. 09. 2001

Am 11. September 2001 flogen zwei entführte Passagierflugzeuge in die Zwillingstürme des World Trade Center. Millionen Menschen verfolgten entsetzt – direkt vor Ort oder vor dem Fernseher –, wie die brennenden Türme einstürzten. 2977 Menschen fanden hier und beim Angriff auf das Pentagon den Tod. Osama bin Ladens Terrororganisation al-Qaida bekannte sich zu den Attacken. Die 417 Meter hohen Twin Towers des Architekten Minoru Yamasaki waren seit 1972 ein ikonisches Wahrzeichen der New Yorker Skyline gewesen.

↑ *Ein demoliertes Feuerwehrfahrzeug und das Endstück eines Stahlträgers von Ground Zero, die »Last Column«, sind im National September 11 Memorial Museum zu sehen*

4

World Trade Center

📍 D13 🏠 World Trade Center 🚇 Rector St (R, W), World Trade Center (E)
📞 +1-212-602-4000 🕐 One World Trade Center Observatory: Zeiten der
Website entnehmen 🌐 oneworldobservatory.com

Durch die Anschläge von 2001 wurde ein großes Areal an der Südspitze Manhattans zerstört. Doch ein neues World Trade Center hat sich aus der Asche von 9/11 erhoben – mit dem One World Trade Center, Amerikas höchstem Wolkenkratzer, im Zentrum. Der neue Komplex zeigt innovative Architektur wie die visionäre Oculus-Subway-Station. Fünf weitere Hochhäuser erheben sich hier in den New Yorker Himmel.

One World Trade Center

Das One World Trade Center, das Herzstück des neuen World Trade Center und der höchste Wolkenkratzer der Vereinigten Staaten, hat die symbolische Höhe von 1776 Fuß (541 m), die an die amerikanische Unabhängigkeitserklärung von 1776 erinnert.

Die markante Stahl-Glas-Nadel aus bombensicherem Beton ist die stark veränderte Version des *Tower of Freedom*, des ursprünglichen Entwurfs von Daniel Libeskind. 2006 begann der Bau unter dem Architekten David Childs, 2012 war er fertiggestellt. Fünf Hochgeschwindigkeitsaufzüge, die Sky Pods, transportieren Besucher in 60 Sekunden nach oben zum One World Observatory in den Stockwerken 100 bis 102. Von hier hat man einen traumhaften Blick auf den Hafen, Staten Island und die Dächer Manhattans.

Mit dem Eintrittsticket ins One World Observatory hat man auch Zugang zum Edelrestaurant One Dine im 101. Stock, das saisonal inspirierte amerikanische Küche bietet (Reservierung empfohlen), zur Bar One Mix sowie zu verschiedenen Ausstellungen und Attraktionen.

↓ *Das One World Trade Center ragt aus der Skyline New Yorks hervor*

417 m

Die Aussichtsplattform auf den Etagen 100 bis 102 liegt auf derselben Höhe wie einst die Twin Towers.

←

The Oculus von Santiago Calatrava wurde 2016 eröffnet. Seine beiden stachligen Stahlrippen- flügel ähneln einem Dino- saurierskelett. Sein futu- ristisches Inneres enthält eine Subway-Station und die Westfield Shopping Mall

 Schöne Aussicht
World Trade Center

Den besten Überblick über das gesamte World-Trade-Center-Areal hat man vom Eingang zum Brookfield Place auf der West Street. Für Bilder vom One World Trade Center selbst gehen Sie die West Street ein Stück nach Norden.

Governors Island

📍 D15 🏠 Governors Island 🚢 vom Battery Maritime Building, 10 South St 🕐 Zeiten der Website entnehmen Ⓦ govisland.com

Nirgendwo in New York ist es wie auf Governors Island mit seiner Mischung aus erholsamen Grünflächen und Kolonialgebäuden. Der Stadtpark auf einer Insel im New Yorker Hafen ist ideal für eine Auszeit vom hektischen Manhattan.

Die 70 Hektar große Insel ist seit 2003 öffentlich zugänglich. Sie bietet sowohl Grünflächen für Sonnenanbeter als auch eine luftige, 3,5 Kilometer lange Promenade. Man kann sie bis zum Südende, dem Picnic Point, entlangspazieren. Dabei passiert man The Hills, künstlich angelegte, bis 24 Meter hohe Hügel.

Unterwegs liegt auch Hammock Grove, eine entzückende Ecke mit zahlreichen roten Hängematten. Viele Gebäude der Insel werden gerade restauriert und sollen dann öffentlich zugänglich werden. Fort Jay beim Dock diente im Unabhängigkeitskrieg (18. Jh.) zur Verteidigung gegen die Briten. Castle Williams in der nordwestlichen Ecke wurde 1811 errichtet, um das nahezu identische Castle Clinton im Battery Park zu ergänzen. Während des Sezessionskriegs wurden hier bis zu 1000 konföderierte Soldaten festgehalten, bis 1966 diente das Fort als Gefängnis.

Expertentipp
Fahrt zur und Besuch der Insel

Die Fähre vom Battery Maritime Building in Manhattan führt nach Soissons Landing, wo es ein Besucherzentrum gibt. Inselfähren fahren auch vom Brooklyn Bridge Park's Pier 6, Red Hook und weiteren Ablegestellen entlang dem East River ab. Governors Island kann man zu Fuß oder mit dem Rad erkunden. Zwei Food-Courts bieten eine breite Essensauswahl.

Chronik

1699
▽ Unter den Briten dient die Insel »dem Wohl des Gouverneurs Seiner Majestät«

1912
Aushub aus dem Subway-Bau verdoppelt die Inselfläche

2003
▽ Eigner sind nun die Stadt, der Staat New York und der National Park Service

1800
△ New York übergibt die Insel zur militärischen Nutzung an die US-Regierung

1878
Die Insel wird ein wichtiger Stützpunkt der US-Armee

↑ *Eingangsbereich zu Governors Island im Herzen des New Yorker Hafens*

Nolan Park

Im Nolan Park stehen einige sehr gut erhaltene Landsitze im Federal Style (früher die Wohnsitze von Offizieren), darunter sind auch das Governor's House und das Admiral's House (1988 Ort des Gipfeltreffens zwischen Reagan und Gorbatschow). Viele Anwesen wurden inzwischen in saisonal geöffnete Kunstgalerien und Studios umgewandelt, zu den sehenswertesten gehört das LMCC's Arts Center at Governors Island.

SEHENSWÜRDIGKEITEN

Federal Reserve Bank

📍 E13 🏠 33 Liberty St
Ⓢ Fulton St (A, C, 2, 4)
🕐 Mo – Fr 13, 14 🗓 Feiertage 🆆 newyorkfed.org

Die Bank im Stil der italienischen Renaissance ist die größte der zwölf US-Notenbanken und bringt US-Dollar in Umlauf. 24 Meter unter der Erde liegen zehn Prozent der weltweiten Goldreserven – etwa 7700 Tonnen. Früher wurden bei Zahlungen zwischen Ländern die entsprechenden Goldmengen physisch bewegt. 1971 beendete Präsident Nixon das System des Goldstandards.

Die kostenlosen Führungen (Gold Tours) dauern 45 Minuten bis eine Stunde (Buchungen online mindestens eine Woche im Voraus). Seien Sie 30 Minuten vor Beginn mit E-Ticket und Pass in der 44 Maiden Lane. Fotos und Videos sind verboten.

↑ *Die Rotundenkuppel der Federal Hall erinnert an das Pantheon in Rom*

Federal Hall

📍 E14 🏠 26 Wall St Ⓢ Wall St (2, 3, 4, 5) 🕐 Mo – Fr 9 –17 🗓 1. Jan, Thanksgiving, 25. Dez 🆆 nps.gov/feha

Eine Bronzestatue von George Washington auf den Stufen der Federal Hall markiert die Stelle, an der der erste US-Präsident 1789 seinen Amtseid ablegte. Tausende drängten sich damals in der Wall Street und Broad Street. Sie jubelten, als der Kanzler des Staates New York ausrief: »Lang lebe George Washington, der Präsident der Vereinigten Staaten.« Das jetzige Gebäude, 1834 bis 1842 als U.S. Custom House errichtet, ist einer der schönsten klassizistischen Bauten der Stadt. Die kostenlos zugänglichen Ausstellungsräume beschäftigen sich mit Washington. Sie umfassen den Bill of Rights Room. Touren gibt es um 10 13, 14 und 15 Uhr.

8 Wall Street

📍 E14 Ⓢ Wall St (2, 3, 4, 5)

Die weltberühmte Wall Street hat ihren Namen von der hölzernen Palisade, die von holländischen Kolonisten gebaut wurde und hier bis zu ihrem Abriss 1699 stand. »The Street« ist mit der New York Stock

---

New York Stock Exchange

Schon 1790 wurden um die Wall Street Wertpapiere gehandelt. 1792 kamen 24 Makler in der Wall Street Nr. 68 im Buttonwood-Abkommen überein, sich gegenseitig beim Handel mit Aktien und Anleihen den Vorzug zu geben. Damit legten sie den Grundstein für die New York Stock Exchange (NYSE) von 1817. Die NYSE hat Höhenflüge *(bull markets)* und Einbrüche *(bear markets)* erlebt – und die Wandlung vom lokalen Wertpapiermarkt zum globalen Finanzzentrum. Seit 2006 ist sie selbst ein börsennotiertes Unternehmen. Die Besuchergalerie wurde nach 9/11 geschlossen. Man kann nur die flaggengeschmückte Fassade (18 Broad Street) bewundern.

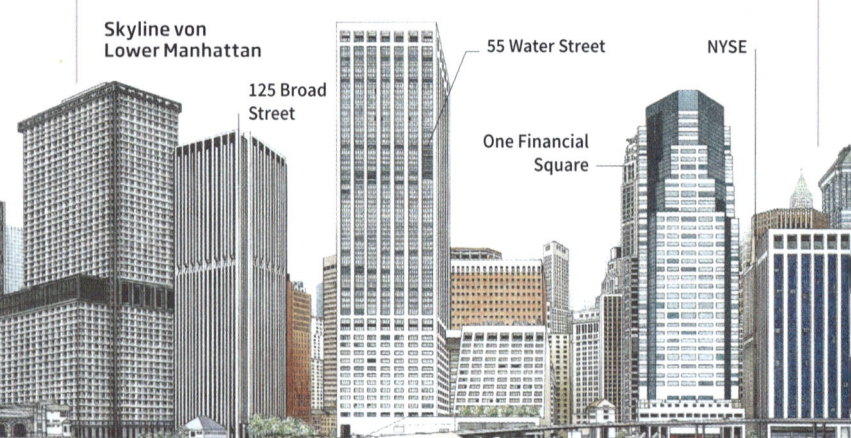

Skyline von Lower Manhattan

125 Broad Street

55 Water Street

One Financial Square

NYSE

Warmer Farbton und historische Fassade –
die Trinity Church inmitten moderner Architektur

Exchange in Wall Street No. 11 weiterhin das Herzstück der globalen Finanzwelt, der überwiegende Teil der Straße wurde jedoch nach den Terroranschlägen vom 11. September 2001 für den Verkehr gesperrt, die meisten hier ansässigen Finanzinstitute wichen danach Fitnessstudios und Eigentumswohnungen.

Der Bankier J. P. Morgan ließ 1912 den Hauptsitz seiner Großbank in der Wall Street No. 23 errichten. Der Name der Bank war nicht an der Fassade zu sehen, so berühmt war das »House of Morgan«. 1920 wurde vor dem Gebäude eine Bombe entzündet, bei dem Anschlag kamen 38 Passanten ums Leben. Schäden an der Fassade wurden aus Respekt vor den Opfern nie beseitigt.

9 Trinity Church

📍 E14 🏠 79 Broadway / Ecke Wall St 🚇 Wall St (4, 5), Rector St (R, W) 🕐 tägl. 7–18 🌐 trinitywallstreet.org

Die Episkopalkirche am Ende der Wall Street ist das dritte Gotteshaus an dieser Stelle. Die 1846 von Richard Upjohn errichtete Kirche war eine der größten ihrer Zeit und markiert den Anfang der Neogotik in Amerika. Die Bronzetüren von Richard Morris Hunt sind von Ghibertis *Paradiestür* in Florenz inspiriert.

Der 85 Meter hohe, viereckige Turm, der bis etwa 1890 das höchste Gebäude in New York war, nötigt ungeachtet seiner viel höher aufragenden Nachbarn noch immer Respekt ab.

Viele prominente New Yorker waren Gemeindemitglieder der Trinity Church. Auf dem Kirchhof liegen viele von ihnen begraben, so der Staatsmann Alexander Hamilton (um 1755–1804), der Erfinder des Dampfschiffs Robert Fulton (1765–1815) und William Bradford, der 1725 die erste New Yorker Zeitung gründete. Von Bänken im Friedhof und in den Gärten kann man die Kirche von außen bewundern.

Shopping

Brookfield Place
Die Mall am Hudson River lockt mit dem Winter Garden.
📍 D13 🏠 230 Vesey St 🌐 bfplny.com

Midtown Comics Downtown
Reichhaltige Auswahl an Comics, Mangas und Graphic Novels.
📍 E13 🏠 64 Fulton St 🌐 midtowncomics.com

Fulton Center
Die stylische Westfield Mall liegt an der Kreuzung von Fulton Street und Broadway.
📍 E13 🏠 200 Broadway 🌐 westfield.com

The Oculus
Die unterirdische Mall in Santiago Calatravas Neubau auf Ground Zero ist ein Muss.
📍 D13 🏠 185 Greenwich St 🌐 westfield.com

Seaport District und Pier 17
Das renovierte Areal bietet vielfältige Läden.
📍 F13 🏠 Fulton St / Ecke South St 🌐 seaportdistrict.nyc

St. Paul's Chapel, umgeben von moderner Architektur – sie überstand 9/11 unbeschadet

Restaurants

Delmonico's

Das 1837 gegründete Restaurant besitzt einen pompösen Vorbau mit pompejanischen Säulen. Empfehlenswert: Delmonico Steak (Ribeye ohne Knochen) sowie Lobster Newburg und Baked Alaska – Gerichte, die hier erfunden wurden.

📍 E14 🏠 56 Beaver St 🕐 So 🌐 delmonicos restaurant.com

$$$

Nobu Downtown

Starkoch Nobuyuki »Nobu« Matsuhisas Edelrestaurant besitzt eine elegante Bar und Lounge mit kalligrafisch inspirierten Skulpturen. Serviert wird japanisch-peruanische Fusionsküche. Beliebter Sonntagsbrunch. Unbedingt reservieren.

📍 E13 🏠 195 Broadway 🌐 nobu restaurants.com

$$$

Le District

Der französische Food-Court im Brookfield Place bietet vier Restaurants und drei Themenareale. Sie können auch im Winter Garden speisen oder an den Tischen im Freien, die den Yachthafen der North Cove und den Hudson River überblicken.

📍 D13 🏠 225 Liberty St 🌐 ledistrict.com

$$$

🔟 Ⓜ
St. Paul's Chapel
📍 E13 🏠 209–211 Broadway Ⓢ Fulton St (A, C, 2, 3) 📞 +1-212-602-0800 🕐 Mo–Sa 10–18, So 7–18

St. Paul's ist Manhattans einzige Kirche aus der Zeit vor dem Unabhängigkeitskrieg – ein georgianisches Juwel von 1766. Wie durch ein Wunder blieb die kleine Kirche unbeschädigt, als 2001 die Twin Towers des WTC einstürzten. Acht Monate lang diente sie als Zufluchtsort für die (Rettungs-)Arbeiter am Ground Zero.

Besucher können in der Kapelle der Erinnerungen im rückwärtigen Teil der Kirche berührende Eindrücke aus dieser Zeit erleben. Das herrliche Kunstwerk, das sich vor den Fenstern über dem Altar erhebt, ist die Skulptur »Glory«. Sie stammt vom französischen Architekten Pierre L'Enfant (der besser als Stadtplaner von Washington, DC bekannt ist).

⓫ Ⓜ 🛍 ♿
9/11 Tribute Museum
📍 E14 🏠 92 Greenwich St Ⓢ Cortlandt St (R, W), World Trade Center (E), Rector St (1) 📞 +1-866-737-1184 🕐 Mo–Sa 10–18, So 10–17 🔒 11. Sep, Thanksgiving, 25. Dez 🌐 911tributemuseum.org

Das Museum wurde von der September 11th Families' Association eingerichtet, einer Organisation von Angehörigen der Opfer. Es wurde 2006 eröffnet, als das nahe National September 11 Memorial noch im Bau war. In fünf Räumen ist u. a. ein Modell der Twin Towers zu sehen sowie die Rekonstruktion des

Anschlags mit Videos und Audio-Aufnahmen der Überlebenden. Es gibt täglich Spaziergänge, die von Angehörigen, Feuerwehrleuten, Überlebenden, Freiwilligen und Einwohnern von Lower Manhattan geleitet werden. Sie führen auch zum National September 11 Memorial.

⑫ Battery Park City und Irish Hunger Memorial

📍 D13 🏠 7 Battery Park City 🚇 Rector St (1)

Mit dem Aushub des früheren World Trade Center wurde am Hudson River Land aufgeschüttet, um so ein hübsches Areal mit Restaurants, Apartments, Skulpturen und Gärten zu schaffen. Die zwei Kilometer lange Battery Park City Esplanade bietet grandiose Blicke über den Hudson.

Das Irish Hunger Memorial steht am Ende der Vesey Street und ist den Iren gewidmet, die während der Großen Hungersnot 1845–52 starben. Das Mittelstück ist ein verlassenes Stein-Cottage aus Irland, Steinwände enthalten Steine aus den 32 Countys von Irland.

⑬ Museum of Jewish Heritage

📍 D14 🏠 36 Battery Pl 🚇 Bowling Green (4, 5) 🚌 M5, M15, M20 📞 +1-646-437-4202 🕐 So–Do 10–21, Fr 10–17 (Nov–März: bis 15) 🔒 jüdische Feiertage, Thanksgiving 🌐 mjhnyc.org

Das Museum gedenkt der Opfer des Holocaust. Die Hauptausstellung verläuft über drei Stockwerke und liegt in einem bemerkenswerten sechsseitigen Gebäude. Es ist ein Symbol für die sechs Millionen von den Nazis ermordeten Juden – und ein Symbol für den Davidstern. Die Ausstellung be-

ginnt mit den alltäglichen Praktiken und Ritualen osteuropäischer Juden vor 1930. Dann folgen die Schrecken des Holocaust. Die chronologische Präsentation endet mit der Errichtung des Staates Israel 1948 und seiner Errungenschaften. Es gibt Audio-Guides sowie Lesungen.

⑭ Skyscraper Museum

📍 D14 🏠 39 Battery Pl 🚇 Bowling Green (4, 5) 📞 +1-212-968-1961 🕐 Mi–So 12–18 🌐 skyscraper.org

Das Museum widmet sich dem architektonischen Erbe New Yorks und präsentiert die historischen Kräfte und Individuen, die seine Skyline schufen. Eine digitale Rekonstruktion zeigt die Veränderungen der Skyline der Stadt, es gibt eine Sammlung von handgeschnitzten Modellen Manhattans. Wechselausstellungen beleuchten verschiedene Aspekte von Wolkenkratzern – vom Design bis zur Technologie und vom Hochhaus als Investitionsobjekt bis hin zum Wohnen und Arbeiten in einem Hochhaus.

⑮ Municipal Building

📍 E12 🏠 1 Center St östl. der Chambers St 🚇 Brooklyn Bridge-City Hall (4, 5,6)

Das 25-stöckige Gebäude war der erste Wolkenkratzer des bekannten Architekturbüros McKim, Mead & White. Bei seiner Fertigstellung 1914 war es mit 177 Metern das dritthöchste Gebäude der Welt. Bemerkenswert ist die auffällig mit Türmchen gestaltete, von Adolph Weinmans berühmter Statue *Civic Fame* gekrönte Spitze. Das komplexe Terrakotta-Gewölbe ist dem Eingang des Palazzo Farnese in Rom nachempfunden.

Stone Street

Die schmale kopfsteingepflasterte Stone Street liegt zwischen Hanover Square und Coenties Alley. Viele der Häuser im Greek-Revival-Stil wurden nach dem Großbrand von 1835 errichtet, der viele Bauten der Gegend zerstört hatte. Heute kann man hier gut essen und trinken. In Sommernächten ist die Straße ein einziger großer Biergarten mit Bars wie Ulysses und Lokalen wie Adrienne's Pizzabar, die Tische auf die Straße stellen.

⑯ Vietnam Veterans' Plaza

📍 E14 ⌂ zwischen Water St und South St Ⓢ Whitehall (R, W), South Ferry (1)

Die Ziegel-Plaza birgt in ihrer Mitte eine riesige grüne Glasmauer. Hier sind Zitate aus Reden eingraviert sowie Ausschnitte aus Briefen, die im Vietnamkrieg zwischen 1959 und 1975 gefallene Soldatinnen und Soldaten an ihre Familien zu Hause schickten.

⑰ Battery Park

📍 E14 ⌂ Battery Pl Ⓢ Whitehall St (R, W), South Ferry (1), Bowling Green (4, 5) 🌐 nps.gov/cacl

Der Park mit tollem Blick auf den Hafen wurde nach den Geschützen benannt, die früher den Hafen verteidigten. Unter den über 20 Statuen und Denkmälern sind das Netherlands Memorial Monument sowie Denkmäler zum Koreakrieg, Zweiten Weltkrieg, zu Immigration und zur Küstenwache. Eine neuere Attraktion ist das SeaGlass Carousel.

Castle Clinton wurde 1811 als Artilleriestellung gebaut. Die Verlandung verband es allmählich mit dem Festland. 1824 wurde es als Castle Garden mit Theater, Biergarten und einer Oper wiedereröffnet, wo Phineas T. Barnum 1850 die »schwedische Nachtigall« Jenny Lind dem Publikum vorstellte.

1855, noch bevor Ellis Island diese Funktion übernahm, war es das Einwanderungszentrum für über acht Millionen Neuankömmlinge. Es gibt eine kleine Ausstellung mit einem Abschnitt der »Battery Wall« sowie Tickets nach Ellis Island und Liberty Island.

⑱ Charging Bull

📍 E14 ⌂ Broadway / Ecke Bowling Green Ⓢ Bowling Green (4, 5) 🌐 chargingbull.com

Am 15. Dezember 1989 stellte der Bildhauer Arturo Di

Das furchtlose Mädchen und der Bulle

2017 erhielt der berühmte *Charging Bull* von einer anderen Bronzeskulptur, dem *Fearless Girl*, Konkurrenz. Die Mädchenstatue der Bildhauerin Kristen Visbal stellte sich, die Hände in die Hüften gestemmt, dem anstürmenden Bullen entgegen. Sie wurde schnell zur feministischen Ikone, wobei sie ursprünglich Teil einer Werbekampagne zur Erhöhung des Frauenanteils bei Vorständen war. Bürgermeister De Blasio gewährte ihr ein Bleiberecht von elf Monaten. 2019 wurde sie direkt vor der Börse platziert, da die vielen Besucher den Verkehr am Broadway behinderten.

Kristen Visbals *Fearless Girl*

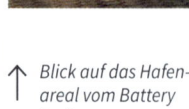

↑ *Blick auf das Hafenareal vom Battery Park aus*

Modica zusammen mit 30 Freunden die 3200 Kilogramm schwere Bronzestatue *Charging Bull* vor dem Gebäude der New York Stock Exchange auf. Zwischen zwei Polizeipatrouillen blieben ihnen nur acht Minuten Zeit – sie schafften es in fünf.

Der Bronzebulle wurde wegen Verkehrsbehinderung entfernt. Nach Protesten erhielt er ein »vorläufiges« Bleiberecht. Seitdem steht die Statue hier und ist zum inoffiziellen Maskottchen der Wall Street geworden.

Di Modica schuf den Bullen nach dem Börsencrash von 1987 als Symbol für den positiven »Macher-Geist« der USA. Bis zur Fertigstellung investierte er zwei Jahre Zeit und 350 000 Dollar.

⑲ Bowling Green

📍 E14 Ⓢ Bowling Green (4, 5)

Das dreieckige Gelände nördlich des Battery Park ist die älteste Grünanlage der Stadt. Erst wurde hier Vieh gehandelt, später Bowling

Schon gewusst?

Der Battery Park ist jedes Jahr das Ziel Tausender Zugvögel und Monarchfalter.

gespielt. Bis zum Unabhängigkeitskrieg stand eine Statue des englischen Königs George III auf dem Platz – man schmolz sie im Krieg zu Munition um. Die Frau des Gouverneurs von Connecticut soll Bronze für 42 000 Kugeln geschmolzen haben.

Jenseits beginnt der Broadway, der sich durch Manhattan zieht – und offiziell als »Highway Nine« weiter bis Albany, der Hauptstadt des Staates New York.

National Museum of the American Indian

📍 E14 🏛 1 Bowling Green
🚇 Bowling Green (4, 5)
📞 +1-212-514-3700 🕐 tägl. 10–17 (Do bis 20) 📅 25. Dez
🌐 americanindian.si.edu

Cass Gilberts stattliches U.S. Custom House beherbergt inzwischen das Smithsonian National Museum of the American Indian. Zu dieser vortrefflichen Sammlung gehören rund eine Million Exponate und Tausende von Fotografien – mit der ganzen Bandbreite der indianischen Kulturen Nord-, Mittel- und Südamerikas. Die Dauerausstellung mit wechselnden Exponaten aus der riesigen Museumssammlung zeigt auch Arbeiten zeitgenössischer indigener Künstler.

Das U.S. Custom House im Beaux-Arts-Stil, das 1907 fertiggestellt wurde und bis 1973 in Betrieb war, gehört zu den schönsten Beispielen dieses Stils. Die Fassade zeigt Statuen von Daniel Chester French – Personifikationen der Kontinente und der großen Wirtschaftszentren der Welt. Die wunderbare Great Hall, eine Marmorrotunde, ist reich verziert. 16 Wandbilder bedecken die 41 Meter hohe Kuppel. Sie wurden 1937 von Reginald Marsh gemalt und zeigen in den New Yorker Hafen einlaufende Schiffe.

Fraunces Tavern Museum

📍 E14 🏛 54 Pearl St
🚇 Wall St (2, 3), Broad St (J, Z), Bowling Green (4, 5)
📞 +1-212-425-1778 🕐 Mo–Fr 12–17, Sa, So 11–17
📅 1. Jan, Thanksgiving, 25. Dez 🌐 fraunces tavernmuseum.org

New Yorks einziger erhaltener Straßenblock aus dem 18. Jahrhundert besteht aus Handelshäusern. Hier befindet sich eine exakte Replik der 1719 errichteten Fraunces Tavern, in der George Washington 1783 von seinen Offizieren Abschied nahm. Das Museum im Obergeschoss zeigt Wechselausstellungen zu Geschichte und Kultur des frühen Amerika.

George Washingtons Abschiedsrede fand im restaurierten Long Room statt. Der angrenzende Clinton Room im Federal Style, ein Speisesaal, hat französische Tapeten von 1838. Die Ausstellungsräume, darunter die Sons of the Revolution Gallery, erläutern die damalige Geschichte. Das Restaurant mit Kamin im Erdgeschoss besitzt viel Atmosphäre.

Die Taverne war bereits zu Beginn der Revolution beschädigt worden: Im August 1775 zerstörte das britische Schiff *Asia* mit einem Kanonenschuss das Dach. 1904 kauften die »Sons of the Revolution« das Gebäude. Die 1907 beendete Restaurierung war eine der ersten Maßnahmen, das historische Erbe Amerikas zu erhalten.

Führungen finden donnerstags bis sonntags statt (Zeiten siehe Website).

22 Staten Island Ferry

📍 E15 🏠 Whitehall St
🚇 South Ferry (1) 🕐 24 Std.
🌐 siferry.com

Von der Fähre genießt man eine unvergessliche Aussicht auf die Skyline und den Hafen – und das kostenlos. 1810 rief der Eisenbahnmagnat Cornelius Vanderbilt die beliebte Fährverbindung ins Leben.

23 Seaport District NYC

📍 F13 🏠 Fulton St 🚇 Fulton St (A, C, 2, 3, 4, 5) 📞 +1-212-748-8600 🕐 Museum: Apr–Okt: Mi–So 11–17
🌐 seaportdistrict.nyc

Der Seaport District, Teil der früheren Hafenanlagen, wurde ab 1966 restauriert. Heute gibt es hier viele Restaurants und Läden anstelle der Lagerhäuser und Fischmärkte. Im einstigen Fulton Market Building residieren mehrere Edelläden und eine Filiale der luxuriösen Kinokette iPic Theaters. Pier 17 lockt mit Geschäften, einer Dachterrasse und Restaurants wie The Fulton, einem Seafood-Lokal des berühmten französischen Küchenchefs Jean-Georges Vongerichten. Vom Heineken Riverdeck auf der Nordseite des Piers 17 hat man den besten Blick auf die Brooklyn Bridge.

Das South Street Seaport Museum besitzt eine große Sammlung maritimer Artefakte und Kunst sowie einige historische Schiffe, die in der Nähe vertäut sind. Das Museum selbst liegt in einem Lagerhaus (1812) im Federal Style und zeigt die Dauerausstellung »Street of Ships: The Port and its People«.

Die Ausstellung erläutert die Geschichte der Gegend und die Restaurierung der *Wavertree*, eines britischen Schiffs von 1885. Im Ticket inbegriffen sind Führungen auf der *Wavertree* und der *Ambrose*, einem Feuerschiff

↑ *Das Feuerschiff* Ambrose *im Seaport District Manhattans*

von 1908. Zum Museum gehören auch der Schoner *Lettie G. Howard* (1893) und das Frachtschiff *Pioneer* (1885), das im Sommer Hafenrundfahrten anbietet. Angegliedert sind ein historischer Laden und eine Werkstatt in der Water Street: Bowne Printers (Nr. 209) und Bowne & Co Stationers (Nr. 211).

24 City Hall und City Hall Park

📍 E12 🏠 City Hall Park
🚇 Brooklyn Bridge-City Hall (4, 5, 6), Park Place (2, 3) 🕐 Führungen, siehe Website 🌐 nyc.gov

Die City Hall, seit 1812 Sitz der New Yorker Stadtverwaltung und damit das älteste Rathaus der USA, ist eines der schönsten Beispiele des Federal Style. Das Innere hat eine von zehn korinthischen Säulen umringte Kuppel und eine geschwungene Doppeltreppe, die zu den Tagungs-

Expertentipp
TKTS-Tickets

Das TKTS-Büro am Hafen (190 Front St) verkauft für Broadway-Shows am selben Tag Tickets zum halben Preis – mit viel weniger Wartezeit als das Büro am Times Square.

Die beste Aussicht auf die Brooklyn Bridge hat man vom Heineken Riverdeck auf der Nordseite des Piers 17.

räumen des City Council führt, wo sich der Stadtrat noch heute einmal im Monat versammelt. Im Obergeschoss liegt auch der Governor's Room im Regency-Stil mit seiner Porträtsammlung bedeutender Staatsmänner und Persönlichkeiten. 1865 wurde hier Abraham Lincoln aufgebahrt. Meist gibt es mittwochs und donnerstags kostenlose Führungen (für Buchungen siehe Website).

Seit 1812 gehört der einstige Dorfanger zur City Hall. 1736 bis 1797 stand an der Stelle ein Armenhaus. Im Amerikanischen Unabhängigkeitskrieg (1775–83) nutzten die Briten das nahe Schuldnergefängnis und sperrten dort 250 Gefangene ein, die später gehängt wurden.

25 Courthouse District

📍 E12 🏛 Center und Chambers St 🚇 Brooklyn Bridge-City Hall (4, 5, 6)

Den Gerichtsbezirk dominieren grandiose neoklassizistische Gebäude – Setting vieler Kinofilme. Das von einer Pyramide gekrönte Thurgood Marshall U.S. Courthouse (1936) von Cass Gilbert erhebt sich 180 Meter hoch und dient heute immer noch als Bundesgericht. Das benachbarte New York County Courthouse von 1927 ist der Oberste Gerichtshof des Staates New York. Seine Rotunde hat Leuchter von Tiffany, die Wandbilder zum Thema Recht und Gerechtigkeit stammen von Attilio Pusterla.

Der Surrogate's Court von 1907 steht in der Chambers Street. Seine Säulenfassade besteht aus weißem Marmor aus Maine. Henry K. Bush-Browns Figuren am Dach repräsentieren die Lebensalter. Das Deckenmosaik der Haupthalle von William de Leftwich Dodge zeigt die Tierkreiszeichen.

↑ Das Woolworth Building, eine frühe »Kathedrale des Kommerz«

26 African Burial Ground

📍 E12 🏛 Duane St 🚇 Chambers St (A, C), City Hall (R, W) 🕐 Besucherzentrum: Di–Sa 10–16 🌐 nps.gov/afbg

Das elegante Denkmal aus schwarzem Granit liegt teilweise auf einem einstigen Friedhof, damals der einzige Ort, an dem afrikanische Sklaven bestattet werden konnten. Die Stätte wurde 1991 zufällig entdeckt, 419 Skelette wurden geborgen. Sie wurden untersucht und 2003 wieder hier begraben. Das Besucherzentrum zeigt eine Ausstellung zur Sklaverei in New York.

27 Woolworth Building

📍 E13 🏛 233 Broadway 🚇 City Hall (R), Park Place (2, 3) 🕐 tägl. Führungen 🌐 woolworthtours.com

Der Verkäufer Frank W. Woolworth eröffnete 1879 einen neuartigen Laden: Kunden konnten die für fünf Cent angebotenen Waren ansehen und anfassen. Dieses Geschäftsmodell brachte ihm ein Vermögen ein und veränderte den Einzelhandel.

Das 1913 vollendete Hauptquartier war bis 1929 New Yorks höchster Bau und Vorbild der Wolkenkratzer. Cass Gilberts Bauwerk ist mit Wasserspeiern verziert und wird von einem Pyramidendach, Strebepfeilern, Zinnen und vier Türmen gekrönt. Das Innere enthält viele Reliefs, die Mosaikdecke besteht aus Glasfliesen. Ein witziges Flachrelief zeigt den Gründer beim Geldzählen. Das 13,5 Millionen Dollar teure Gebäude wurde bar bezahlt, hat sich aber nie ammortisiert. 1997 schloss Woolworth.

Es gibt täglich Führungen (vorab buchen).

Art-déco-Wolkenkratzer

In Lower Manhattan stehen einige der spektakulärsten Art-déco-Hochhäuser New Yorks. Die Bank of New York (1931) in der Wall Street Nr. 1 (200 m) besitzt eine Lobby mit Mosaiken. Das Bankers Trust Building (1912) in der Wall Street Nr. 14 (164 m) ist für sein dem griechischen Mausoleum nachempfundenen Pyramidendach bekannt. Das Bank of Manhattan Trust Building (anderer Name: Trump Building, *rechts*) in der Wall Street Nr. 40 war bis 1930 der höchste Bau (283 m). Das Art-déco-Juwel in der Pine Street Nr. 70 (290 m), das 1932 für das Mineralölunternehmen CITGO errichtet wurde, ist das grazilste Beispiel der Art-déco-Ikonen.

Spaziergang um die Wall Street

Länge 1 km **Dauer** 15 Min. **U-Bahn** Wall St

Die Kreuzung von Wall Street und Broad Street war von entscheidender Bedeutung für die Entwicklung der Stadt. Auf dem Balkon der Federal Hall wurde 1789 George Washington als Präsident vereidigt. Die 1817 gegründete New Yorker Börse ist bis heute ein Finanzzentrum, dessen Kursschwankungen weltweit Erschütterungen auslösen können. Die umliegenden Gebäude bilden das Herzstück des New Yorker Finanzdistrikts.

Das **Equitable Building** (1915) stahl seinen Nachbarn das Sonnenlicht. Dies führte zu einem neuen Gesetz: Hochhäuser mussten entsprechend weit von der Straße zurückgesetzt sein.

Das neogotische **Trinity Building** (Anfang 20. Jh.) wurde der nahen Trinity Church stilistisch angepasst.

Die neogotische **Trinity Church** (1846) ist die dritte Kirche an dieser Stelle. Einst war sie der höchste Bau der Stadt – nun ist sie ein Zwerg zwischen Wolkenkratzern. Der Innenhof ist eine Oase der Ruhe *(siehe S. 79)*.

Subway Wall St (4, 5)

Die Fassade von **One Wall Street**, ein Bau von 1931, besteht aus Kalkstein. Die Lobby ist reines Art déco.

26 Broadway war die Adresse des Standard Oil Trust. Die Gebäudespitze hat die Form einer Öllampe.

ZIEL

S

START

BROADWAY

EXCHANGE PLACE

NEW STREET

BROAD STREET

NAS

0 Meter 100
0 Yards 100

N ↑

←
Das schöne Gebäude (26 Broadway) war das Hauptquartier von Standard Oil

Die **Börse**, Drehscheibe der Finanzwelt, liegt in einem 16-stöckigen Bau von 1903 *(siehe S. 78)*.

Das Gebäude **140 Broadway** erhebt sich 55 Stockwerke hoch. Der dunkle Glasturm belegt nur 40 Prozent des Grundstücks. Die anderen 60 Prozent nimmt eine Plaza ein. Ihr Blickpunkt ist Red Cube, die große rote Skulptur von Isamu Noguchi.

Die **Chamber of Commerce** ist ein schöner Beaux-Arts-Bau von 1901.

Der neogotische **Liberty Tower** ist mit weißem Terrakotta verkleidet. Der Bau von 1910 enthält nun Apartments.

Auf der Plaza von **28 Liberty** befindet sich Jean Dubuffets berühmte Skulptur *Four Trees*.

Die **Federal Reserve Bank**, die US-Notenbank, wurde im Stil eines Renaissance-Palazzo errichtet *(siehe S. 78)*.

Auf der dreieckigen **Louise Nevelson Plaza** steht Nevelsons moderne Skulptur *Shadows and Flags*.

MALDEN LANE

LIBERTY STREET

CEDAR STREET

WALL STREET

WALL STREET

AM STREET

Zur Orientierung
Siehe Stadtteilkarte S. 66f

Lower Manhattan

Die **Federal Hall** wurde 1842 als U.S. Custom House errichtet. Der klassizistische Bau beherbergt eine Aussellung zu George Washington *(siehe S. 78)*.

Die **Wall Street** ist nach der Mauer benannt, die Gegner und feindliche Ureinwohner aus Manhattan heraushalten sollte. Heute ist sie das Herz des Finanzviertels *(siehe S. 78f)*.

↑ *Die Federal Reserve Bank, eine Trutzburg in den verschneiten Straßen Manhattans*

Spaziergang an der Waterfront

Länge 3 km **Dauer** 40 Min. **U-Bahn** Rector St

Von der Battery Park City Esplanade mit Blick auf den Fluss bis hin zu den Schiffen im Seaport District NYC – hier wird das reiche maritime Erbe von New York eindrucksvoll dokumentiert. Hektik und Trubel der Metropole scheinen meilenweit weg, auch wenn man nur ein paar Blocks davon entfernt ist. Beim Schlendern zur grünen Spitze des Battery Park wird man daran erinnert, dass Manhattan eine Insel ist.

↑ *Blick vom Robert Wagner Park auf die Statue of Liberty*

Starten Sie an der **Esplanade** beim Rector Place Park. Jenseits des Hudons River ragt die Skyline von Jersey City auf.

Von der **South Cove** genannten Bucht aus sieht man die Statue of Liberty *(siehe S. 68f)*.

Die Route verläuft auch durch den **Robert Wagner Park**.

Im **Skyscraper Museum** erfährt man Spannendes über New Yorks Wolkenkratzer *(siehe S. 81)*.

Das **Museum of Jewish Heritage** *(siehe S. 81)* gedenkt der Opfer des Holocaust.

An der Westseite des Battery Park erreicht man **Pier A Harbor House**, einen Pier von 1886.

Folgen Sie dem Uferweg zum **American Merchant Mariners Memorial**.

Castle Clinton wurde 1811 als Artilleriestellung errichtet.

ALBANY ST

Esplanade
START
RECTOR PLACE
RECTOR ST
Rector St
1.R.W
TRINITY PL

W THAMES ST

THIRD PL

South Cove
SECOND PL
Robert Wagner Park
Skyscraper Museum
Bowling Green
4.5

Museum of Jewish Heritage
BATTERY PLACE
Castle Clinton National Monument

Pier A Harbor House

American Merchant Mariners Memorial
Battery Park
Battery Park

0 Meter   300   N
0 Yards   300

↑ Unterwegs im schön restaurierten
Seaport District NYC

Lower
Manhattan

Zur Orientierung
Siehe Stadtteilkarte S. 66f

Bummeln Sie durch den
Seaport District NYC mit
dem South Street Seaport
Museum *(siehe S. 84)*.

Die Druckerei **Bowne & Co.
Stationers** wurde im
19. Jahrhundert eröffnet.

PECK SLIP

WATER ST

Bowne & Co. Stationers

Seaport District NYC

ZIEL

Pier 17

PEARL ST

MAIDEN

LN

SOUTH ST VIADUCT

Pier 16

Pier 15

Beenden Sie Ihren
Spaziergang mit
einem Imbiss am
Pier 17 – am besten
mit Blick auf das hier
vor Anker liegende
Museumsschiff
Wavertree.

Wall St
S

Broad St
J.Z
S

Wall St
2.3
S

WALL ST

BROADWAY

BROAD ST

NEW ST

EXCHANGE PL

BEAVER ST

HANOVER
SQUARE

PEARL ST

WATER ST

FRONT ST

OLD SLIP

Pier 11

🚢 Wall St Ferry Pier

STONE ST

Whitehall St
R.W
S

BROAD ST

WHITEHALL ST

Vietnam
Veterans'
Plaza

Folgen Sie der South Street vor
der Kulisse der Brooklyn Bridge,
und überqueren Sie die **Vietnam
Veterans' Plaza** *(siehe S. 82)*.

STATE ST

SOUTH
FERRY
PLAZA

South
Ferry
🚢

S
South Ferry
1

Battery
Maritime
Building (BMB)

Pier 6

Nach Verlassen des Parks
kommen Sie am **Battery
Maritime Building** vorbei.

🚢
Staten Island
Ferry

BROOKLYN – BATTERY TUNNEL

*Atlantischer
Ozean*

Lower East Side

Nirgendwo wird die ethnische Vielfalt dieser pulsierenden Stadt so deutlich wie in der Lower East Side, wo
sich Ende des 19. Jahrhunderts die Einwanderer nie-
derließen. Hier befanden sich die Viertel der Italiener,
Chinesen, Deutschen, Iren und Juden – in jüngster Zeit
der Dominikaner –, die auch in der Fremde ihre Spra-
che, Religion und Bräuche bewahrten.

In den 1990er Jahren erreichte die Gentrifizierung
auch die Lower East Side. Retro-Clubs, hippe Bars,
kreative Restaurants und Boutiquen schossen aus
dem Boden.

Heute gehört das Viertel mit seinem nach wie vor
vorhandenen Multikulti-Mix zu den buntesten der
Stadt. Das Lower East Side Tenement Museum und
das Museum at Eldridge Street sind zwei historische
Attraktionen, die an die ärmliche Vergangenheit der
Gegend als Immigrantenviertel erinnern.

E F

S E C O N D A V E N U E

EAST 4TH ST

EAST 3RD ST

FIRST AVENUE

A V E N U E A

East Village
Seiten 138–149

10

S
Broadway-
Lafayette St
B.D.F.M

S Prince St
N.R

Spring St
6 S

N O L I T A

EAST HOUSTON ST

S 2 Av
F

**Chinatown,
Little Italy
und Nolita**
Seiten 102–113

L I T T L E
I T A L Y

S P R I N G S T

B R O O M E S T

G R A N D S T

Bowery
J.Z

S
Bowery

S
Grand St
B.D

F O R S Y T H S T

C H R I S T I E S T

Sara D. Roosevelt Parkway

E L D R I D G E S T

A L L E N S T

O R C H A R D S T

LUDLOW ST

ESSEX ST

NORFOLK ST

SUFFOLK

Katz's
Deli ➐

Angel
Orensanz
Center

Economy Candy ➍

RIVINGTON ST

➎

DELANCEY ST

S Delancey St
F

Kehila Kedosha
Janina Synagogue
and Museum

❶
Lower East Side
Tenement Museum

Delancey St/
Essex St
F.J.M.Z

S Essex
Market

ICP
Museum ➑ ➏

B R O O M E S T

②

G R A N D S T

H E S T E R S T

C A N A L S T

The Pickle ➌ ➂
Guys

STRAUS
SQUARE

S
E Broadway
F

11

Manhattan
Bridge Arch

❷
Museum at
Eldridge Street

D I V I S I O N S T

MARKET ST

P I K E S T

HENRY ST

MADISON ST

MONROE ST

CATHERINE ST

Knickerbocker
Village

CHERRY ST

WATER ST

CATHERINE SLIP

MARKET SLIP

SOUTH

**Lower
Manhattan**
Seiten 64–89

12

Lower East Side

Highlights
❶ Lower East Side Tenement Museum
❷ Museum at Eldridge Street

Sehenswürdigkeiten
➌ The Pickle Guys
➍ Economy Candy
➎ The House on Henry Street
➏ Essex Market
➐ Katz's Deli
➑ ICP Museum

Restaurants
① Clinton Street Baking Co
② Dirt Candy
③ Doughnut Plant
④ Ivan Ramen
⑤ Russ & Daughters Café

E F

G

AVENUE B

AVENUE C

AVENUE D

EAST 4TH ST

Athletic
Field

H

J

9

EAST HOUSTON ST

MANGIN ST

FRANKLIN D. ROOSEVELT DRIVE

EAST HOUSTON ST

① Hamilton Fish Park

BARUCH PL

ATTORNEY ST

RIDGE ST

PITT ST

COLUMBIA ST

STANTON ST

CLINTON ST

RIVINGTON ST

ST

ST

ST

Williamsburg Bridge

10

DELANCEY ST

DELANCEY ST SOUTH

East

CLINTON ST

BROOME ST

PITT ST

Bialystoker Synagogue

WILLETT ST

Luther Gulick Park

COLUMBIA ST

BROOME ST

LEWIS ST

SAMUEL A. SPIEGEL SQUARE

River

Fireboat House

BIALYSTOKER PLACE

The House on Henry Street ❺

HENRY ST

MADISON ST

JACKSON ST

CHERRY ST

Park

EAST BROADWAY

MONTGOMERY ST

GOUVERNEUR ST

CHERRY ST

Corlears Hook Park

Corlears Hook ↖

eward Park

JEFFERSON ST

CLINTON ST

WATER ST

FRONT ST

11

HENRY ST

MADISON ST

ST

MADISON ST

SOUTH ST VIADUCT

PIER 42

RUTGERS ST

CHERRY ST

South

River

NYC Department of Ports & Terminals

RUTGERS SLIP

SOUTH ST

Rutgers Park

PIER 35

East

VINEGAR HILL

12

Brooklyn
Seiten 268–285

⌄

Manhattan Bridge

JOHN ST

0 Meter   200
0 Yards   200

N ↙

Lower East Side Tenement Museum

📍 F10 🏠 103 Orchard St 🚇 Grand St (B, D), Delancey St (F), Essex St (J, M, Z)
📞 +1-877-975-3786 🕐 tägl. 10–18 🎫 Feiertage 🌐 tenement.org

Dieses Museum bringt Besuchern New York als Eingangstor für Einwanderer nahe. In der Mietskaserne aus dem 19. Jahrhundert in einem der damals überfülltesten Viertel der Stadt kann man ihren harten Alltag kennenlernen.

Leben als Einwanderer

Die 1935 aufgegebene Mietskaserne wurde renoviert und in den 1990er Jahren als Museum eröffnet. Die engen Häuser waren in einem desolaten Zustand, Strom, Heizung und Sanitäranlagen fehlten. Im Inneren gab es keine Toiletten – vier Familien mussten sich zwei Außentoiletten teilen. Einige der Wohnungen wurden mit den vorgefundenen Möbeln und Gegenständen rekonstruiert und machen das Alltagsleben der Immigranten anschaulich.

Touren

Mithilfe von Fotos, Dokumenten und den Wohnungen selbst geben geführte Touren (obligatorisch) einen Einblick in die Lebensläufe verschiedener Familien, die zu unterschiedlichen Zeiten hier lebten. Tickets kann man im Besucherzentrum erwerben, wo ein Video (etwa 20 Min.) auf die Touren einstimmt. Empfehlenswert sind auch der Buchladen und die Kunstausstellung.

15 000

Immigranten aus 20 Ländern lebten vom 19. bis zum 20. Jahrhundert im Haus Nr. 97.

Diese Wohnblocks in der Orchard Street beherbergen nun das Museum ↓

Mietskasernen der Lower East Side

New Yorks erste Mietskasernen entstanden 1833 in der Lower East Side mit der Gründung von Little Germany. Ab 1860 dominierten irische Einwanderer. Von 1880 bis 1920 kamen über 25 Millionen Immigranten in die USA, darunter über 2,5 Millionen Juden. Einwanderer, die sich in der Lower East Side ansiedelten, fanden minimale Hygienestandards, entsetzliche Wohnverhältnisse und Krankheiten vor. Sozialreformer wie Jacob Riis und Stephen Crane machten auf die Not dieser Menschen in den 1890er Jahren aufmerksam, was im 20. Jahrhundert zu Sanierungen führte.

1 *Die Wohnzimmer-einrichtung der Familie Rogarshevsky war völlig verschlissen.*

2 *Schauspieler verkörpern die Schneiders in ihrem Laden.*

3 *Führer zeigen historische Fotos vom Alltagsleben in den Mietskasernen.*

TOP 5 Touren im Museum

Under One Roof
Tour durch die Wohnungen von jüdischen, puerto-ricanischen und chinesischen Einwanderern nach 1945.

Shop Life
Führung durch das deutsche Friseurgeschäft (1870er Jahre) von John und Caroline Schneider.

Sweatshop Workers
Restaurierte Textilwerkstatt der Levines und Sabbat-Tisch der Rogarshevskys.

Hard Times
Das Leben der deutsch-jüdischen Familie und der katholischen italienischen Familie Baldizzi.

Irish Outsiders
Zum Leben der irischen Familie Moore im Jahr 1869.

2

Museum at Eldridge Street

9 F11 **⌂** 12 Eldridge St **S** East Broadway (F), Grand St (B, D) **☎** +1-212-219-0302 **🕐** So – Fr 10 – 17 **📅** jüdische Feiertage **W** eldridgestreet.org

Das Museum at Eldridge Street beschäftigt sich mit der reichen jüdischen Vergangenheit der Lower East Side. Es liegt in einer der schönsten Synagogen der Stadt. Das Gotteshaus wird noch immer genutzt, doch Besucher können das grandiose Innere bei geführten Touren bewundern.

Jüdische Geschichte in der Lower East Side

Die erste Synagoge der USA wurde 1887 von orthodoxen Juden aus Osteuropa errichtet. Nach einer umfassenden Renovierung wurde sie 2007 als (Teil-)Museum wiedereröffnet, fungiert aber nach wie vor als Gotteshaus. Die Fassade des Terrakotta-Ziegel-Baus ist ein wilder Mix aus romanischen, maurischen und gotischen Einflüssen, doch die eigentliche Attraktion ist das Heiligtum im Inneren. Es besitzt Bleiglasfenster, einen spektakulären Leuchter, üppige Holzarbeiten und eine bemalte Decke. Die Fensterrose, ein Davidstern-Rondell, ziert die westliche Wand.

Eine Ausstellung zeigt den fortschreitenden Verfall der Synagoge Anfang der 1970er Jahre. Bei den Führungen hört man unterhaltsame Geschichten über das jüdische Alltagsleben in der Lower East Side und die Rolle der Synagoge innerhalb der Gemeinde.

← *Die historische Fassade der Synagoge ist als National Historic Landmark eingestuft*

 Expertentipp
Museumstouren

Das beeindruckende Hauptheiligtum der Synagoge ist nur bei Führungen zu besichtigen. Am besten kommen Sie möglichst früh zum Museum, da die Führungen beliebt und oft überbucht sind. Touren beginnen wochentags zur vollen Stunde und dauern 60 Minuten (montags zahlt man eine Spende nach eigenem Ermessen). Die Führungen starten im Untergeschoss in der Beit Midrasch (Thora-Schule), die ebenfalls als Synagoge fungiert.

Chronik

1887
▽ Kahal Adath Jeshurun von der ersten russisch-jüdischen Gemeinde der USA weiht den Bau ein

1918
Der berühmte Talmudist Rabbi Aharon Yudelovitch wird erster Kanzelkantor in Vollzeit

2014
▽ Sieben Jahre nach der Restaurierung werden Besucherzentrum und Ausstellung eröffnet

ab 1940
Mit dem Schwund ihrer Mitglieder zieht sich die Gemeinde ins Untergeschoss zurück, das Heiligtum wird geschlossen

1986
△ Eine Initiative zur Restaurierung der verfallenen Synagoge entsteht

Schon gewusst?

Der Bau der Synagoge dauerte nur zehn Monate, ihre Restaurierung dagegen 20 Jahre.

↑ *Gemeindeversammlung in der restaurierten Synagoge in der Lower East Side*

Restaurants

Clinton Street Baking Co

Das Brunch-Lokal ist für seine Blaubeer-Pfannkuchen bekannt.

📍 G10 🏠 4 Clinton St
🌐 clintonstreetbaking.com

💲💲💲

Dirt Candy

Beim angesagten Vegetarier gibt es zwei Menüs zur Auswahl.

📍 F10 🏠 86 Allen St
🌐 dirtcandynyc.com

💲💲💲

Doughnut Plant

Donuts nach Saison: von Kürbis bis Esskastanie.

📍 G11 🏠 379 Grand St
🚇 So abends
🌐 doughnutplant.com

💲💲💲

Ivan Ramen

Sesamnudeln, Ramennudeln und Schweinefleisch-Teigtaschen.

📍 G10 🏠 25 Clinton St 🌐 ivanramen.com

💲💲💲

Russ & Daughters Café

Café in einem beliebten jüdischen Shop.

📍 F10 🏠 127 Orchard St 🌐 russand daughterscafe.com

💲💲💲

→

Traditionelle Pickles sind beliebt: Warteschlange in der Lower East Side

3

The Pickle Guys

📍 G11 🏠 357 Grand St
🚇 Grand St (B, D) 🕐 Sa – Do 9 –18, Fr 9 –16
🌐 pickleguys.com

Der saure Geruch von Eingelegtem fällt einem schon auf der Straße auf. Im frühen 20. Jahrhundert gab es in der Gegend unzählige jüdische Läden, die Eingelegtes verkauften. Getreu nach alten osteuropäischen Rezepten wurde und wird Gemüse aller Art in Fässern mit Salzlauge, Knoblauch und Gewürzen gelagert, so hält es sich monatelang.

Eingelegtes gibt es in den Varianten sauer, dreiviertelsauer, halbsauer, jung und scharf.

4

Economy Candy

📍 G10 🏠 108 Rivington St
🚇 2 Av (F) 🕐 Sa – Mo 10 –18, Di – Fr 9 –18
🌐 economycandy.com

Der Süßwarenladen ist seit 1937 in Familienbesitz und inzwischen ein Wahrzeichen der Lower East Side. Hunderte von süßen Leckereien, Nüssen und getrockneten Früchten sind im Angebot. Die Regale sind bis unter die Decke mit altmodischen Behältnissen vollgepackt. Economy Candy zählt zu den wenigen Shops der Lower East Side, die seit über 50 Jahren unverändert in Name und Angebot die Entwicklung des Viertels überdauert haben.

5

The House on Henry Street

📍 G11 🏠 265 Henry St
🚇 East Broadway (F)
🕐 Mo – Fr 10 –18
🌐 henrystreet.org

Diese kleine, aber spannende interaktive Ausstellung dokumentiert die Geschichte des Sozialprojekts Henry Street Settlement von seiner Gründung durch Lillian Wald im Jahr 1893 bis zur Gegenwart. Wald leistete in der Lower East Side Pionierarbeit insbesondere in den Bereichen Gesundheitswesen und Kunst.

Katz's Deli, seit 1888
eine East-Side-
Legende ↑

Essex Market

📍 G10 🏠 88 Essex St
🚇 Essex St, Delancey St
(F, J, M, Z) ⏰ Mo – Sa
8 – 22, So 10 – 20
🌐 essexmarket.nyc

Der überdachte Markt wurde
1939 unter Bürgermeister
Fiorello LaGuardia, der von
1934 bis 1945 regierte, geschaffen, um die Händler
mit ihren Verkaufskarren von
den schmalen Straßen zu
holen, wo sie den Verkehr
behinderten.

2018 zog der Essex Market
in ein Gebäude im Essex-
Crossing-Komplex um und
mit ihm Formaggio Essex,
das berühmte Diner Shop-
sin's sowie alle anderen
Händler. Seither gibt es
weitere Händler und zwei
zusätzliche Restaurants.

Katz's Deli

📍 F10 🏠 205 E Houston St
🚇 Delancey St (F), 2 Av (F)
🌐 katzsdelicatessen.com

Das jüdische Deli ist durch
seine Rolle in *Harry und Sally*
bekannt geworden. Es be-
steht schon seit 1888 und
verfügt an der Ludlow Street
über einen schönen Außen-
bereich.

ICP Museum

📍 G10 🏠 79 Essex St
🚇 Essex St, Delancey St (F,
J, M, Z) ☎ +1-212-857-0000
⏰ Di – So 10 –18 (Do bis 21)
🚫 Feiertage 🌐 icp.org

In dem dynamischen Muse-
um, das 2020 in den Essex-
Crossing-Komplex umzog,

Expertentipp
Deli-Genüsse

Die Lower East Side
ist für ihre jüdischen
Delis mit sättigendem
Comfort Food bekannt.
In der East Houston
Street sollte man in
Katz's Deli Pastrami-
Sandwiches probieren,
bei Yonah Schimmel
Knishes und bei Russ &
Daughters Bagels.

erfährt man alles zu Fotografie und Fotojournalismus.
Das sehenswerte Museum
wurde 1974 von Cornell Capa
gegründet, um Werke von
Fotojournalisten zu bewahren. Die Sammlung besitzt
12 500 Originalabzüge von
Fotografien sowie zeitgenössische Exponate.

Synagogen in der Lower East Side

In der Lower East Side ist das jüdische Erbe
noch recht lebendig, u. a. in den historischen
Synagogen. Ein Muss ist das Museum at Eldridge Street *(siehe S. 96f)*, die Bialystoker Synagogue (7–11 Willett St) ist ein weiteres Juwel.
Seit 1927 dient die Kehila Kedosha Janina
Synagogue (280 Broome Street) als Gotteshaus
der romaniotischen Juden. Der East Broadway
zwischen Clinton und Montgomery Street heißt
»Shtiebel Row« – wegen der vielen *shtieblach*
(kleine Synagogen hinter Ladenfronten).

Spaziergang durch die Lower East Side und Chinatown

Länge 3 km **Dauer** 40 Min. **U-Bahn** 2 Av

Dieser Spaziergang führt durch die alten Einwandererviertel, denen New York sein einzigartiges Ambiente verdankt. Hier erlebt man die Entwicklung der Stadt durch unterschiedliche Gruppen von Immigranten. Auf dem Weg lernen Sie vielfältige Kulturen und Küchen kennen. Starten Sie in der Lower East Side, und passieren Sie alte Synagogen und feine Gourmet-Hotspots, bevor Sie durch die Märkte von Chinatown schlendern und die Tour im charmanten Little Italy beenden.

Beginnen Sie Ihren Spaziergang mit einem Snack in der **Yonah Schimmel Knish Bakery**.

Katz's Deli (siehe S. 99) ist seit 1888 eine feste Größe in dem Viertel.

Das **Lower East Side Tenement Museum** (siehe S. 94f) dokumentiert das Leben früher Einwandererfamilien.

Machen Sie einen kurzen Abstecher zu **Kehila Kedosha Janina Synagogue and Museum**.

Beenden Sie Ihren Spaziergang in **Little Italy** (siehe S. 110f), dessen Lokale eine große Auswahl an Pastagerichten bieten.

Gleich hinter der Canal Street steht die Eldridge Street Synagogue mit dem **Museum at Eldrige Street** (siehe S. 96f).

Im **Eastern States Buddhist Temple** in Chinatown finden Sie Ruhe und Entspannung.

Mulberry Bend war einst berüchtigt für Bandenmorde und Chaos.

START EAST HOUSTON ST

NOLITA

Katz's Deli

S 2 Av F

Yonah Schimmel Knish Bakery

Sara D. Roosevelt

CHRYSTIE

BOWERY

FORSYTH ST

ELDRIDGE ST

RIVINGTON ST

ALLEN ST

ORCHARD ST

LUDLOW ST

Lower East Side Tenement Museum

Bowery **S** J.Z

Kehila Kedosha Janina Synagogue and Museum

Parkway

BROOME ST

LITTLE ITALY

Grand St B.D **S**

GRAND ST

Q ZIEL

MULBERRY ST

MOTT ST

BOWERY

HESTER ST

Museum at Eldridge Street

CANAL ST

Eastern States Buddhist Temple

Manhattan Bridge Arch

DIVISION STREET

BROADWAY

EAST

Columbus Park

Mulberry Bend

↑ Eingang zum Angel Orensanz Center, einem Kunsttempel in der Lower East Side

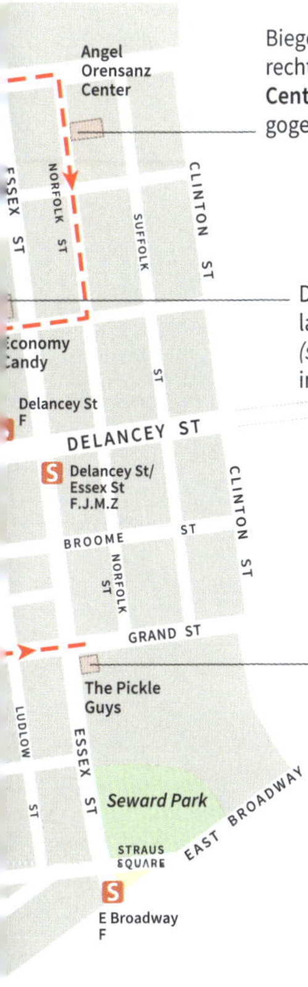

Lower East Side

Zur Orientierung
*Siehe Stadtteilkarten
S. 92f und 104f*

Biegen Sie an der Norfolk Street rechts ab, um zum **Angel Orensanz Center** in New Yorks ältester Synagoge zu gelangen.

Der kultige Süßwarenladen **Economy Candy** *(siehe S. 98)* ist seit 1937 in Betrieb.

Der saure Geruch von Eingelegtem in **The Pickle Guys** *(siehe S. 98)* weht bis auf die Straße.

Schon gewusst?

1997 heirateten die Schauspieler Matthew Broderick und Sarah Jessica Parker im Angel Orensanz Center.

0 Meter — 400 N ↖
0 Yards — 400

→ Economy Candy – ein Paradies für Liebhaber von Süßigkeiten aus aller Welt

Chinatown, Little Italy und Nolita

Die Communities, die schon seit Generationen hier leben, verkörpern das multikulturelle New York. In den 1850er Jahren kamen zunächst chinesische Immigranten in die Stadt. Chinatown ist Manhattans am dichtesten besiedeltes Viertel sowie das älteste und größte Chinesenviertel der westlichen Welt. Seit den 1980er Jahren dehnt sich Chinatown immer mehr nach Little Italy aus. Das früher weitläufigere Viertel der italienischen Einwanderer besteht jetzt nur noch aus einem schmalen Streifen um die Mulberry Street.

Chinatown und Little Italy sind belebte bunte Viertel und bieten zahllose Essensmöglichkeiten. Nolita (North of Little Italy) im Norden entwickelte sich zu einem begehrten und entsprechend teuren Viertel. Es beherbergt eine große Anzahl schicker Boutiquen, Restaurants und Bars.

WEST HOUSTON ST

New York
Earth Room

PRINCE   ST

Singer
Building

B R O A D W A Y

AVENUE OF THE

SULLIVAN ST

10

Spring St **S**
C.E

SPRING   ST

VARICK

ST   ST

AMERICAS (SIXTH AV)

St. Nicholas
Hotel

HUDSON

SPRING

New York City
Fire Museum

ST

S O H O

ST

ST

WEST

B R O O M E   ST

WATTS   ST

GRAND   ST

G R E E N E

Chinatown, Little
Italy und Nolita

Canal St **S**
A.C.E

C A N A L   ST

Highlights
❶ New Museum
❷ Museum of Chinese in America

ST. JOHN'S LANE

T R I B E C A

Sehenswürdigkeiten
❸ Chinatown
❹ Mahayana Buddhist Temple
❺ Little Italy und Nolita
❻ Italian American Museum
❼ Basilica of St. Patrick's
  Old Cathedral
❽ Church of the Transfiguration

11

WALKER   ST

ST

Restaurants
① Chinatown Ice Cream Factory
② Chinese Tuxedo
③ Joe's Shanghai
④ Nom Wah Tea Parlor
⑤ Xi'an Famous Foods
⑥ Emilio's Ballato
⑦ Ferrara Café
⑧ Lombardi's
⑨ Pasquale Jones
⑩ Rubirosa

FRANKLIN   ST

S Franklin St
1

C H U R C H

BROADWAY

WORTH   ST

BROADWAY

12

WEST

D U A N E   ST

D

East Village
Seiten 138–149

S 2 Av
F

EAST HOUSTON ST

BOWERY

⑥
Puck
Building

NOLITA
⑤
Nolita

JERSEY ST

BROADWAY

CROSBY ST

LAFAYETTE ST

St. Michael's
Church

⑦ Basilica of St. Patrick's
Old Cathedral

S Prince St
N.R.W

PRINCE ST

STANTON ST

① New
Museum

FREEMAN ALLEY

FORSYTH ST

ELDRIDGE ST

ALLEN ST

10

MULBERRY ST

*Elizabeth
Street
Gardens*

⑩

ELIZABETH

RIVINGTON ST

Museum of
Street Art

Sara D. Roosevelt Parkway

DELANCEY ST

S Spring St
6

MOTT ST

SPRING ST

⑧

ELIZABETH ST

BOWERY

S Bowery
J.Z

CHRYSTIE ST

CROSBY ST

PETROSINO
SQUARE

CLEVELAND PL

LAFAYETTE ST

KENMARE ST

⑨

Haughwout
Building

BROOME ST

LITTLE ITALY
⑤
Little Italy

Bowery
Savings Bank

←
**SoHo und
Tribeca**
Seiten 114–123

Old Police
Headquarters

→
**Lower
East Side**
Seiten 90–101

GRAND ST

⑦

S Grand St
B.D

Italian American
Museum ⑥

② Museum of Chinese
in America

HOWARD ST

HOWARD ST

BAXTER ST

CENTRE ST

MULBERRY ST

MOTT ST

HESTER ST

ELIZABETH ST

BOWERY

FORSYTH ST

ELDRIDGE ST

11

S Canal St
N.Q.R.W

S Canal St
6

Mahayana
Buddhist
Temple
④

CANAL ST

Museum at
Eldridge St

i
S Canal St
J.Z

WALKER ST

CORTLANDT ALLEY

Engine
Company
No. 31

WHITE ST

CHINATOWN

Ten Ren's Tea

③ Chinatown

ELIZABETH ST

③

Manhattan
Bridge Arch

BOWERY

Confucius
Plaza

MANHATTAN BRIDGE

Eastern States
Buddhist Temple

BAYARD ST

①

⑤

Huang Da
Xian Taoist
Temple

DIVISION ST

LAFAYETTE ST

Civil
Court

CENTRE ST

Criminal
Courts
Building

MULBERRY ST

MOTT ST

Church of the
Transfiguration
⑧

PELL ST

DOYERS ST

④

②

CHATHAM
SQUARE

EAST BROADWAY

*Collect
Pond Park*

LEONARD ST

HOGAN PL

*Columbus
Park*

BAXTER ST

MOSCO ST

MULBERRY ST

WORTH ST

CATHERINE ST

HENRY ST

12

New York
State Building

∨
**Lower
Manhattan**
Seiten 64–89

NY County
Courthouse

CE PLAZA

PEARL ST

PARK ROW

U.S. Courthouse

0 Meter   200
0 Yards   200

N

E

F

Ein Muss ist die Dachterrasse des Museums, die einen der wenigen Panoramablicke auf die Lower East Side eröffnet, samstags und sonntags ist sie zu Museumszeiten zugänglich

❶ ⊘ ⊘ ⊡ ⊡ ♿

New Museum

📍 F10 🏠 235 Bowery 🚇 2 Av (F) 📞 +1-212-219-1222
🕐 Di – So 11 – 18 (Do bis 21) 🌐 newmuseum.org

In New York boomt die zeitgenössische Kunst – vor allem im New Museum. Der futuristische Bau ist selbst ein Kunstwerk. Es präsentiert hochwertige Ausstellungen, die sich allen brandaktuellen Kunstrichtungen widmen.

New Yorks Knotenpunkt für moderne Kunst

Marcia Tucker gab 1977 ihre Stelle als Kuratorin des Whitney *(siehe S. 128f)* auf, um das New Museum of Contemporary Art (kurz: New Museum) zu gründen. Sie wollte die Art von Arbeiten ausstellen, die sie in den traditionelleren Häusern vermisste, und eröffnete eines der aufregendsten Museen New Yorks, das zudem großzügig gestaltet ist. In Wechselausstellungen ist eine Bandbreite an Kunst zu sehen – von Fotografien der 1960er Jahre bis zur abstrakten Installation. Zu den ausgestellten Künstlern zählen neben jungen Talenten auch etablierte Größen wie Mark Rothko oder Roy Lichtenstein.

↑ *Die Exponate des Museums werden regelmäßig ausgetauscht, durch den Wechsel gibt es immer Neues zu sehen*

Expertentipp
Geld sparen

Am Donnerstagabend zahlen Sie nur so viel Eintritt, wie Sie wollen (als Minimum werden zwei Dollar erwartet). Eine völlig kostenlose Alternative sind die 45-Minuten-Touren des Museums (Di – So 12.30, Do, Sa, So 15 Uhr).

↑ *Das siebenstöckige New Museum (2007) der japanischen Architekten Sejima & Nishizawa wirkt, als hätte man Bauklötze aufeinandergestapelt*

2

Museum of Chinese in America

E11 215 Centre St Canal St (J, N, Q, R, W, Z, 6) +1-855-955-6622 Do 11–21, Fr–So 11–18 (Mo–Mi nur Führungen) 1. Jan, Thanksgiving, 25. Dez mocanyc.org

Die anziehenden Exponate dieses Museums bringen die Vergangenheit der chinesischen Community, eine der größten Einwanderungsgruppen New Yorks, wieder zum Leuchten.

Chinesisch-amerikanische Beziehungen

Das engagierte MOCA erläutert die chinesisch-amerikanischen Beziehungen von der Ankunft der ersten Einwanderer aus China im 19. Jahrhundert bis heute. Historisch interessant ist etwa das Dokument des Chinese Exclusion Act von 1882, der Chinesen zehn Jahre lang die Einreise verbot. Auch die Quoten, die Anfang des 20. Jahrhunderts beschlossen wurden, etwa mit der National Origins Provision (NOP) von 1924, schränkten den Zuzug weiter ein. Die Ausstellung beleuchtet die verschiedenen kulturhistorischen Phasen – vom Auftauchen der Chop-Suey-Restaurants bis zur Entwicklung einer amerikanischen Identität bei der zweiten Generation der Einwanderer in den 1960er Jahren.

Der Museumsbau wurde von Maya Lin entworfen, die schon das beeindruckende Vietnam Veterans Memorial in Washington, DC schuf. Das Museum of Chinese in America wurde vom New York Chinatown History Project gegründet, um auf diese Weise ein besseres Verständnis der chinesischen Amerikaner der Stadt zu erreichen.

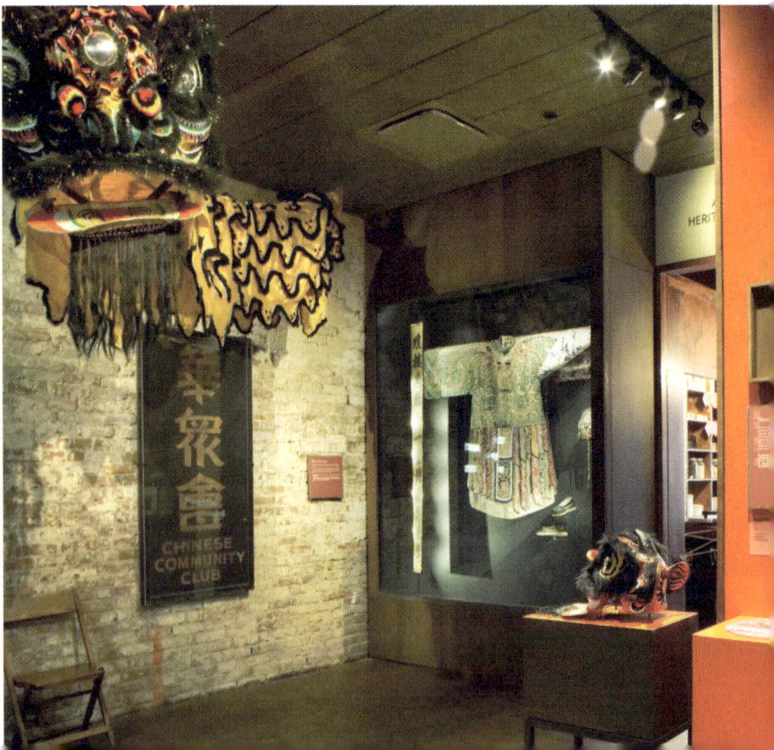

SEHENSWÜRDIGKEITEN

MOCA

↑ *Besucherschlange vor dem Museum of Chinese in America*

200 000

chinesische Einwanderer kamen 1965 ins Land, als der NOP aufgehoben worden war.

← *Exponate in den Räumen des Museum of Chinese in America*

❸

Chinatown
📍 F11 🏠 Straßen um die Mott St 🚇 Canal St (N, Q, R, W, 6)
🌐 explorechinatown.com

Über 100 000 chinesische Amerikaner wohnen in dem quirligen Viertel. Seit Mitte des 19. Jahrhunderts ließen sich Chinesen in diesem Teil Manhattans nieder und machten Chinatown zum größten und ältesten chinesischen Viertel der Welt. Heute ist es mit seiner Küche, den vielen Kuriositätenläden und den farbenfrohen Festen ein Touristenmagnet.

Das Areal wird von Osten nach Westen von der Canal Street, von Norden nach Süden von der Mott Street durchschnitten. Die umliegenden Straßen – Pell, Bayard, Doyers und Bowery – werden von Fisch- und Obstständen, Dim-Sum-Restaurants, Souvenir- und Antiquitätenläden sowie Tee- und Reisläden gesäumt.

An der Ecke von Pell Street und Bowery liegt der Huang Da Xian Taoist Temple hinter einer Ladenfront. 16 Pell Street ist das Hauptquartier von Hip Sing Tong, einer früheren Geheimgesellschaft. 1924 gab es 70 Tote, als Mitglieder von On Leong Tong, einer kriminellen Bande, den Bau angriffen. Auf halber Strecke biegt die winzige Doyers Street ab. Anfang des 20. Jahrhunderts war sie als »Bloody Angle« bekannt, da hier Tong-Bandenkämpfe ausgefochten wurden.

Eine andere Seite von Chinatown erleben Sie im Eastern States Buddhist Temple (64 Mott Street). Im Kerzenlicht funkeln hier zahllose winzige goldene Buddha-Figuren, Gläubige legen Opfergaben ab. Der Tempel hat täglich geöffnet.

Restaurants

Chinatown Ice Cream Factory
Hier gibt es Eis mit asiatischen Aromen – von Taro über Schwarzen Sesam und grünen Tee bis Litschi.
📍 F11 🏠 65 Bayard St 🌐 chinatownice creamfactory.com
💲💲💲

Chinese Tuxedo
Das hippe Kanton-Restaurant serviert innovative Cocktails.
📍 F12 🏠 5 Doyers St 🕐 mittags
🌐 chinesetuxedo.com
💲💲💲

Joe's Shanghai
Die Chinatown-Filiale ist für ihre Hühnergerichte und die mit Suppe gefüllten Teigtaschen bekannt.
📍 F11 🏠 46 Bowery
🌐 joeshanghai restaurants.com
💲💲💲

Nom Wah Tea Parlor
Das altmodische, elegante Dim-Sum-Lokal besteht seit 1920.
📍 F12 🏠 13 Doyers St 🌐 nomwah.com
💲💲💲

Xi'an Famous Foods
Hier isst man scharfe Spezialitäten aus dem Nordwesten Chinas, etwa mit Kreuzkümmel gewürztes Lamm.
📍 F11 🏠 45 Bayard St 🌐 xianfoods.com
💲💲💲

❹ 🛍
Mahayana Buddhist Temple

📍 F11 🏠 133 Canal St
Ⓢ Canal St (N, Q, R, W, 6)
🕐 tägl. 8:30–18
🌐 mahayana.us

Der opulente buddhistische Tempel am Fuß der Manhattan Bridge ist größer als sein Gegenstück in der Mott Street. Er wurde von der Ying-Familie aus Ningbo, China, errichtet. Der Bau von 1997 weist klassische chinesische Elemente auf. Der Hauptaltar besitzt eine fünf Meter hohe Buddha-Figur aus massivem Gold, sie wird von blauem Neonlicht und Kerzen erleuchtet. Die 32 Plaketten an den Wänden erzählen Geschichten aus dem Leben des Buddha. In der Eingangshalle steht ein kleiner Schrein für Guanyin, die Göttin des Mitgefühls. Im Obergeschoss verkauft ein kleiner Laden Statuen, Bücher und allerlei Nippes.

Auf der gegenüberliegenden Seite der Bowery fällt einem die ehemalige Citizens Savings Bank, jetzt eine Filiale der HSBC, ins Auge, ihre neobyzantinische Bronzekuppel wurde 1924 vollendet.

Ten Ren's Tea
Der in den 1950er Jahren gegründete taiwanesische Teeladen ist noch immer ein Paradies für Teeliebhaber. Die Filiale in der Mott Street Nr. 75 wurde 1984 eröffnet und hatte bald Kultstatus. Probieren Sie sich durch – von teuren Oolongs und Pu-Erh-Tee bis hin zu einfachen Grüntees. Der hochpreisige Dongfang (»Oriental Beauty«) ist ein stark fermentierter Oolong mit Honignoten – der beste seiner Art.

↑ Der goldene Buddha im Mahayana Buddhist Temple

❺
Little Italy und Nolita

📍 F10–11 🏠 Straßen um die Mulberry St Ⓢ Canal St (N, Q, R, W, 6)

Little Italy ist in ganz New York für seine bunten Feste bekannt. Ideal ist ein Besuch des Stadtviertels während der elftägigen Festa di San Gennaro (Mitte September). Dann kommen Italiener aus der ganzen Stadt zur Feier des Schutzpatrons von Neapel in die Mulberry Street, die von Ständen überquillt. Überall gibt es Musik und Tanz.

Viele der Restaurants bieten einfache, preiswerte Kost in hübschem Ambiente. Es gibt noch einige originale Cafés und *salumerias*, darunter etwa Ferrara (195 Grand Street).

In Nolita dagegen gibt es stilvolle Boutiquen und Vintage-Läden, die von betuchten New Yorkern aufgesucht werden.

Little Italy und Nolita (auch: NoLita, Kurzform von North of Little Italy) waren ursprünglich von Iren bewohnt. Anfang des 19. Jahrhunderts zogen italienische Einwanderer hierher. Immigranten aus Kampanien und Neapel ließen sich in der Mulberry Street nieder, Sizilianer in der Elizabeth Street. Die Mott Street war zwischen

Restaurants

Emilio's Ballato
Der Italiener alter Schule strahlt Clubatmosphäre aus. Er ist bei Promis beliebt.

📍 E10 🏠 55 East Houston St
📞 +1-212-274-8881
💲💲💲

Ferrara Café
Seit 1892 serviert das Café Käsekuchen, Cannoli und Eis.

📍 F11 🏠 195 Grand St
🌐 ferraranyc.com
💲💲💲

Lombardi's
Amerikas älteste Pizzeria (1905) bietet Pizza Margherita und Muschel-Pizzas.

📍 F10 🏠 32 Spring St
🌐 firstpizza.com
💲💲💲

Pasquale Jones
Das moderne Diner ist für seine Pasta und die Pizzas aus dem Holzkohleofen bekannt.

📍 E10 🏠 187 Mulberry St
🕐 Mo mittags
🌐 pasqualejones.com
💲💲💲

Rubirosa
Zeitgenössische Variante einer Pizzeria.

📍 E10 🏠 235 Mulberry St
🌐 rubirosanyc.com.
💲💲💲

 →

Reich ausgestalteter Innenraum der Basilica of St. Patrick's Old Cathedral

Zuwanderern aus Kalabrien und Apulien aufgeteilt. Nach dem Zweiten Weltkrieg zogen viele Italiener in die Vorstädte. Heute ist Little Italy stark geschrumpft – eigentlich existiert es nur noch um die Mulberry Street.

Mehr zur Geschichte des Viertels erfahren Sie im Italian American Museum, das in der früheren Banca Stabile beheimatet ist.

6 Italian American Museum

📍 E11 🏠 155 Mulberry St / Grand St 🚇 Canal St (J, N, Q, R, W, Z, 6) ☎ +1-212-965-9000 🕐 Zeiten der Website entnehmen 🌐 italian americanmuseum.org

Das Museum befindet sich in der früheren Banca Stabile von 1885, der Bau weist noch die alten Bankgewölbe auf. Es erläutert mit Kunstwerken, seltenen Fotos und Dokumenten die Geschichte von Little Italy. Unter den Exponaten befindet sich auch ein Erpresserbrief von 1914, der von einer »Black Hand«, einem amerikanischen Mafia-Mitglied, stammt. Auch Giuseppe Petrosinos, eines der ersten italienisch-ameri-

kanischen Polizeibeamten, wird gedacht. Er wurde 1909 in Sizilien ermordet, als er gegen die Mafia ermittelte.

7 Basilica of St. Patrick's Old Cathedral

📍 E10 🏠 Mott St / Prince St 🚇 Prince St (N, R, W) 🕐 Do – Di 8 – 12:30, 15:30 – 18 🌐 oldcathedral.org

1815 wurde die erste Kirche an dieser Stelle eingeweiht. Kurz nach 1860 brannte sie nieder und wurde in ihrer heutigen Form wiederaufgebaut. Dann verlegte die Erzdiözese den Kathedralsitz nach Uptown. St. Patrick's wurde eine normale Gemeindekirche, die sich trotz ständig wechselnder ethnischer Bevölkerungsanteile im Viertel behaupten konnte.

In den Gewölben unter dem Bau liegen die sterblichen Überreste einer der berühmtesten New Yorker Restauratorenfamilien, der Delmonicos. Auch Pierre Toussaint war hier bestattet. 1990 wurden seine Gebeine vom alten Friedhof neben der Kirche in eine angesehenere Krypta in der St. Patrick's Cathedral in Uptown umgebettet. Toussaint

wurde 1766 in Haiti als Sklave geboren und brachte es in New York zum wohlhabenden Perückenmacher. Später kümmerte er sich um Arme, pflegte Cholerakranke und errichtete mit seinem Geld ein Waisenhaus.

8 Church of the Transfiguration

📍 F12 🏠 29 Mott St 🚇 Canal St (N, Q, R, W, 6) 🕐 Fr 8:30 – 15:30, Sa 13 – 18 🌐 transfigurationnyc.org

Die protestantische Kirche von 1801 wurde 1853 an die römisch-katholische Church of the Transfiguration verkauft. Der georgianische Bau ist typisch für den steigenden Einfluss der Immigranten in New York. Die Kirche hat sich – je nach Nationalität ihrer Gemeinde – verändert. Zunächst waren es Iren, dann Italiener (eine Gedenktafel für die Toten im Ersten Weltkrieg listet hauptsächlich italienische Namen) und nun die Chinesen. Die Kirche dient als Treff für die katholische chinesische Gemeinde und bietet Kurse für Neuankömmlinge. Messen gibt es auf Kantonesisch, Englisch und Mandarin.

Spaziergang durch Little Italy und Chinatown

Länge 2 km **Dauer** 25 Min. **U-Bahn** Canal St

New Yorks größtes und buntestes Viertel ist Chinatown. Der Distrikt dehnt sich so schnell aus, dass er das nahe Little Italy und die Lower East Side zu verdrängen droht. In den Straßen reihen sich dicht an dicht Gemüseläden, Geschenkboutiquen und Hunderte China-Restaurants, von denen sogar die einfachsten mit köstlichem Essen und verführerischen Aromen locken. Die Überreste von Little Italy mit seinem Alte-Welt-Charme finden sich noch in der Mulberry und in der Grand Street.

↑ *Ladenfront in New Yorks Chinatown*

Subway Canal St (R, N, Q, W, 6)

START

ZIEL

An den Marktständen in der **Canal Street** kann man günstig Kleidung und frische Lebensmittel erstehen.

In dem für seine Lokale und das quirlige Straßenleben bekannten Viertel ist die – nach wie vor – wachsende chinesische Gemeinde beheimatet *(siehe S. 109)*.

Im einst heruntergekommenen **Columbus Park** spielen die Anwohner heute Mah-Jongg.

Bloody Angle heißt ein scharfer Knick in der **Doyers Street**. In den 1920er Jahren kam es hier immer wieder zu Bandenkämpfen.

Am **Chatham Square** stehen ein Denkmal für die chinesisch-amerikanischen Gefallenen sowie eines für Lin Zexu, den Beamten der Qing-Dynastie, der den Opiumhandel bekämpfte.

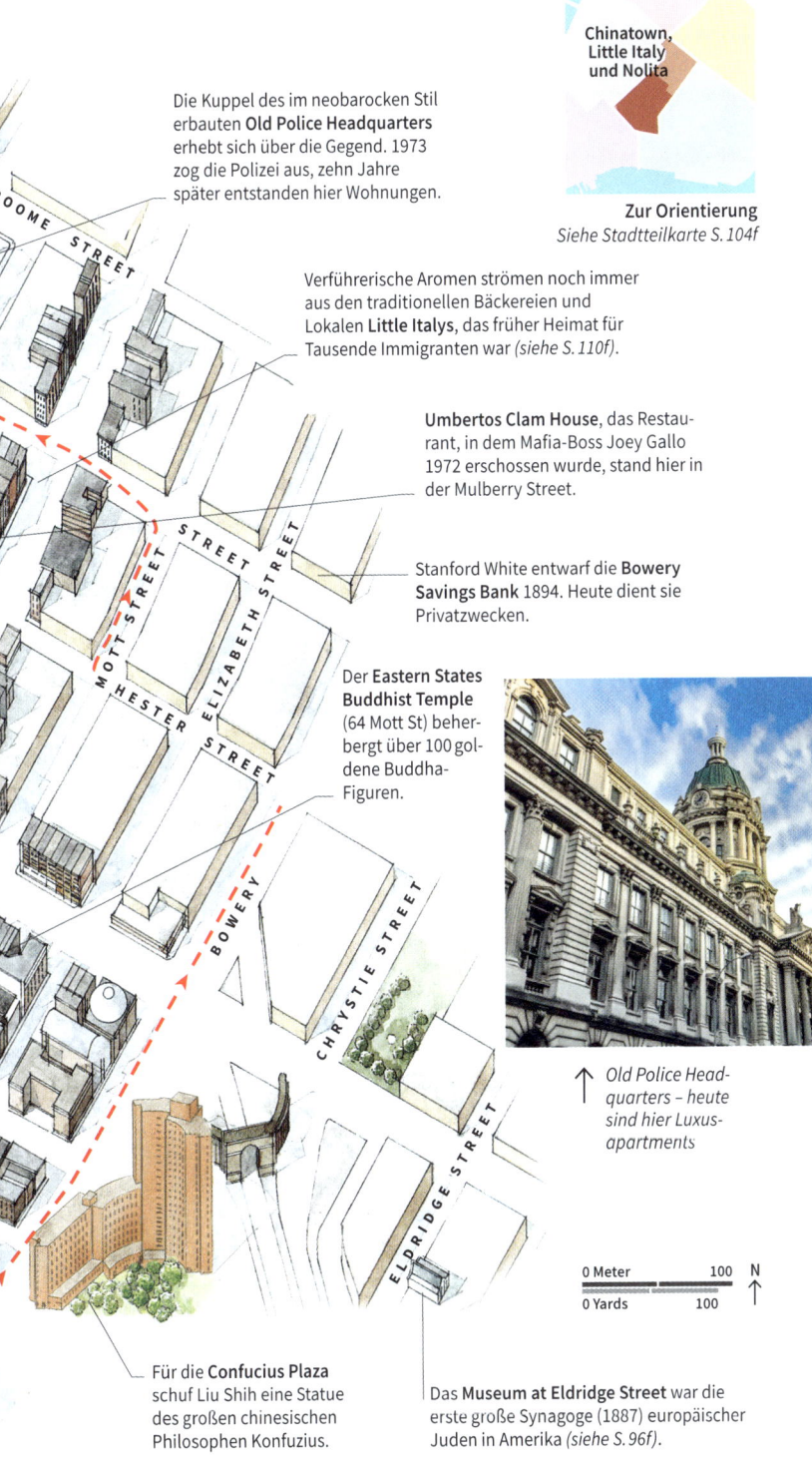

Die Kuppel des im neobarocken Stil erbauten **Old Police Headquarters** erhebt sich über die Gegend. 1973 zog die Polizei aus, zehn Jahre später entstanden hier Wohnungen.

Verführerische Aromen strömen noch immer aus den traditionellen Bäckereien und Lokalen **Little Italys**, das früher Heimat für Tausende Immigranten war *(siehe S. 110f)*.

Umbertos Clam House, das Restaurant, in dem Mafia-Boss Joey Gallo 1972 erschossen wurde, stand hier in der Mulberry Street.

Stanford White entwarf die **Bowery Savings Bank** 1894. Heute dient sie Privatzwecken.

Der **Eastern States Buddhist Temple** (64 Mott St) beherbergt über 100 goldene Buddha-Figuren.

BROOME STREET

STREET

MOTT STREET

ELIZABETH STREET

CHESTER STREET

BOWERY

CHRYSTIE STREET

ELDRIDGE STREET

↑ *Old Police Headquarters – heute sind hier Luxusapartments*

0 Meter		100	N
0 Yards		100	↑

Für die **Confucius Plaza** schuf Liu Shih eine Statue des großen chinesischen Philosophen Konfuzius.

Das **Museum at Eldridge Street** war die erste große Synagoge (1887) europäischer Juden in Amerika *(siehe S. 96f)*.

SoHo und Tribeca

Läden, Restaurants und Architektur haben das Gesicht der alten Industriebezirke verändert. SoHo (South of Houston) wäre in den 1960er Jahren fast zerstört worden, hätten nicht Denkmalschützer auf den Seltenheitswert seiner Gusseisen-Architektur verwiesen. Das Viertel wurde gerettet, in den 1980er Jahren entstand hier eine vibrierende Kunstszene. Heute ist SoHo eine riesige Open-Air-Shopping-Mall mit zahlreichen Bars und Bistros.

In dem nach seiner Dreiecksform benannten Tribeca (auch TriBeCa: Triangle Below Canal Street) florierte einst der Nahrungsmittelgroßhandel. Als Robert De Niro 1988 hier das Tribeca Film Center gründete, wurde das Viertel trendy und zog Galerien, Boutiquen und Restaurants an. Das Tribeca Film Festival besteht seit 2002.

B · C

Isaacs-Hendricks House

GREENWICH ST

HUDSON ST

St. Luke's Place · ST. LUKE'S PLACE

WEST ST

James J. Walker Park

ST

CLARKSON ST

HOUSTON ST

Houston

WEST ST

10

Children's Museum of the Arts **4**

HUDSON ST

CHARLTO

Hudson River

PIER 40

WASHINGTON ST

VANDAM ST

GREENWICH ST

① 5

RENWICK ST

Hudson River Park **5**

SPRING ST

⑥ 6

WEST ST

CANAL

ST

HOLLAND TUNNEL

Canal Park

WATTS ST

ST

PIER 34

DESBROSSES ST

WASHINGTON ST

VESTRY ST

LAIGHT ST

11

SoHo und Tribeca

Sehenswürdigkeiten
❶ 56 Leonard
❷ New York Earth Room
❸ New York City Fire Museum
❹ Children's Museum of the Arts
❺ Hudson River Park
❻ Hook and Ladder Company No. 8
❼ Color Factory
❽ Museum of Ice Cream
❾ Drawing Center
❿ Leslie-Lohman Museum of Art

Restaurants
① Balthazar
② Le Coucou
③ The Odeon
④ Grand Banks

Bars und Clubs
⑤ Paul's Casablanca
⑥ Ear Inn

HUBERT ST

WEST ST

Downtown Boathouse

PIER 26

ST

PIER 25

④ 4

Manhattan Community College

12

CHAMBERS ST

PIER 21

WARREN ST

B · C

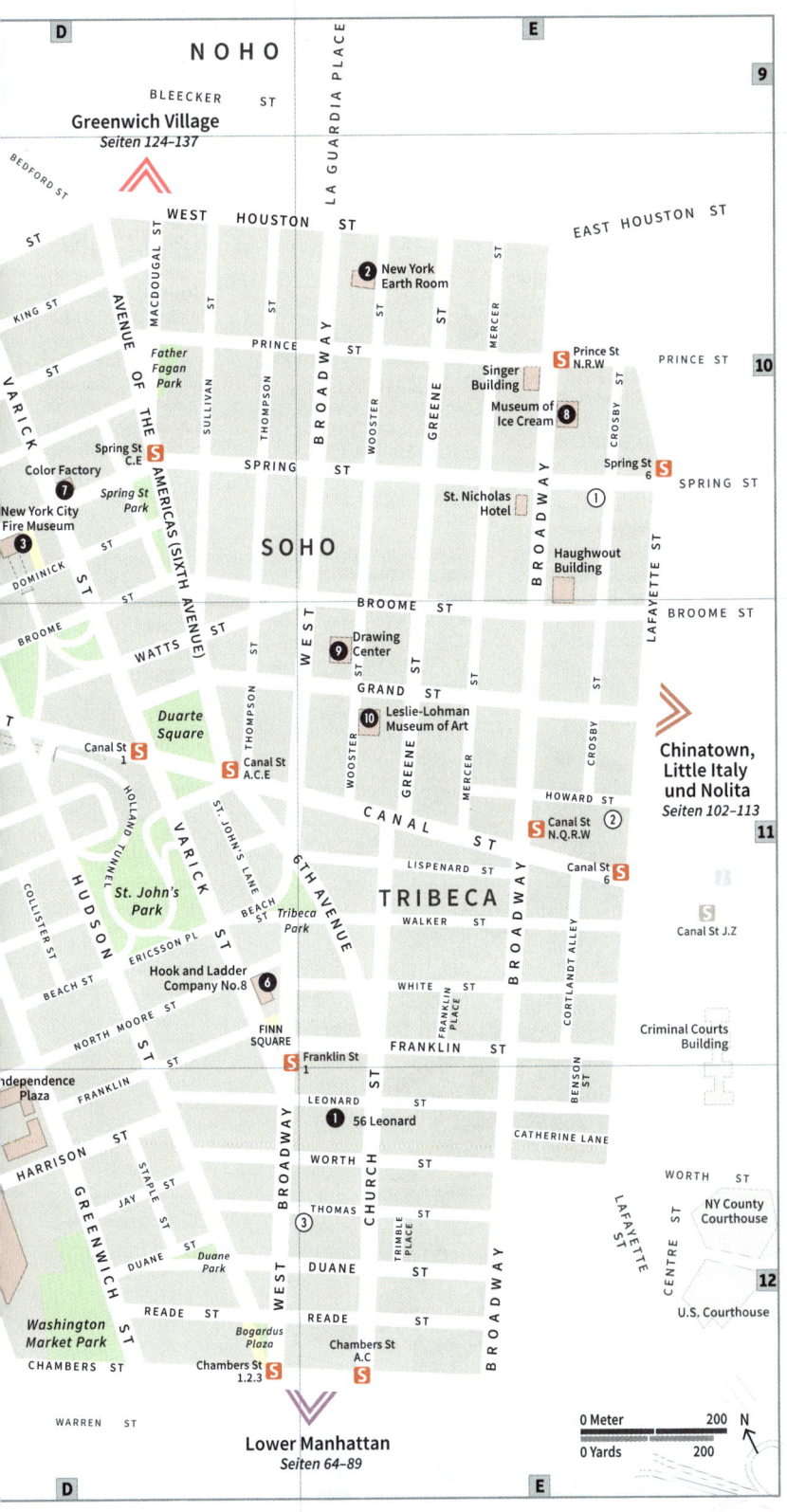

D

NOHO

9 E

BLEECKER ST

Greenwich Village
Seiten 124–137

BEDFORD ST

WEST HOUSTON ST

EAST HOUSTON ST

LA GUARDIA PLACE

KING ST

MACDOUGAL ST

WEST BROADWAY

AVENUE OF THE AMERICAS (SIXTH AVENUE)

PRINCE ST

SULLIVAN ST

THOMPSON ST

WOOSTER ST

GREENE ST

MERCER ST

Father Fagan Park

2 New York Earth Room

Singer Building

Prince St
N.R.W

PRINCE ST

10

Museum of Ice Cream

8

CROSBY ST

Spring St
C.E S

Color Factory 7

Spring St Park

SPRING ST

Spring St
6 S

SPRING ST

New York City
Fire Museum
3

DOMINICK ST

VARICK ST

BROADWAY

SOHO

St. Nicholas
Hotel

1

Haughwout
Building

LAFAYETTE ST

BROOME ST

BROOME ST

BROOME

WATTS ST

WEST BROADWAY

Drawing
Center 9

GRAND ST

Leslie-Lohman
Museum of Art 10

CROSBY ST

**Chinatown,
Little Italy
und Nolita**
Seiten 102–113

*Duarte
Square*

THOMPSON ST

WOOSTER ST

GREENE ST

MERCER ST

HOWARD ST

11

Canal St
1 S

Canal St
A.C.E S

CANAL ST

Canal St
N.Q.R.W S

2

Canal St
6 S

HOLLAND TUNNEL

VARICK ST

ST. JOHN'S LANE

6TH AVENUE

LISPENARD ST

BROADWAY

Canal St J.Z S

*St. John's
Park*

HUDSON ST

BEACH ST

*Tribeca
Park*

WALKER ST

COLLISTER ST

ERICSSON PL

Hook and Ladder
Company No.8 6

BEACH ST

WHITE ST

FRANKLIN PLACE

CORTLANDT ALLEY

Criminal Courts
Building

TRIBECA

NORTH MOORE ST

FINN
SQUARE

Franklin St
1 S

FRANKLIN ST

*Independence
Plaza*

FRANKLIN ST

LEONARD ST

1 56 Leonard

BENSON ST

CATHERINE LANE

WORTH ST

NY County
Courthouse

HARRISON ST

GREENWICH ST

JAY ST

STAPLE ST

BROADWAY

WORTH ST

CHURCH ST

THOMAS ST

3

TRIMBLE PLACE

LAFAYETTE ST

CENTRE ST

12

DUANE ST

*Duane
Park*

WEST BROADWAY

DUANE ST

BROADWAY

U.S. Courthouse

*Washington
Market Park*

READE ST

*Bogardus
Plaza*

READE ST

CHAMBERS ST

Chambers St
1.2.3 S

Chambers St
A.C S

WARREN ST

0 Meter   200   N
0 Yards   200

Lower Manhattan
Seiten 64–89

D   E

SEHENSWÜRDIGKEITEN

❶

56 Leonard

📍 E12 🏠 56 Leonard St
🚇 Franklin St (1)
🕐 für Besucher
🌐 56leonardtribeca.com

Dieser Neuzugang für Manhattans sich stetig verändernde Skyline entstand 2016. Das 56 Leonard, ein Entwurf der Schweizer Architekten Herzog & de Meuron, besteht aus Glasblöcken, die frei schwingend und versetzt angeordnet sind. Tribecas höchstes Gebäude wurde deshalb in der lokalen Presse als »Jenga Building« (Jenga ist ein Geschicklichkeitsspiel mit hölzernen Bauklötzen) bezeichnet. Das Innere des 250 Meter hohen Gebäudes ist nicht öffentlich zugänglich, doch es gibt auch unten was zu sehen. Dort befindet sich eine auf Hochglanz polierte Stahlskulptur des britischen Bildhauers Anish Kapoor. Sie ähnelt seiner *Cloud Gate* in Chicago.

❷ ♿

New York Earth Room

📍 E10 🏠 141 Wooster St
🚇 Prince St (N, R, W) ☎ +1-212-989-5566 🕐 Mi–So 12–15, 15:30–18 🔒 Mitte Juni–Mitte Sep, Feiertage
🌐 diaart.org/sites/main/earthroom

Dies ist der einzige noch erhaltene Earth Room des Konzeptkünstlers Walter De Maria. 1977 wurde er von der Dia Art Foundation gesponsert. Die Erdskulptur im Inneren umfasst 197 Kubikmeter

Bars und Clubs

Paul's Casablanca

Paul Sevignys Cocktailbar und Club hat treue Fans unter Promis und Mode-Ikonen. Das Innere ähnelt einem marokkanischen Palast, mit Mosaikfliesen, Laternen und Sitzsäcken. Das Personal trägt Kaftane, die DJs widmen sich jede Nacht einem anderen Musikstil – von Rock bis Hip-Hop. Paul's Casablanca ist von 22 bis 4 Uhr geöffnet.

📍 D10 🏠 305 Spring St
🔒 Mo–Mi 🌐 paulscasablanca.com

Ear Inn

An diesem Standort wurde im Jahr 1890 das erste Lokal in SoHo eröffnet. Während der Prohibition war es geschlossen, in den 1930er Jahren nahm es als Bar wieder den Betrieb auf. 1977 strichen die neuen Besitzer einen Teil des »B« aus dem »BAR«-Schild – so entstand das »Ear« Inn. Seither ist die stilvolle Bar mit nautischen Kuriositäten und Kunstwerken an den Wänden ein beliebter Treffpunkt der Anwohner.

📍 D11 🏠 326 Spring St
🌐 theearinn.com

←

Auf den obersten Etagen von 56 Leonard befinden sich zehn mehrere Millionen teure Penthouses – mit Panoramablick auf Tribeca

↑ *Spaziergänger und Radfahrer genießen den Ausblick vom Hudson River Park*

Erdreich, das auf 334 Quadratmetern 56 Zentimeter hoch aufgeschüttet ist. *The Broken Kilometer*, eine weitere Installation von De Maria, ist im Haus 393 W Broadway zu sehen. Sie besteht aus 500 polierten Messingstangen, die in fünf parallelen Reihen angeordnet sind.

3

New York City Fire Museum

📍 D10 🏠 278 Spring St Ⓢ Spring St (6) 📞 +1-212-691-1303 🕐 tägl. 10–17 📅 Feiertage 🌐 nycfiremuseum.org

Das Museum ist in einer Beaux-Arts-Feuerwache von 1904 untergebracht und beherbergt Feuerwehrausrüstungen, Modelle, Hydranten und Glocken vom 18. Jahr-

hundert bis 1917. Im Erdgeschoss kann man eine Ausstellung zu 9/11 sehen, im Obergeschoss werden Löschfahrzeuge von 1890 gezeigt. Bei Touren wird ein Brand simuliert und bekämpft.

4

Children's Museum of the Arts

📍 D10 🏠 103 Charlton St Ⓢ Houston St (1) 🚌 M20, 21 📞 +1-212-274-0986 🕐 Mo, Fr 12–17, Do 12–18, Sa, So 10–17 📅 Feiertage 🌐 cmany.org

Das innovative Museum wurde 1988 gegründet. Hier kann sich das künstlerische Potenzial von Kindern zwischen einem und 13 Jahren entfalten. Es gibt zahlreiche Aktivitäten zum Mitmachen sowie verschiedene Kurse und Vorstellungen.

Kinder können mit Farbe, Leim, Papier und anderen chaosverdächtigen Materialien kleine Kunstwerke schaffen. Zur Inspiration gibt es

Arbeiten von Künstlern aus New York und Kindern aus aller Welt zu sehen. In der Kostümabteilung dürfen sich die Kids verkleiden, bisweilen wird ein Theater-Workshop für Kinder veranstaltet.

5

Hudson River Park

📍 C10 Ⓢ Houston, Canal oder Franklin St (1) 🌐 hudsonriverpark.org

Gleich jenseits des West Side Highway erstreckt sich der Hudson River Park, eine Promenade, die nach Norden bis Chelsea und Midtown reicht. Richtung Süden kann man auf der Battery Park City Esplanade bis zum Battery Park spazieren.

Die früher heruntergekommenen Piers wurden mit Brunnen, Gärten und Tennisplätzen in hübsche Orte umgewandelt. Pier 25 lockt mit Grand Banks, einer Austernbar in einem Segelschiff, Minigolf, Beachvolleyball sowie Essensständen.

Restaurants

Balthazar
Die lebhafte Brasserie ist beliebt. Das Lokal von Keith McNally besitzt Pariser Dekor und serviert Klassiker wie *moules frites*, Austern und Bordeaux-Weine.

📍 E10 🏠 80 Spring St
🌐 balthazarny.com
💲💲💲

Le Coucou
Das renommierte französische Restaurant besitzt Eichentische, moderne Leuchter und französische Antiquitäten. Ideal für ein Frühstück mit leckeren Crêpes.

📍 E11 🏠 138 Lafayette St
🌐 lecoucou.com
💲💲💲

The Odeon
Das Bistro, das in Jay McInerneys *Bright Lights, Big City* zu sehen war, serviert alle französischen und amerikanischen Standards.

📍 E12 🏠 145 West Broadway 🌐 the odeonrestaurant.com
💲💲💲

Grand Banks
Genießen Sie Austern und Cocktails an Bord des Holzschoners *Sherman Zwicker* (1942), der zum Lokal umgewandelt wurde. Erscheinen Sie vor 17 Uhr (nur begrenzte Online-Reservierungen).

📍 C12 🏠 Pier 25, North Moore St
🕐 Mitte Apr – Okt: tägl.
🌐 crewny.com/ grand-banks
💲💲💲

↑ *Die Feuerwehrwache von Hook and Ladder Company No. 8 ist bei Fans der* Ghostbusters- *Filme beliebt*

❻
Hook and Ladder Company No. 8
📍 D11 🏠 14 North Moore St 🚇 Franklin St (1)
🔒 für Besucher

Die Feuerwache fungierte in den beliebten *Ghostbusters*-Filmen der 1980er Jahre als Hauptquartier. Angeblich wurde sie von Drehbuchautor und Schauspieler Dan Aykroyd ausgesucht, der ein Faible für das Beaux-Arts-Gebäude von 1903 gehabt haben soll. Der Bau war auch im Remake aus dem Jahr 2016 mit ausschließlich weiblicher Besetzung zu sehen.

❼
Color Factory
📍 D10 🏠 251 Spring St 🚇 Spring St (C, E) 🕐 Di, Mi, So 9 – 17, Do – Sa 9 – 20
🌐 colorfactory.co

In der 2018 eröffneten interaktiven Pop-up-Kunstaus-

stellung dreht sich in 16 Räumen alles rund um das Thema Farben.

Zu den beliebtesten Bereichen zählen der mit Ballons vollgestopfte Raum, der babyblaue Ballsaal und die grell leuchtende Tanzfläche. Tickets müssen online gekauft werden.

❽
Museum of Ice Cream
📍 E10 🏠 558 Broadway 🚇 Prince St (N, W, R)
🕐 Mi – Mo 10 – 19:30 (Fr, Sa bis 20:30)
🌐 museumoficecream.com

Das 2019 eröffnete Museum of Ice Cream ist eine Hommage an diese allseits beliebte kühle Erfrischung. Es ist vollgepackt mit bunt leuchtenden Installationen, die man sonst gerne in Schaufenstern von Eisdielen erblicken kann. Somit bietet das Museum of Ice Cream eine geradezu ideale Kulisse für Selfies.

Drawing Center

📍 E11 🏠 35 Wooster St
🚇 Canal St (A, C, E, N, Q, R, W) 📞 +1-212-219-2166
🕐 Mi–So 12–18 (Do bis 20)
🌐 drawingcenter.org

SoHo als sogar international geschätztes Viertel der Kunstgalerien wird gewissermaßen im Drawing Center gewürdigt, das Wechselausstellungen historischer und zeitgenössischer Grafiken zeigt. Das 1977 gegründete Zentrum präsentiert Meister wie Marcel Duchamp und Richard Tuttle, aber auch weniger bekannte Künstler. Jedes Jahr wird ein Künstler eingeladen, den Eingangsbereich zu gestalten. Hier war bereits Inka Essenhighs *Manhattanhenge* zu sehen.

Leslie-Lohman Museum of Art

📍 E11 🏠 26 Wooster St
🚇 Canal St (A, C, E, F) 📞 +1-917-431-2616 🕐 Mi–So 12–18 (Do bis 20) 🚩 NYC Gay Pride 🌐 leslielohman.org

Das von J. Frederic »Fritz« Lohman und Charles W. Leslie 1990 gegründete innovative Museum präsentiert mehr als 30 000 Exponate, die ungefähr drei Jahrhunderte von LGBTQ+ Kunst umfassen. Die Dauerausstellung überzeugt mit Werken u. a. von Größen wie Berenice Abbott, David Hockney, Andy Warhol, Jean Cocteau, Robert Mapplethorpe.

Sonderausstellungen oder Retrospektiven gab es etwa zur Künstlerin und Filmemacherin Barbara Hammer.

Schon gewusst?

Hook and Ladder No. 8 war in *Ghostbusters* zu sehen, doch die Innenaufnahmen fanden in L.A. statt.

Cast-Iron-Architektur

SoHo ist für seine faszinierende Gusseisen-Architektur bekannt, ein Stil, der von 1860 bis Ende des 19. Jahrhunderts dominierte. Gusseisen-Elemente konnten in Serie produziert werden und machten das Bauen preiswerter. Die starken Eisenbalken trugen problemlos das Gewicht der Stockwerke, was größere Fenster und höhere Decken ermöglichte. Hinzu kam, dass man fast jedes Stilelement von korinthischen Säulen bis zu Giebeldreiecken als Gusseisen-Element herstellen und bemalen und verputzen konnte. Es gab Fassadenschmuck, der wie Marmor aussah. Einige der besten Stilbeispiele befinden sich in der Greene Street, die Nummern 72 bis 76 sind als »King of Greene Street« bekannt (Nr. 28–30 als »Queen«). Das Haughwout Building (492 Broadway) gilt als ultimatives Cast-Iron Building, es entstand 1857 als venezianischer Palazzo. Das charmant verzierte Little Singer Building (561–563 Broadway) wurde 1904, am Ende der Ära, von Ernest Flagg entworfen.

Spaziergang im SoHo Cast-Iron Historic District

Länge 1 km **Dauer** 15 Min. **U-Bahn** Canal St, Prince St

ERLEBEN **SoHo und Tribeca**

Die weltweit dichteste Konzentration von Gusseisen-Architektur findet sich zwischen West Houston Street und Canal Street. Zentrum ist die Greene Street mit 50 über fünf Blocks verteilten Gebäuden aus den Jahren 1869 bis 1895. Die aufwendig verzierten Fassaden präsentieren sich meist im neoklassizistischen oder historistischen Stil. Sie wurden in Gießereien in Serie produziert, waren deshalb relativ preiswert und zudem leicht aufzubau-

en. Mittlerweile sind sie selten gewordene Prunkstücke der Industriekunst, die gut zum Charakter des Viertels passen, das in den 1960er Jahren von der Künstlerszene in Beschlag genommen wurde – heute zahlt man hier mit die höchsten Mietpreise der Stadt. Viele Besucher kommen nach SoHo, um das besondere Flair zu spüren. Ein weiterer Pluspunkt sind die vielen exzellenten Bars und Restaurants.

↑ Die kopfsteingepflasterte Greene Street in New Yorks Galerienviertel SoHo

Der **West Broadway** kombiniert in SoHo Architekturjuwele mit einer Kette von Galerien und Restaurants.

The Broken Kilometer (393 West Broadway) ist eine Installation von Walter De Maria, die mit der Perspektive spielt *(siehe S. 119).*

In 72–76 Greene Street liegt der »**King of Greene Street**«, ein Bau mit korinthischen Säulen. Er wurde von Isaac F. Duckworth entworfen, einem der Meister des Gusseisen-Designs.

Performing Garage, ein winziges Experimentiertheater, führt Werke der Avantgarde auf.

Eines der schönsten Gebäude der Greene Street ist die 1872 von Duckworth errichtete »**Queen**« (Nr. 28–30) mit ihrem ausladenden Mansardendach.

15–17 Greene Street wurde erst 1895 in schlichtem korinthischem Stil erbaut.

10–14 Greene Street stammt von 1869. Durch die Glasscheiben in der Eisenverkleidung der Veranda kann Tageslicht ins Basement fallen.

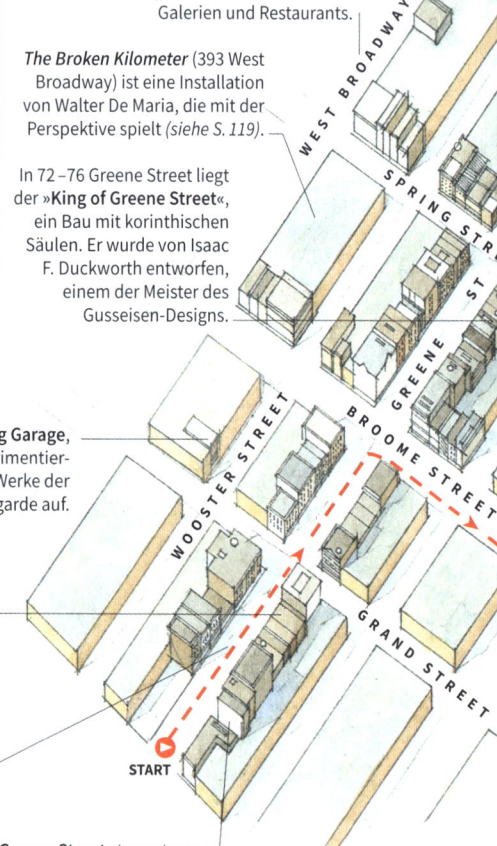

WEST BROADWAY
SPRING STREET
GREENE ST
BROOME STREET
WOOSTER STREET
GRAND STREET
START

Richard Haas, Schöpfer zahlreicher Wandbilder, verwandelte eine kahle Mauer in eine täuschend echte **Gusseisen-Fassade**.

Zur Orientierung
Siehe Stadtteilkarte S. 116f

Schon gewusst?

SoHo steht für »South of Houston« und Tribeca für »Triangle Below Canal Street«.

SoHo und Tribeca

Das **Singer Building**, eine Terrakotta-Schönheit, wurde 1904 für die berühmte Nähmaschinenfirma errichtet.

0 Meter	150
0 Yards	150

N
↑

Subway Prince St
(N, R, W)

PRINCE ST

MERCER STREET

ZIEL

S

BROADWAY

CROSBY STREET

101 Spring Street mit seiner schlichten, geometrischen Fassade und den großen Fenstern ist ein Vorläufer der Wolkenkratzer.

Im Bürgerkrieg diente das einstige **Luxushotel St. Nicholas** als Hauptquartier der Unionsarmee.

Das 1857 für die Firma E. V. Haughwout errichtete **Haughwout Building** besaß den ersten Otis-Sicherheitsaufzug.

↑ *Haughwout Building – typisches Beispiel für die Gusseisen-Architektur des 19. Jahrhunderts*

Greenwich Village

Seit den 1920er Jahren gilt Greenwich Village als Künstlerviertel. New Yorker nennen es West Village oder einfach nur »The Village«. Während der Gelbfieberepidemie von 1822 flüchteten viele Einwohner hierher.

In den 1950er Jahren war das Viertel der Hangout der Beat Generation. In den 1960er Jahren starteten Folkmusiker, darunter Bob Dylan, hier ihre Karrieren. Die Stonewall Riots von 1969, Auftakt zur Schwulenbewegung, fanden im Stonewall Inn statt.

Mit seinen hübschen Straßen und den vielen attraktiven »Brownstones« präsentiert sich Greenwich Village heute als eines der kunstsinnigen, liberalen Viertel der Stadt. Große Teile gehören zum Campus der New York University. Allerdings: Hier zu wohnen ist mittlerweile sehr teuer geworden.

PIER 61

Chelsea Piers

PIER 60

PIER 59

WEST 20TH ST

WEST 19TH ST

ELEVENTH AVENUE

TENTH AVENUE

NINTH AVENUE

WEST 17TH ST

CHELSEA

Port Authority Building

PIER 57

WEST 15TH ST

NINTH AVENUE

14 St-8 Av A.C.E.L Ⓢ

WEST 14TH ST

❼ Meatpacking District

Museum of Illusions ⓲

8

❾ Little Island

WEST 13TH ST

HUDSON AVENUE

EIGHTH AVENUE

JACKSON SQUARE

High Line

LITTLE WEST 12TH ST

Hudson River

BLOOMFIELD ST

PIER 53

FDNY Marine Company 1

GANSEVOORT ST

GREENWICH

Whitney Museum of American Art ❶

Gansevoort Peninsula

HORATIO ST

WASHINGTON ST

ARTHUR STRICKLER TRIANGLE

JANE ST

ABINGDON SQUARE

WEST 12TH ST

ST

BETHUNE ST

HUDSON

PIER 51

WEST ST

BANK ST

9

Greenwich Village

Highlight
❶ Whitney Museum of American Art

Sehenswürdigkeiten
❷ Comedy Cellar
❸ Grove Court
❹ Center for Architecture
❺ Renee & Chaim Gross Foundation
❻ Sheridan Square
❼ Meatpacking District
❽ Washington Square Park
❾ Little Island
❿ West 4th Street Courts
⓫ NYU und Grey Art Gallery
⓬ NY City AIDS Memorial
⓭ Keith Harings Carmine Street Mural
⓮ Museum of Illusions

WEST 11TH ST

PERRY ST

CHARLES LANE

CHARLES ST

WASHINGTON ST

10TH ST

GREENWICH ST

Hudson River Park

PIER 46

CHRISTOPHER ST

BARROW

MORTON ST

WEST ST

PIER 45

LEROY

10

Cafés und Restaurants
① Blue Hill
② John's of Bleecker St
③ Caffe Reggio
④ Magnolia Bakery

PIER 40

0 Meter   200
0 Yards   200

N

11

A   B   C

In Kaskaden abfallende Ebenen – das Whitney Museum of American Art liegt zwischen High Line und Hudson River

Whitney Museum of American Art

B8 | **99 Gansevoort St** | **14 St (A, C, E), 8 Av (L)** | **+1-212-570-3600**
Mo, Mi, Do 10:30–18, Fr 10:30–22, Sa, So 11–18 | **Feiertage**
whitney.org

Das Whitney ist das führende Museum für amerikanische Kunst des 20. und 21. Jahrhunderts. Die Bildhauerin Gertrude Vanderbilt Whitney gründete es 1930, nachdem das Metropolitan Museum of Art ihre Sammlung mit Bildern von Künstlern wie Bellows oder Hopper abgelehnt hatte. 2015 zog das Museum von der Upper East Side in den innovativen Bau von Renzo Piano im Meatpacking District um.

Das Museum präsentiert Gemälde, Zeichnungen, Drucke, Skulpturen, Installationen, Videokunst und Fotografien. Im fünften und sechsten Stock sind Werke der Sammlung zu sehen – es ist weniger eine Dauerausstellung, eher ein ständiger Austausch von Werken. Wechselausstellungen finden im Erdgeschoss, im vierten und siebten Stock statt. Die Whitney Biennial, die in geraden Jahren stattfindet, ist die wichtigste Ausstellung zu neuen Trends in der amerikanischen Kunst.

↑ Three Flags *(1958) von Jasper Johns, einem Vertreter der Pop-Art*

← *Tom Wesselmans Still Life Number 36 (1964) ist Teil der Dauerausstellung des Whitney*

→ *Das Detail von George Bellows Dempsey and Firpo (1924) zeigt einen Wettkampf*

Gertrude Vanderbilt Whitney

Die 1875 geborene Gertrude war das Kind der Familie Vanderbilt. 1896 heiratete sie den vermögenden Harry Payne Whitney. Sie war eine angesehene Bildhauerin und Kunstmäzenin, vor allem setzte sie sich für Künstlerinnen ein. 1908 eröffnete sie die Whitney Studio Gallery in Greenwich Village, 1931 gründete sie das Whitney.

↑ *Hübsche Stadthäuser aus dem 19. Jahrhundert am Grove Court*

 2

Comedy Cellar

📍 D9 🏠 117 MacDougal St
🚇 W 4 St (A, B, C, D, E, F, M)
📞 +1-212-696-5233
🕐 zu Veranstaltungen
🌐 comedycellar.com

Der angesagte Comedy Club wurde 1982 vom Comedian Bill Grundfest gegründet, der mittlerweile beim Fernsehen als Autor und Produzent arbeitet. Vorstellungen gibt es jeden Abend ab 19.30 Uhr. Meist treten fünf bis sieben Comedians für jeweils 20 Minuten auf. Oft zu sehen sind Todd Barry, Jim Norton, Michelle Wolf und Dave Chappelle.

 3

Grove Court

📍 C9 🚇 Christopher St-Sheridan Sq (1)

Samuel Cocks, ein cleverer Krämer, ließ die sechs Häuser errichten. Die Straßenbiegung, der sie sich anpassen, markierte einst die Grenze von Kolonialbesitztümern.
Cocks dachte, dass es seinem Geschäft in der Grove Street Nr. 18 dienlich sein könnte, wenn die leere Passage zwischen den Gebäuden Nr. 10 und 12 besiedelt würde. Doch derartige, heute exklusive Gässchen galten

1854 nicht als respektierlich. Dank ihrer niveaulosen Anwohner wurde die Passage bald »Mixed Ale Alley« (Biergasse) genannt. O. Henry wählte den Block als Schauplatz von *Das letzte Blatt*.

4 Ⓜ 🅿

Center for Architecture

📍 E9 🏠 536 LaGuardia Pl
🚇 W 4 St (A, B, C, D, E, F, M)
📞 +1-212-683-0023
🕐 Mo–Fr 9–20, Sa 11–17
🌐 centerforarchitecture.org

Das 2003 vom American Institute of Architects gegründete Center präsentiert sich als stilvoller Ort für Konferenzen, Lesungen und Filmvorführungen. Es gibt auch Ausstellungen, die sich mit Aspekten von Architektur und Design beschäftigen. Themen sind etwa Modernismus, die Weltausstellung von 1964 oder sozialer Wohnungsbau in Europa.
Das Center veranstaltet Archtober, das jährliche vierwöchige Architektur- und Designfestival der Stadt. Auf der Website gibt es Angebote für Touren durch die Nachbarschaft.

5 Ⓐ Ⓜ

Renee & Chaim Gross Foundation

📍 E9 🏠 526 LaGuardia Pl
🚇 W 4 St (A, B, C, D, E, F, M)
🕐 Mi, Sa Touren 🔒 Juli, Aug
🌐 rcgrossfoundation.org

Der 1904 im österreichischen Galizien (heute Ukraine) geborene jüdische Bildhauer Chaim Gross emigrierte 1921 in die USA. Er arbeitete ohne Modell. In den 1930er Jahren wurde er berühmt.
Von 1963 bis zu seinem Tod 1991 lebte er in diesem Stadthaus aus den 1830er Jahren, das heute für Touren

öffentlich zugänglich ist. Seine Werkstatt im Erdgeschoss ist original erhalten (mit einer Ausstellung von Gross' Skulpturen nebenan). In den oben gelegenen Wohnräumen sieht man Kunstwerke aus seiner Privatsammlung.
Einstündige Führungen finden donnerstags und freitags um 13 und 15 Uhr statt (online reservieren).

Der Meatpacking District zieht tagsüber Shopper an, nachts die Clubber ↓

⑥ Sheridan Square

📍 D9 🚇 Christopher St-Sheridan Sq (1)

Der Platz, in den sieben Straßen münden, ist das Zentrum des Village. Er wurde nach dem Bürgerkriegsgeneral Philip Sheridan benannt. Sein Standbild steht im Christopher Park.

1863 fanden hier die »Draft Riots« statt, Revolten gegen die Einführung der allgemeinen Wehrpflicht. Das Stonewall Inn (53 Christopher Street) war eine Schwulenbar (die heutige Bar ist nicht mehr die originale), die ihre Existenz bestechlichen Polizisten verdankte, da Schwulenbars verboten waren. Am 28. Juni 1969 hatten die Inhaber genug von diesem Zustand, was in den »Stonewall Riots« kulminierte.

⑦ Meatpacking District

📍 C8 🚇 14 St (A, C, E), 8 Av (L)

Wo in früheren Zeiten die New Yorker Fleischer Rinderhälften zerteilten, trifft man heute (vor allem nachts) auf eine vollkommen andere Szenerie. Im Meatpacking District – ein Areal südlich der 14th Street und westlich der Ninth Avenue – gibt es eine große Zahl an Clubs, Lounges und Boutique-Hotels. Endgültig angesagt ist das Viertel, seitdem sich Soho House, der New Yorker Ableger des Londoner Privatclubs, hier ansiedelte, gefolgt vom eleganten Hotel Gansevoort mit seinem Dachpool.

Abgesehen von diesen Schwergewichten haben Modedesigner (darunter Diane von Furstenberg und Stephen Ferber) hier Stores eröffnet. Es gibt zudem teure Restaurants, schicke Weinbars, coole Clubs und exklusive Galerien – und es werden immer mehr.

Anziehungspunkte des Viertels sind das Whitney Museum of American Art *(siehe S. 128f)* und die High Line *(siehe S. 166f)*, die an der Gansevoort Street beginnt und grandiose Ausblicke ermöglicht.

Stonewall Riots

Das Stonewall Inn existierte bereits in den 1840er Jahren. 1966 wurde es zur Schwulenbar, die regelmäßig unter Polizeiwillkür litt. Bei einer Razzia am 28. Juni 1969 wehrten sich die Schwulen erstmals, was zu einigen Festnahmen führte. Es gab verletzte Polizisten. Das Datum gilt als Beginn der Schwulenbewegung. 2016 wurde das »Stonewall National Monument« der LGBTQ+ Bewegung gewidmet.

Der schattige Washington Square Park mit dem Washington Square Arch ist ein Ort der Entspannung

⑧ Washington Square Park

📍 D9 🚇 W 4 St (A, B, C, D)

Der wunderschön angelegte Park im Herzen des Viertels ist bei Studenten, Künstlern, Skatern und Musikern sehr beliebt. Bis Ende des 18. Jahrhunderts war das Gelände Friedhof. Bei Ausgrabungen fand man die Reste von etwa 10 000 Skeletten.

Eine Zeit lang diente der Ort als Duellstätte, bis 1819 als Schauplatz von Hinrichtungen. Die »Galgen-Ulme« in der nordwestlichen Ecke existiert noch.

Der Marmorbogen von Stanford White am nördlichen Parkeingang wurde 1892 vollendet und ersetzte einen hölzernen, der zum Gedenken an das 100-jährige Jubiläum von George

Washingtons Amtseinführung die untere Fifth Avenue überspannt hatte. Im rechten Teil des Bogens verbirgt sich eine Treppe.

Auf der anderen Straßenseite liegt »The Row«. In der zur NYU gehörenden Häuserreihe wohnten Edith Wharton, Henry James, John Dos Passos und Edward Hopper.

⑨ Little Island

📍 B8 🚇 14 St (A, C, E), 8 Av (L) 🌐 littleisland.org

Little Island wurde als Teil des Hudson River Park 2021 fertiggestellt. Mit seiner erhöhten Lage auf 280 Betonpfählen und seiner reichen Ausgestaltung durch das britische Heatherwick Studio setzt der einen Hektar große Park Maßstäbe.

⑩ West 4th Street Courts

📍 D9 🚇 Sixth Avenue / West 3rd St 🚇 W 4 St (A, B, C, D, E, F, M)

Die öffentlichen Basketballplätze sind als »The Cage« bekannt. Sie wurden 1935 eröffnet und ziehen noch immer Amateurspieler von überall aus der Stadt an – in der Hoffnung, entdeckt zu werden. Die früheren NBA-Spieler Stephon Marbury, Anthony Mason und Smush Parker spielten in ihrer Jugend hier. In den Courts werden regelmäßig Turniere ausgetragen. Die Sommerliga der Kenny Graham's West 4th Street findet von Mai bis September statt.

In den Courts werden regelmäßig Turniere ausgetragen. Die Sommerliga der Kenny Graham's West 4th Street findet von Mai bis September statt.

⑪ ✿ 🏛 ♿
NYU und Grey Art Gallery

📍 E9 🏠 Washington Sq
🚇 4 St (A, C, E, F, M), 8 St (N, R, W) 🕐 Gallery: Di – Sa 11 – 18 (Mi bis 20, Sa bis 17)
🌐 nyu.edu
🌐 greyartgallery.nyu.edu

Die New York University (NYU) hieß ursprünglich University of the City of New York. Die 1831 gegründete NYU ist heute die größte Privatuniversität Amerikas und erstreckt sich um den Washington Square (Besucherzentrum: 50 W 4th St).

Die Bauarbeiten führten 1833 zum Aufruhr der Steinmetzgilde, die gegen die Beschäftigung von Gefangenen protestierte. Die Nationalgarde stellte die Ordnung wieder her.

Heute belegt das Silver Center mit der Grey Art Gallery das Areal (100 Washington Square E). Gezeigt werden Ausstellungen zu Themen wie Fotografie, Videokunst, Malerei und Bildhauerei. Wechselausstellungen widmen sich einzelnen Künstlern wie Willem de Kooning und Ad Reinhardt.

⑫
NY City AIDS Memorial

📍 D8 🏠 West 12th St
🚇 8 Av (L), 14 St (1, 2, 3)
🌐 nycaidsmemorial.org

Das ergreifende Denkmal von 2016 ist den New Yorkern gewidmet, die seit den 1970er Jahren an Aids starben – es waren über 100 000. Das Denkmal des New Yorker Studios ai besteht aus einem 5,5 Meter hohen Stahlbaldachin und fungiert als Tor zum St. Vincent's Hospital Park. Die Granitpflasterung darunter wurde von Jenny Holzer gestaltet. Eingraviert sind Verse aus Walt Whitmans Gedicht *Song of Myself*.

Der Park liegt gleich beim früheren St. Vincent's Hospital, das in den 1980er Jahren die erste und größte Station für Aidspatienten unterhielt.

⑬
Keith Harings Carmine Street Mural

📍 D10 🏠 1 Clarkson St / Seventh Avenue 🚇 4 St (A, B, C, D, E, F, M)

Das Wandbild des Pop-Art-Künstlers Keith Haring (1958 – 1990) in der Carmine Street ziert die Wand eines öffentlichen Schwimmbads auf der Rückseite des Tony Dapolito Recreation Center.

> ### Schon gewusst?
>
> Der Washington Square Park war in Will Smiths Film *I Am Legend* von 2007 zu sehen.

Das 5,5 Meter hohe und 52 Meter lange Bild entstand 1987, es ist exemplarisch für Harings comicartigen Malstil mit klaren Linien und kontrastreichen Farben. Die stilisierten Fische und Kinder, die gelben und blauen Farben scheinen zu tanzen. Von der Clarkson Street kann man es gut sehen – oder Sie gehen schwimmen. Haring hat der Stadt verschiedene Wandbilder hinterlassen.

⑭ ✿ 🎭 🏛
Museum of Illusions

📍 C8 🏠 77 Eighth Av
🚇 14 St (A, C, E, L) 🕐 Mo – Do 9 – 23, Fr – So 8 – 24
🌐 newyork.museumof illusions.us

Das spannende Museum lockt mit vielen optischen Täuschungen, interaktiven Spielen und kniffligen Rätseln. Neben einem Anti-Schwerkraft-Raum faszinieren u. a. auch spektakuläre Hologramme.

↑ *Das imposante NY City AIDS Memorial im St. Vincent's Hospital Park*

Spaziergang durch Greenwich Village

Länge 1,25 km **Dauer** 15 Min. **U-Bahn** Houston St, Christopher St

Ein Spaziergang durch das historische Greenwich Village steckt voller Überraschungen: Mitten in der Großstadt kann man reizende Reihenhäuser, verborgene Gassen und belaubte Innenhöfe entdecken. Die häufig skurrile Architektur passt zum bohemehaften Flair. Viele Berühmtheiten, z. B. Eugene O'Neill oder Dustin Hoffman, haben sich in den Häusern der engen, altmodischen Straßen ein Heim geschaffen. Am Abend erwacht das Village zu pulsierendem Leben. Nachtcafés, experimentelle Theater und Musikclubs, darunter einige der besten Jazzclubs, ziehen bis spät in die Nacht Gäste an.

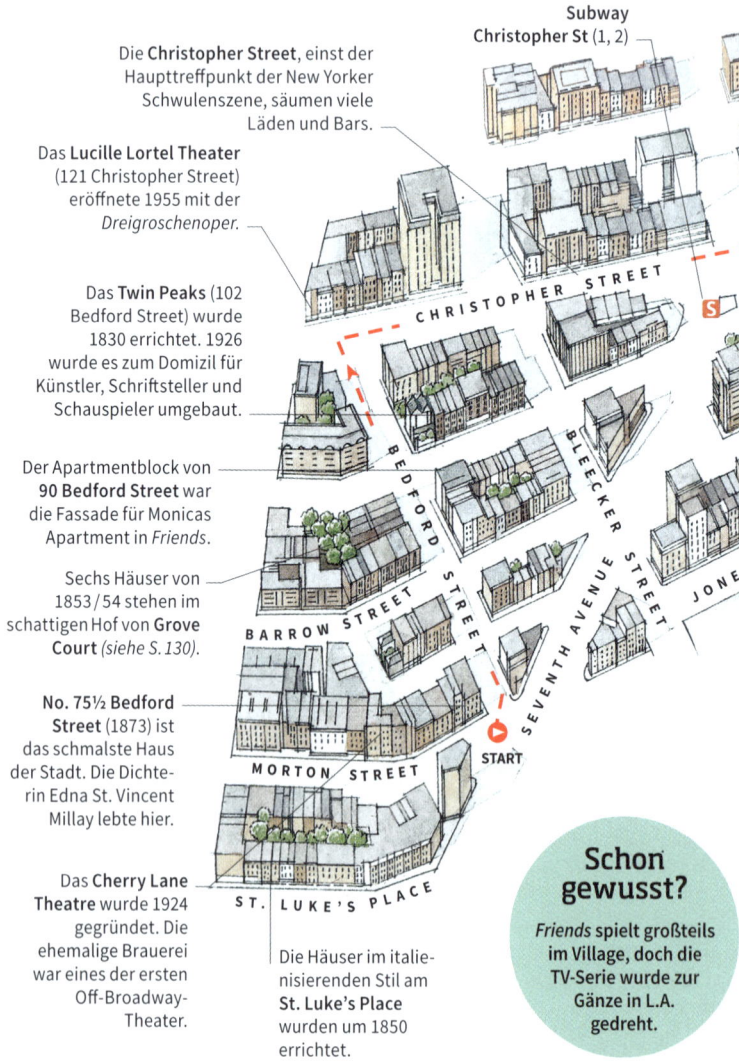

Subway
Christopher St (1, 2)

Die **Christopher Street**, einst der Haupttreffpunkt der New Yorker Schwulenszene, säumen viele Läden und Bars.

Das **Lucille Lortel Theater** (121 Christopher Street) eröffnete 1955 mit der *Dreigroschenoper.*

Das **Twin Peaks** (102 Bedford Street) wurde 1830 errichtet. 1926 wurde es zum Domizil für Künstler, Schriftsteller und Schauspieler umgebaut.

Der Apartmentblock von **90 Bedford Street** war die Fassade für Monicas Apartment in *Friends*.

Sechs Häuser von 1853/54 stehen im schattigen Hof von **Grove Court** *(siehe S. 130).*

No. 75½ Bedford Street (1873) ist das schmalste Haus der Stadt. Die Dichterin Edna St. Vincent Millay lebte hier.

Das **Cherry Lane Theatre** wurde 1924 gegründet. Die ehemalige Brauerei war eines der ersten Off-Broadway-Theater.

CHRISTOPHER STREET

BEDFORD STREET

BLEECKER STREET

BARROW STREET

SEVENTH AVENUE

JONES STREET

MORTON STREET

START

ST. LUKE'S PLACE

Die Häuser im italienisierenden Stil am **St. Luke's Place** wurden um 1850 errichtet.

Schon gewusst?

Friends spielt großteils im Village, doch die TV-Serie wurde zur Gänze in L.A. gedreht.

In dem 1848 als Unterkunft für die Kellner des Brevoort Hotel gebauten **Haus am Patchin Place** wohnten später E. E. Cummings und andere berühmte Schriftsteller der 1920er und 1930er Jahre.

Zur Orientierung
Siehe Stadtteilkarte S. 126f

Das **Jefferson Market Courthouse** wurde 1877 von Calvert Vaux, Mitgestalter des Central Park *(siehe S. 238)*, errichtet. Das Gerichtsgebäude wurde zum fünftschönsten Bauwerk Amerikas gekürt. 1967 wurde es in eine Bibliothek umgewandelt.

Die **Gay Street** zog in den 1920er Jahren Künstler, Schriftsteller und Musiker an. Sie ist Schauplatz von Ruth McKenneys Roman *My Sister Eileen* und des Films *Carlito's Way* (1993).

Das **Northern Dispensary** gewährte den Armen ab 1831 kostenlose medizinische Betreuung. Edgar Allan Poe (1809–1849) kurierte hier 1837 eine Erkältung aus. Seit 1998 steht das Gebäude leer.

PERRY ST
GREENWICH AVENUE
CHARLES STREET
W 10TH STREET
SIXTH AVENUE
WASHINGTON PLACE

ZIEL

| 0 Meter | 100 | N |
| 0 Yards | 100 | ↑ |

Apartments säumen die Gay Street in Greenwich Village ↓

Spaziergang auf den Spuren berühmter Literaten

Länge 3 km **Dauer** 40 Min.
U-Bahn Christopher St-Sheridan Sq

Ein langer Spaziergang durch die Straßen von Greenwich Village führt zu den Gegenden, in denen die bekanntesten Schriftsteller und Künstler New Yorks gelebt und gearbeitet haben. Das Viertel ist nach wie vor ein literarisches Zentrum mit Institutionen wie dem Lillian Vernon Creative Writers House der NYU und der Buchhandlung Three Lives & Company. Der Weg führt durch den Washington Square Park und vorbei an den gusseisernen Gebäuden von SoHo, in denen nun Galerien und Boutiquen untergebracht sind.

Starten Sie beim **Lillian Vernon Creative Writers House**, einem literarischen Hotspot.

Den **Milligan Place** flankieren schöne Gebäude aus dem 19. Jahrhundert.

Stöbern Sie nach Herzenslust in der bestens sortierten Buchhandlung **Three Lives & Company**.

Das inzwischen geschlossene **Circle Repertory Theater** gab Premieren für Stücke des Pulitzer-Preisträgers Lanford Wilson.

In **116 Waverly** organisierte die Lehrerin Anne Charlotte Lynch Lesungen von Literaten wie Herman Melville und Edgar Allan Poe.

W 12TH ST
W 11TH ST
GREENWICH AV
WAVERLY PL
MILLIGAN PLACE
START
Lillian Vernon Creative Writers House
W 8TH ST
MACDOUGA
ALLE
116 Waverly
McCARTHY SQUARE
BANK ST
BLEECKER
W 11TH ST
PERRY ST
Three Lives & Company
HUDSON ST
Christopher St-Sheridan Sq S
Circle Repertory Theater
W 10TH ST
CHRISTOPHER ST
W 4th St-Washington Sq
S
W 4TH ST
W 3RD ST
SEVENTH AV
BEDFORD ST
NOHO
BLEECKER
ST
WEST
AVENUE
MACDOUGAL
ST
OF
SULLIVAN
THE
Spring St
C.E
S
AMERICAS (SIXTH AV)

← *Three Lives & Company – berühmte unabhängige Buchhandlung mit langer Tradition*

Greenwich Village

Zur Orientierung
*Siehe Stadtteilkarten
S. 116f und 126f*

↑ *Gusseisen-Gebäude mit Boutiquen
säumen die Greene Street*

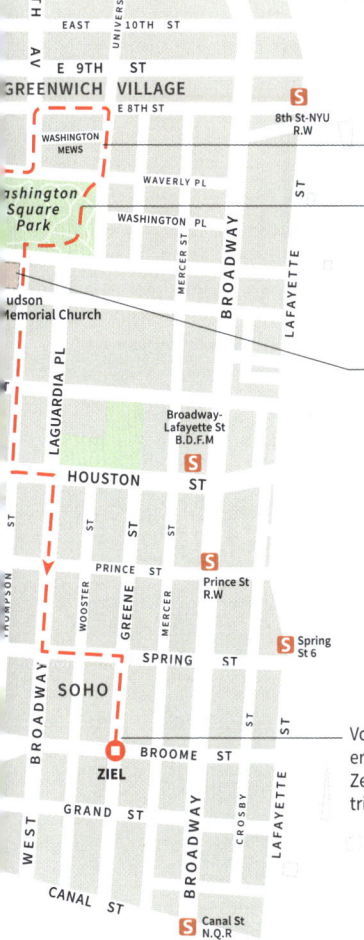

In der Straße **Washington Mews** lebte der Künstler Edward Hopper.

Bummeln Sie durch den **Washington Square Park** *(siehe S. 132)* und bewundern dort den berühmten Marmorbogen.

Südlich des Parks steht die **Judson Memorial Church** mit einem Glockenturm aus dem 19. Jahrhundert.

Schon gewusst?

Edgar Allan Poe gab die erste Lesung seines Werkes *Der Rabe* in 116 Waverly.

Vorbei an Galerien und Boutiquen erreichen Sie die **Greene Street**, das Zentrum des Cast-Iron Historic District mit vielen Gusseisen-Fassaden.

| 0 Meter | 400 |
| 0 Yards | 400 |

N ↙

East Village

Peter Stuyvesant besaß schon im 17. Jahrhundert Ländereien im East Village, doch das Viertel entwickelte sich erst im 19. Jahrhundert. Juden, Iren, Deutsche, Polen, Ukrainer und Puerto Ricaner hinterließen ihre Spuren – nicht zuletzt in den vielfältigen, preisgünstigen Ethno-Restaurants.

In den 1950er Jahren wurde die Beat Generation von den niedrigen Mieten angezogen. Seither gibt es hier zahllose Musikclubs und Theater. In den 1990er Jahren blühte die Barszene und machte das Viertel zum angesagtesten in New York.

Richtung Westen liegt NoHo (North of Houston). Im Osten bilden die Avenues A, B, C, D die »Alphabet City«, ein trendiges Areal mit Lokalen und Gartenanlagen.

Lower East Side
Seiten 90–101

East Village

Sehenswürdigkeiten

1. Tompkins Square Park
2. Cooper Union
3. The Public Theater
4. Nuyorican Poets Cafe
5. Merchant's House Museum
6. St. Mark's Church-in-the-Bowery
7. Little Tokyo
8. Russian & Turkish Baths
9. Museum of Reclaimed Urban Space
10. Orpheum Theatre
11. Strand Bookstore
12. Ukrainian Museum

Restaurants

1. Artichoke
2. Cafe Mogador
3. Momofuku Noodle Bar
4. Veniero's Pasticceria & Café
5. Veselka

Bars

6. Death & Co
7. Pineapple Club
8. Proletariat
9. McSorley's Old Ale House

SEHENSWÜRDIGKEITEN

❶

Tompkins Square Park

📍 G9 🚇 2 Av (F), 1 Av (L)
🚌 M8, M9, M14A

Der Park im englischen Stil wirkt idyllisch, war aber oft Schauplatz von bewegten Auseinandersetzungen und tragischen Ereignissen. 1874 fand hier die erste organisierte amerikanische Arbeiterdemonstration statt.

Fast 100 Jahre später, während der Hippie-Ära in den späten 1960er Jahren, avancierte der Park zum Haupttreffpunkt der Hippies. 1988 kam es zu gewalttätigen Unruhen, als die Polizei Obdachlose vertreiben wollte, die den Platz in Beschlag genommen hatten.

Schon gewusst?

Schauspieler des Public Theater performen auch in Gefängnissen und Einrichtungen für Obdachlose.

Auf dem Tompkins Square steht ein Denkmal in Gestalt eines Knaben und eines Mädchens, die auf einen Dampfer blicken. Es erinnert an das Unglück des Dampfers *General Slocum*. Am 15. Juni 1904 starben über 1000 Menschen, vor allem Frauen und Kinder der überwiegend deutschstämmigen Anwohnerschaft, bei einer Vergnügungsfahrt auf dem East River, als auf dem überfüllten Schiff Feuer ausbrach. Viele Männer verloren ihre gesamte Familie und zogen später aus dem Viertel weg.

❷

Cooper Union

📍 E9 🏠 7 East 7th St
🚇 Astor Pl (6) 🕐 Sep – Mai: Mo – Fr 11–19, Sa 11–17
🚫 Juni – Aug, Feiertage
🌐 cooper.edu

Peter Cooper, der die erste amerikanische Dampflok und die ersten Stahlschienen produzierte und sich am ersten transatlantischen Kabel beteiligte, war ein typischer Selfmademan ohne formale Schulbildung.

1859 gründete der wohlhabende Industrielle das erste nichtkonfessionelle (damals kostenlose College) für Männer und Frauen (Technik, Ingenieurswesen, Architektur und Design). Heute ist das College nicht mehr kostenlos, doch Studienplätze sind hier sehr begehrt. Das fünfstöckige Gebäude (1973 / 74 renoviert) war das erste mit einem Stahlgerippe – aus Coopers eigener Produktion. Die Great Hall wurde 1859 von Mark Twain eingeweiht. Sie veranstaltet Lesungen und Konzerte.

❸

The Public Theater

📍 E9 🏠 425 Lafayette St
🚇 Astor Pl (6) 📞 +1-212-967-7555 🌐 publictheater.org

Das große Ziegel-Sandstein-Gebäude, ein Beispiel für den deutschen neoromanischen Stil, fungierte ab 1854 als Astor Library, als erste kostenlose Bücherei der Stadt, dank einer Spende des Millionärs John Jacob Astor.

Als der Bau 1965 vom Abriss bedroht war, überzeugte Joseph Papp, Gründer des New York Shakespeare Festival, die Stadt, das Gebäude für ein Theater zu erwerben. Die Renovierung begann 1967, ein Großteil des Interieurs wurde bei der Umwandlung in sechs Theatersäle bewahrt. Meist wird im Public Theater Experimentelles aufgeführt, doch auch Musicals wie *A Chorus Line* und *Hamilton* begannen hier ihren Siegeszug.

Jeden Sommer veranstaltet das Theater im Central Park das beliebte Festival Shakespeare in the Park.

Der Tompkins Square Park ist der grüne Treffpunkt der Anwohner

↑ Nuyorican Poets Cafe – Veranstaltungsort und kultureller Hotspot

Bars

Death & Co
Die beliebte Cocktailbar ist im Stil eines Speakeasy eingerichtet.

📍 F9 🏠 433 East 6th St 🌐 deathand company.com

Pineapple Club
Genießen Sie tropisch inspirierte Speisen und dazu klassische Cocktails, die hier neu interpretiert werden.

📍 G9 🏠 509 East Sixth St 🌐 pineappleclub.com

Proletariat
Lange schmale Bar mit hervorragenden Ales und Craftbeer.

📍 F9 🏠 102 St. Mark's Pl 🌐 proletariatny. com

McSorley's Old Ale House
Seit 1854 geöffnetes Irish Pub im traditionellen Stil.

📍 F9 🏠 15 East 7th St 🌐 mcsorleysold alehouse.nyc

4

Nuyorican Poets Cafe
📍 G9 🏠 236 East 3rd St 🚇 2 Av (F) 🕐 bei Veranstaltungen 🌐 nuyorican.org

Das lateinamerikanische Kulturzentrum, das 1973 im Apartment des puerto-ricanischen Autors und Dichters Miguel Algarin gegründet wurde, zog 1981 an seinen heutigen Ort um. Hier gibt es Dichterlesungen, Open-Mic-Sessions, Jazz- und Hip-Hop-Konzerte, Theater und Ausstellungen visueller Kunst.

5

Merchant's House Museum
📍 E9 🏠 29 East 4th St 🚇 Astor Pl (6), Bleecker St (6) 📞 +1-212-777-1089 🕐 Mo, Fr – So 12 –17, Do 12 – 20 (Okt – Dez: bis 17) 🌐 merchantshouse.org

Das klassizistische Ziegelgebäude steht versteckt in einem Block im East Village. Hier scheint die Zeit stehen geblieben zu sein, Inventar, Dekor und auch Gebrauchsgegenstände sind dieselben wie vor 100 Jahren.

Das 1832 erbaute Haus wurde 1835 vom Kaufmann Seabury Tredwell erworben und blieb bis zum Tod von Gertrude Tredwell 1933 im Familienbesitz. Sie hatte das Haus im Sinn ihres Vaters konserviert. Ein Verwandter eröffnete das Gebäude 1936 als Museum. Die großen Räume im Erdgeschoss zeugen vom Reichtum der New Yorker Kaufleute im 19. Jahrhundert.

6

St. Mark's Church-in-the-Bowery
📍 F8 🏠 131 East 10th St 🚇 Astor Pl (6) 🕐 Mo – Fr 10 –16 (kann variieren) 🌐 stmarksbowery.org

Der Bau von 1799, der die auf der *bouwerie* (Farm) von Gouverneur Peter Stuyvesant gelegene Kirche von 1660 ersetzte, ist eine der ältesten Kirchen New Yorks. Stuyvesant ist hier zusammen mit sieben Generationen der Familie bestattet.

1878 fand auf dem Friedhof eine makabre Entführung statt: der Leichnam des Kaufhausmagnaten A. T. Stewart wurde exhumiert und gegen 20 000 Dollar Lösegeld zurückgegeben.

Das Pfarrhaus (232 E 11th St) entwarf Ernest Flagg, Architekt des Singer Building.

Restaurants

Artichoke

Hier gibt es fabelhafte Pizzastücke zum Mitnehmen – und einen legendären Artischockenspinat.

📍 F8 🏠 321 East 14th St
🌐 artichokepizza.com

$\textcircled{\$}$$\textcircled{\$}$$\textcircled{\$}$

Cafe Mogador

Traditionsreiches marokkanisches Restaurant mit köstlichem Brunch.

📍 F9 🏠 101 St. Mark's Pl
🌐 cafemogador.com

$\textcircled{\$}$$\textcircled{\$}$$\textcircled{\$}$

Momofuku Noodle Bar

David Changs Schweinefleisch-Teigtaschen und -Ramennudeln sind ein Muss.

📍 F8 🏠 171 First Avenue
🌐 momofuku.com

$\textcircled{\$}$$\textcircled{\$}$$\textcircled{\$}$

Veniero's Pasticceria & Café

Altmodisches italienisches Juwel von 1894. Köstlich: Ricotta-Käsekuchen und Cannoli.

📍 F8 🏠 342 East 11th St
🌐 venierospastry.com

$\textcircled{\$}$$\textcircled{\$}$$\textcircled{\$}$

Veselka

Das ukrainische Lokal serviert seit 1954 Borschtsch, *kielbasa* und Piroggen.

📍 F9 🏠 144 Second Avenue
🌐 veselka.com

$\textcircled{\$}$$\textcircled{\$}$$\textcircled{\$}$

7

Little Tokyo

📍 F8 🏠 East 9th und 10th St (zwischen 3rd und 1st Avenue) Astor Pl (6)

Das relativ kleine Little Tokyo dehnt sich auf der East 9th und 10th Street aus. Auf diesem Streifen drängen sich farbenfrohe japanische Läden, dampfende Nudel-Shops, vollgepackte Supermärkte und hervorragende Sushi-Bars wie etwa Hasaki (210 East 9th St).

Sunrise Mart ist ein beliebter Supermarkt (4 Stuyvesant St). Toy Tokyo (91 Second Avenue) verkauft Anime-Figuren, Sammlerstücke und Spielzeug. Top-Restaurants der Gegend sind Ippudo (65 Fourth Avenue), die erste Auslandsfiliale des aus Fukuoka kommenden »Ramen-Königs« Shigemi Kawahara, und das mit einem Michelin-Stern prämierte Tsukimi (228 East 10th St). Im *izakaya* Kenka (25 St. Mark's Place) genießt man auf Holzbänken kleine Snacks und Qualitäts-Sake.

8

Russian & Turkish Baths

📍 F8 🏠 268 East 10th St
 1 Av (L), Astor Pl (6)
🕐 tägl. (unterschiedl. Zeiten, siehe Website)
🌐 russianturkishbaths.com

Die beliebten, seit 1892 bestehenden Dampfbäder gehören zu den wenigen Erlebnissen, die vom alten East Village geblieben sind. Es gibt einen Dampfraum, einen türkischen Raum und die russische Sauna (am heißesten). Im Ticket sind Handtuch, Bademantel, Seife und Badeschlappen enthalten.

9

Museum of Reclaimed Urban Space

📍 G8 🏠 155 Avenue C
 3 Av (L) 📞 +1-646-340-8341 🕐 Di, Do – So 11–19
🌐 morusnyc.org

Das winzige, von Freiwilligen betriebene Museum liegt in einer einstigen Mietskaserne (19. Jh.) und erläutert die

 Der labyrinthartige Buchladen Strand, ein New Yorker Wahrzeichen

 11

Strand Bookstore

📍 E8 🏠 828 Broadway
🚇 Union Sq (4, 5, 6, L, N, Q, R, W) 🕐 Mo – Fr 12 – 20, Sa, So 10 – 20
🌐 strandbooks.com

Strand ist der letzte Buchladen auf der einstigen »Book Row«. In einem der weltweit größten Buchläden findet man auf etwa 29 Kilometer Regallänge Neuerscheinungen, gebrauchte Bücher und Mängelexemplare zu Discount-Preisen. Der Laden soll um die 2,5 Millionen Bücher enthalten. Strand wurde 1927 gegründet und zog 1957 in sein heutiges »Labyrinth«. Autoren wie Junot Díaz, Paul Auster und Nicole Krauss geben hier regelmäßig Lesungen.

  12

Ukrainian Museum

📍 F9 🏠 222 East 6th St
🚇 Astor Pl (6) 📞 +1-212-228-0110 🕐 Mi – So 11:30 – 17
🚫 Feiertage
🌐 ukrainianmuseum.org

Das kleine Museum (1976) erinnert an die einst größte ukrainische Enklave der Stadt. Zu sehen sind Trachten und Textilien sowie moderne Kunstwerke bekannter ukrainischer Künstler. Beim traditionellen Handwerk stechen die *pysanky*, die berühmten bemalten Ostereier, hervor.

Little Tokyo – das sind farbenfrohe japanische Läden, dampfende Nudel-Shops, vollgepackte Supermärkte und Top-Sushi-Bars.

lange aktivistische Tradition seiner Nachbarschaft, etwa die Aufstände im Tompkins Square Park, die Entstehung von Gemeinschaftsgärten und die Hausbesetzungen im East Village. Auf der Website gibt es Infos zu Touren (meist Sa und So um 15 Uhr).

10

Orpheum Theatre

📍 F9 🏠 126 2nd Avenue
🚇 Astor Pl (6) 📞 +1-855-203-9980 🕐 für Vorstellungen 🌐 stomponline.com

Das größte (und älteste) Theater im East Village ist seit 1994 die Heimstatt der Perkussionsgruppe Stomp. Bei der Show, die einst im engli-

schen Brighton entwickelt wurde, werden Geräusche mit Alltagsgegenständen und dem eigenen Körper erzeugt, was einen mitreißenden Rhythmus ergibt.

Das Theater gibt es schon seit 1904, als sich die Gegend zum Yiddish Theater District entwickelte. Jahre später hatten gefeierte Off-Broadway-Produktionen hier Premiere, darunter das Pop-Musical *Little Shop of Horrors* (1982), Sandra Bernhards *Without You I'm Nothing* (1988) und David Mamets *Oleanna* (1992).

St. Mark's Place

East 8th Street bzw. St. Mark's Place – hier schlug seit den 1960er Jahren das rebellische Herz der Gegend. Nun dominieren Souvenirshops, Asia-Lokale und Läden mit Hippie-Klamotten. Must-Sees: East Village Books (Nr. 99) und Physical Graffitea (Nr. 96) im Untergeschoss eines der Häuser, die das Cover des Led-Zeppelin-Albums *Physical Graffiti* zierten.

Spaziergang im East Village

Länge 2 km **Dauer** 25 Min. **U-Bahn** Astor Place

An der Kreuzung von 10th und Stuyvesant Street stand einst Peter Stuyvesants Landhaus. Sein Enkel erbte das Anwesen und ließ es 1787 in Straßen aufteilen. Die meisten Häuser wurden allerdings erst zwischen 1871 und 1890 erbaut. Die alte Bausubstanz macht das East Village zu einer malerischen Ecke – doch es ist nicht alles Schönheit und Charme. Das East Village hat eine Vergangenheit als Zentrum der Subkultur, heute ist das Viertel großteils gentrifiziert. Doch man findet noch – neben einer florierenden Bar- und Restaurantszene – wettergegerbte Wohnhäuser, die mit Flyern tapeziert sind, und Anwohner, die auf der Treppe miteinander plaudern.

Am **Astor Place** kam es 1849 zu Ausschreitungen. Der englische Schauspieler William Macready, der im Astor Place Opera House den *Hamlet* spielte, kritisierte den amerikanischen Kollegen Edwin Forrest. Dessen Fans revoltierten: Es gab 34 Tote.

Alamo heißt der 4,60 Meter hohe, von Bernard Rosenthal konzipierte schwarze Stahlkubus auf dem Astor Place. Er dreht sich, wenn man ihn anstößt.

Die Gebäude der Colonnade Row im Greek-Revival-Stil wurden um 1830 als teure Stadthäuser errichtet. Nur noch vier sind übrig, sie wurden durch eine gemeinsame Fassade verbunden. Das hier residierende **Astor Place Theatre** ist seit 1991 Sitz der Blue Man Group.

965 überzeugte Joseph Papp die Stadt, die **Astor Library** (1849) für The Public Theater zu erwerben *(siehe S. 142)*.

Das **Merchant's House Museum** zeigt Originalmöbel im American-Empire-Stil, Federal Style und viktorianischen Stil *(siehe S. 143)*.

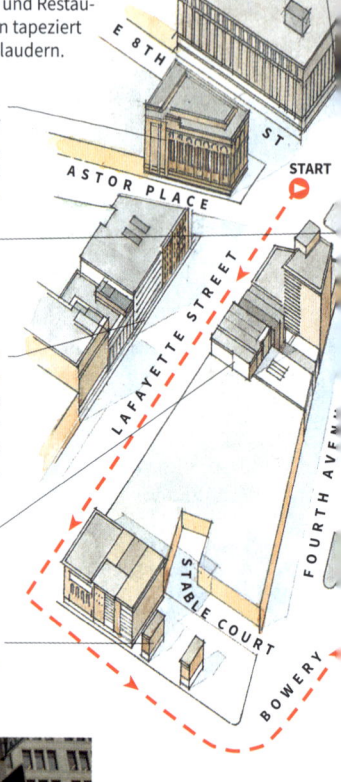

Subway Astor Pl (6)

E 8TH ST

ASTOR PLACE

START

LAFAYETTE STREET

FOURTH AVENUE

STABLE COURT

BOWERY

0 Meter 100
0 Yards 100
N

← Astor Place mit der Clinton Hall im Zentrum

← *McSorley's Old Ale House, eine Institution im East Village*

East Village

Zur Orientierung
Siehe Stadtteilkarte S. 140f

Cooper Union ist für ihre Kunst- und Technikprojekte bekannt und bietet Studenten seit 2014 eine kostenlose Ausbildung *(siehe S. 142).*

Renwick Triangle heißt ein Ensemble von 16 Häusern, die 1861 im italienisierten Stil erbaut wurden.

Das **Stuyvesant-Fish House** (1803 / 04) ist ein Ziegelbau und zudem ein klassisches Beispiel für den Federal Style.

St. Mark's Church-in-the-Bowery wurde 1799 erbaut, den Turm fügte man 1828 hinzu *(siehe S. 143).*

Die **Stuyvesant Polyclinic** wurde 1884 als German Dispensary (Armenklinik) gegründet und war bis 2007 in Betrieb. Büsten berühmter Ärzte und Wissenschaftler schmücken die Fassade.

Little Tokyo ist ein Streifen mit Nudelläden, Sushi-Bars und japanischen Geschäften um die East 9th Street *(siehe S. 144).*

St. Mark's Place war Zentrum der Hippie-Szene und ist nach wie vor eine East-Village-Ikone. Heute gibt es hier viele Läden *(siehe S. 145).*

McSorley's Old Ale House braut noch immer sein eigenes Bier und serviert es im fast unveränderten Interieur von 1854. Es gibt zwei Bier-Optionen: hell und dunkel *(siehe S. 143).*

St. George's Ukrainian Catholic Church steht in Little Ukraine, wo rund 25 000 Ukrainer leben. Hier liegt auch das Ukrainian Museum *(siehe S. 145).*

ZIEL

E 10TH STREET
STUYVESANT ST
ST. MARK'S PLACE
THIRD AVENUE
SECOND AVENUE
E 9TH STREET
E 7TH STREET
E 6TH STREET

Schon gewusst?

Wer bei McSorley's ein Bier bestellt, erhält es als Paar – in Form von zwei kleineren Glaskrügen.

147

Spaziergang durch das Künstlerviertel

Länge 3 km **Dauer** 40 Min. **U-Bahn** Astor Pl

Dieses historische Viertel übt eine ganz besondere Anziehungskraft aus. Ein langer Spaziergang durch das East Village führt an zahlreichen ehemaligen Musikinstitutionen vorbei. Sie erinnern an die Zeit, als hier Punk und Rock angesagt waren. Dank der vielen Bars und Restaurants mit akzeptablen Preisen herrscht in den Straßen weiterhin reges Treiben. Die Kreativität und Vielfalt des East Village dokumentieren auch die vielen trendigen Plattenläden, veganen Cafés, Kunsthandwerksläden und Clubs mit Livemusik.

Zur Orientierung
Siehe Stadtteilkarte S. 140f

Das rund um die Uhr geöffnete ukrainische Lokal **Veselka** *(siehe S. 144)* eignet sich perfekt für einen Imbiss.

In **19-25 St. Mark's** war von 1967 bis 1971 Andy Warhols Club Electric Circus untergebracht.

Die Route startet am **St. Mark's Place**, einem ehemaligen Treffpunkt für Jazzliebhaber, später für Hippies und Punks.

Machen Sie Rast am **Hamilton-Holly House**, dem früheren Bridge Theater, in dem 1967 bei einer Protestaktion gegen den Vietnamkrieg eine US-Flagge verbrannt wurde.

Musiklegenden wie The Doors und Janis Joplin standen im **Fillmore East** auf der Bühne.

Im **La Colombe** werden hervorragende Kaffeesorten geröstet.

Der Spaziergang endet am **CBGB**, einem Club, in dem viele Musiker (v. a. Punkbands) ihren Durchbruch erlebten. Inzwischen ist hier eine Boutique eingezogen.

Biegen Sie rechts in die 4th Street ein, die Bar **KGB** ist immer noch ein Treffpunkt von Schriftstellern.

0 Meter 300 N
0 Yards 300

NEW YORK ERLEBEN **East Village**

148

↑ *Straßenmusiker sind ein vertrauter Anblick im idyllischen Tompkins Square Park*

Veniero's Pasticceria & Café *(siehe S. 144)* lockt mit Desserts zum Niederknien, das italienische Lokal wurde 1894 eröffnet.

Die beliebten **Russian & Turkish Baths** *(siehe S. 144)* sind seit 1892 eine Institution.

Der **Tompkins Square Park** *(siehe S. 142)* war schon oft Ort für politische Kundgebungen.

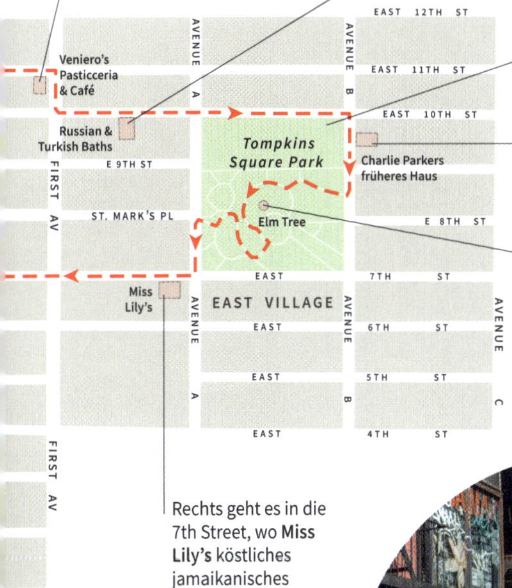

Jazzlegende **Charlie Parker** wohnte von 1950 bis 1955 in diesem Haus.

Am **Elm Tree**, einer Ulme, wurde das Mantra »Hare Krishna« erstmals außerhalb von Indien in der Öffentlichkeit gesungen.

AVENUE A
AVENUE B
EAST 12TH ST
EAST 11TH ST
EAST 10TH ST
Veniero's Pasticceria & Café
Russian & Turkish Baths
E 9TH ST
FIRST AV
ST. MARK'S PL
Tompkins Square Park
Charlie Parkers früheres Haus
Elm Tree
E 8TH ST
EAST 7TH ST
Miss Lily's
AVENUE A
EAST VILLAGE
EAST 6TH ST
AVENUE B
AVENUE C
EAST 5TH ST
EAST 4TH ST
FIRST AV

Rechts geht es in die 7th Street, wo **Miss Lily's** köstliches jamaikanisches Essen serviert.

→ *St. Mark's Place, eine der belebtesten Fußgängerzonen in Manhattan*

Gramercy und Flatiron District

Vier Plätze legten die Stadtplaner in den 1830er und 1840er Jahren an – sie wollten ruhige, elegante Wohnbezirke schaffen, wie man sie in europäischen Städten vorfand. Der größte Platz ist der Union Square, ein belebter Ort, auf dem der beste Bauernmarkt *(farmers' market)* New Yorks stattfindet.

Nordöstlich davon liegt Gramercy mit seinen Privatclubs und den von Calvert Vaux und Stanford White entworfenen Stadtresidenzen. Die mächtige St. George Episcopal Church steht auf dem ruhigen Stuyvesant Square, über den die Second Avenue verläuft. Nordwestlich des Union Square und durch den Broadway geteilt, erstreckt sich der Flatiron District, einst das wichtigste Einkaufszentrum der Stadt. Noch heute findet man hier große Einzelhandelsgeschäfte. Am nördlichen Ende des Flatiron District liegt der Madison Square Park.

Gramercy und Flatiron District

Highlight
❶ Eataly NYC Flatiron

Sehenswürdigkeiten
❷ Flatiron Building
❸ Madison Square
❹ Gramercy Park
❺ Fotografiska New York
❻ Theodore Roosevelt Birthplace
❼ Union Square
❽ Museum of Sex

Restaurants
① Il Pastaio di Eataly
② Il Pesce
③ La Piazza
④ 230 Fifth Rooftop Bar
⑤ ABC Kitchen
⑥ Eleven Madison Park
⑦ Pete's Tavern
⑧ Union Square Café

F **G** **H**

St. Vartan
Park

ST

0 Meter   200   N

0 Yards   200

5

34th St
Heliport

Kips Bay
Plaza

New York
University
Medical Center

FIRST

EAST 28TH ST

EAST 27TH ST

Bellevue
Hospital

FRANKLIN D. ROOSEVELT DRIVE

E a s t

R i v e r

6

25TH   ST

EAST 24TH ST

23RD   ST

AST 22ND ST

ASSER LEVY PLACE

Manhattan
Marina

FIRST

AVENUE

ST

ST

ST

ST

FRANKLIN D. ROOSEVELT DRIVE

AVENUE C

Stuyvesant
Cove
Park

7

EAST 20TH ST

ST

ST

N. D. PERLMAN PL

Beth Israel
Medical Center

EAST 16TH ST

AVENUE C

EAST 16TH ST

ST

EAST   14TH   ST

8

S
1 Av
L

AVENUE A

AVENUE B

East Village
Seiten 138–149

EAST   12TH   ST

EAST   10TH   ST

EAST   10TH   ST

AST   10TH   ST

FIRST AVENUE

Tompkins

Gramercy und
Flatiron District

T.   MARKS   PLACE

Square

EAST   VILLAGE

9

FIRST AVENUE

F **G** **H**

Restaurants

Il Pastaio di Eataly
Pastagerichte nach
uralten Rezepten.
📍 E7 🕐 tägl. 11 – 22:30
(So bis 22)
$$$

Il Pesce
Hier isst man Fisch und
Seafood aus nachhalti-
ger Aufzucht.
📍 E7 🕐 tägl. 11 – 22:30
$$$

La Piazza
An den Stehtischen
dieser *enoteca* gibt es
zum Wein Fleisch- und
Käsegerichte.
📍 E7 🕐 tägl. 11 – 22:30
$$$

❶ 🖥 🛍 🍽

Eataly NYC Flatiron

📍 D7 🏠 200 Fifth Avenue 🚇 E 23 St (N, R, W)
📞 +1-212-229-2560 🕐 tägl. 7 – 23 🌐 eataly.com

Der italienische Lebensmittelmarkt Eataly ist zu einer
Gastro-Attraktion geworden, er greift einen New Yorker
Trend für Markthallen auf. Eataly bietet einige Restau-
rants mit Sitzplätzen, Speisen- und Getränke-Theken so-
wie Lebensmittelabteilungen mit edlen Produkten.

2007 wurde das erste Eataly von Oscar Farinetti in Turin
eröffnet. Eataly NYC Flatiron mit dem typischen Mix aus
Restaurant-Komplex und Lebensmittelmarkt folgte 2010,
2016 entstand Eataly NYC Downtown. Die Lebensmittelab-
teilungen bieten eine riesige Auswahl italienischer Weine,
Top-Käse, frisch gebackenes Brot sowie Seafood und
Fleischwaren, die aus der Umgebung stammen oder aus
Italien eingeflogen werden. Man kann Eis und Sorbets bei
Il Gelato genießen, Espresso im Caffè Lavazza, Süßigkeiten
in La Pasticceria oder Wurst und Käse mit einem Glas gu-
ten Chianti in La Piazza. Es gibt eine Kochschule, Küchen-
utensilien und einen Buchladen, sodass man ein Stück-
chen Italien mit nach Hause nehmen kann.

1 Der Eingang zu Eataly NYC
Flatiron liegt nur einen Block
vom Flatiron Building ent-
fernt.

2 Für alle, die nicht in den
Restaurants von Eataly spei-
sen, gibt es alternative Sitz-
möglichkeiten. Zu Spitzen-
zeiten sind sie voll besetzt.

3 In der Bäckerei von Eataly
gibt es Backwaren in Hülle
und Fülle. Alle Brote werden
vor Ort in einem Holzkohle-
ofen mit manueller Rotation
gebacken. Zutaten sind Hefe
und mit Mühlsteinen gemah-
lener Weizen.

↑ SERRA by Birreria – das Pop-up-Dachrestaurant ist vom italieni-schen Landhausstil inspiriert

SEHENSWÜRDIGKEITEN

2

Flatiron Building

E7 175 Fifth Avenue
23 St (N, R, W) für
Besucher

Es ist nicht nur eine Stilikone, sondern möglicherweise auch eines der beliebtesten Fotomotive New Yorks – die elegante dreieckige Fassade des Flatiron zieht die Besuchermassen an.

Den ursprünglich nach der Baufirma Fuller, dem ersten Besitzer, benannten Bau entwarf David Burnham. Das 1902 fertiggestellte Gebäude mit Stahlgerippe läutete die Ära der Wolkenkratzer ein. Wegen seiner Form hieß es bald »Flatiron« (»Bügeleisen«). Einige nannten es »Burnham's Folly« (»Burnhams Irrwitz«). Man glaubte, dass es aufgrund der durch seine Form provozierten Winde einstürzen würde. Einige schlossen sogar Wetten auf den Einsturz ab – doch es hat die stürmischen Zeiten überstanden.

Der Abschnitt der Fifth Avenue südlich des Gebäudes bietet nun schicke Boutiquen, die der Gegend, die jetzt Flatiron District heißt, ihren Stempel aufdrücken.

3

Madison Square

E6 23 St (N, R, W)

Die als mondäner Wohnbezirk geplante Gegend wurde nach dem Bürgerkrieg ein Vergnügungsviertel – begrenzt durch Fifth Avenue Hotel, Madison Square Theater und Stanford Whites Madison Square Garden. 1884 stellte man hier den fackeltragenden Arm der Freiheitsstatue aus. Angestellte der umliegenden Büros verbringen gern ihre Mittagspause in der grünen Oase.

Die Statue von Admiral David Farragut (1880)

Schon gewusst?

Die Autorin Edith Wharton wurde 1862 in 14 West 23rd Street nahe dem Madison Square Park geboren.

stammt von Augustus Saint-Gaudens, der Sockel von Stanford White. Farragut war im Bürgerkrieg ein erfolgreicher Kommandeur von Unionstruppen. Auf dem Sockel finden sich aus Wellen emportauchende Figuren, die Mut und Loyalität repräsentieren.

Die Statue von Roscoe Conkling erinnert an einen Senator, der 1888 im Schneesturm starb. Der Fahnenmast mit dem ewigen Licht von Carrère and Hastings ehrt die Gefallenen des Ersten Weltkriegs.

4

Gramercy Park

E7 Irving Pl, zwischen
East 20th und 21st St 14
St-Union Sq (L, N, R, W, 4, 5,
6) nationalartsclub.org

Gramercy Park wurde um 1840 angelegt, um betuchte Anwohner anzulocken. Es handelt sich um den einzigen Privatpark der Stadt, die Anwohner erhalten noch immer eigene Schlüssel für ihn.

Berühmte Schlüsselbesitzer waren Uma Thurman, Julia Roberts und mehrere Kennedys und Roosevelts. Der solide »Brownstone« von 15 Gramercy Park South beherbergt den National Arts Club. Unter den Mitgliedern waren führende amerikanische Künstler des späten 19. und frühen 20. Jahrhunderts, die für ihre lebenslange Mitgliedschaft ein Bild oder eine Skulptur spendeten. Diese sind der Grundstock der Sammlung des National Arts Club. Der Club ist nur bei Ausstellungen zugänglich.

←

Grüne Oase – der Madison Square Park im Herzen des Flatiron District

↑ Blumen- und Gemüse-
stände auf dem Union
Square Greenmarket

Fotografiska
New York
📍 E7 🏠 281 Park Av South
🚇 23 St (6) 🕐 tägl. 9 – 21
🌐 fotografiska.com/nyc

Das in Stockholm ansässige
Museum für zeitgenössische
Fotografie eröffnete im Jahr
2019 diese Niederlassung in
New York. Sie befindet sich
im Church Missions House,
das 1894 im Stil der Renaissance errichtet wurde. In
den Ausstellungsräumen
sind Fotoausstellungen und
Arthouse-Filme zu sehen.

6
Theodore Roosevelt
Birthplace
📍 E7 🏠 28 East 20th St
🚇 14 St-Union Sq (L, N, R,
W, 4, 5, 6), 23 St (6) 📞
+1-212-260-1616 🕐 Mi – So
9 –17 (letzter Eintritt: 16)
📅 1. Jan, Thanksgiving,
25. Dez 🌐 nps.gov/thrb

Die Rekonstruktion des Hau-
ses, in dem Theodore Roose-
velt, der 26. amerikanische
Präsident, 1858 geboren
wurde, enthält Spielzeug,
Wahlkampf-Buttons und die
Embleme des »Rough Rider«-
Huts, den er im Spanisch-
Amerikanischen Krieg trug.
Eine Ausstellung widmet sich
dem Privatmann und seinen
Interessen, eine andere sei-
ner politischen Karriere.

7
Union Square
📍 E8 🚇 14 St-Union Sq
(L, N, R, W, 4, 5, 6)

Der in den 1830er Jahren
geschaffene Park ist heute
ein einladender Platz, der
vor allem wegen des weitläu-
figen Markts bekannt ist. Der
Markt (Mo, Mi, Fr, Sa 8 –18)
verkauft alle Arten von saiso-
nalen Produkten.

Zwei der Statuen auf dem
Union Square zeigen George
Washington und Lafayette
von Bartholdi. Der Platz wird
von Restaurants, Gourmet-
Supermärkten und Kaufhäu-
sern flankiert. In der Nähe
steht das Decker Building,
ab 1968 Standort von The
Factory, dem Studio Andy
Warhols. 44 Union Square
war einst Hauptquartier der
Demokraten.

8
Museum of Sex
📍 E6 🏠 233 Fifth Avenue /
27th St 🚇 28 St (N, R, W, 6)
📞 +1-212-689-6337 🕐 So –
Do 10:30 – 23, Fr, Sa 10:30 –
24 🌐 museumofsex.com

Dies ist das einzige New Yorker Museum für Besucher
über 18 Jahre. Durch nach-
denklich machende Wech-
selausstellungen (im Erdgeschoss) und eine Sammlung
von 20 000 Exponaten (darunter Kunstwerke, Fotografien, Kleidung und Techni-
sches) will das Museum
einen ernsthaften Diskurs
zum Thema Sexualität an-
stoßen.

Restaurants

230 Fifth Rooftop Bar
Die todschicke Bar mit
Dachgarten serviert in-
ternationale Küche. Der
Ausblick auf das Empire
State Building ist sen-
sationell.
📍 E6 🏠 230 Fifth Ave-
nue 🌐 230-fifth.com
💲💲💲

ABC Kitchen
Angesagtes Lokal mit
neuer amerikanischer
Küche von Jean-
Georges Vongerichten.
📍 E7 🏠 35 East
18th St
🌐 abchome.com/dine/
abc-kitchen
💲💲💲

Eleven Madison Park
Das grandiose Art-déco-
Restaurant ist der ulti-
mative Rahmen für ein
edles amerikanisches
Dinner.
📍 E6 🏠 11 Madison
Avenue 🕐 Mo – Do
mittags 🌐 eleven
madisonpark.com
💲💲💲

Pete's Tavern
Die atmosphärische Bar
(1864) ist als Lokal des
Autors O. Henry be-
kannt. Herzhafte Burger
und italienisches Essen.
📍 E7 🏠 129 East 18th
St 🌐 petestavern.com
💲💲💲

Union Square Café
Danny Meyers berühm-
tes Restaurant bietet
exquisite moderne
amerikanische Küche.
📍 E7 🏠 101 East 19th
St 🌐 unionsquare
cafe.com
💲💲💲

Spaziergang vom Madison Square zum Gramercy Park

Länge 2,25 km **Dauer** 30 Min. **U-Bahn** 23 St

Gramercy Park und der nahe Madison Square Park zeigen zwei gegensätzliche Stadtbilder. Der Madison Square Park wird von Büros und Verkehr geprägt und ist vor allem von Angestellten bevölkert. Die Bürohaus-Architektur und die Statuen lohnen dennoch einen Besuch. Früher stand hier der alte Madison Square Garden, in dem es stets von Nachtschwärmern wimmelte. Der Gramercy Park hingegen hat sich eine Aura abgeklärter Ruhe bewahrt. Hier gibt es noch vornehme Anwesen und Clubs. Für New Yorks letzten Privatpark erhalten nur Anwohner einen Schlüssel.

Um 1840 spielte der Knickerbocker Club auf dem **Madison Square Park** Baseball. Den Platz zieren mehrere Statuen *(siehe S. 156)*.

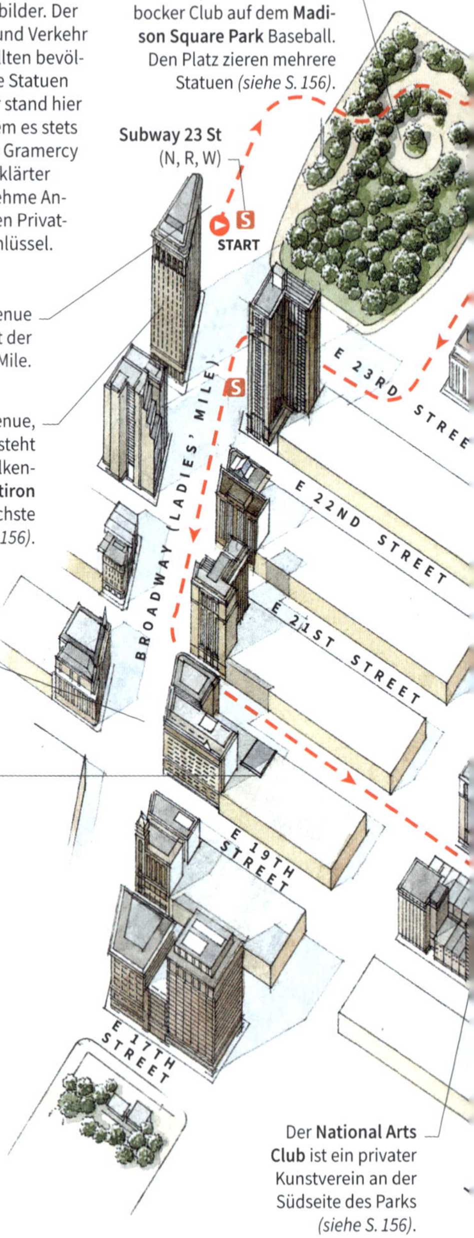

Subway 23 St (N, R, W)

START

Eine **Uhr** vor 200 Fifth Avenue markiert den Endpunkt der einstigen Ladies' Mile.

Im Dreieck von Fifth Avenue, Broadway und 22nd Street steht einer der berühmtesten Wolkenkratzer New Yorks. Das **Flatiron Building** war 1902 das höchste Gebäude der Welt *(siehe S. 156)*.

Der Broadway zwischen Union Square und Madison Square Park war einst die edelste Shopping-Meile New Yorks, die **Ladies' Mile**.

Theodore Roosevelt Birthplace ist ein Nachbau des Gebäudes, in dem der 26. amerikanische Präsident zur Welt kam *(siehe S. 157)*.

E 23RD STREET

BROADWAY (LADIES' MILE)

E 22ND STREET

E 21ST STREET

E 19TH STREET

E 17TH STREET

↑ *Blütenpracht des Frühlings im Madison Square Park*

Der **National Arts Club** ist ein privater Kunstverein an der Südseite des Parks *(siehe S. 156)*.

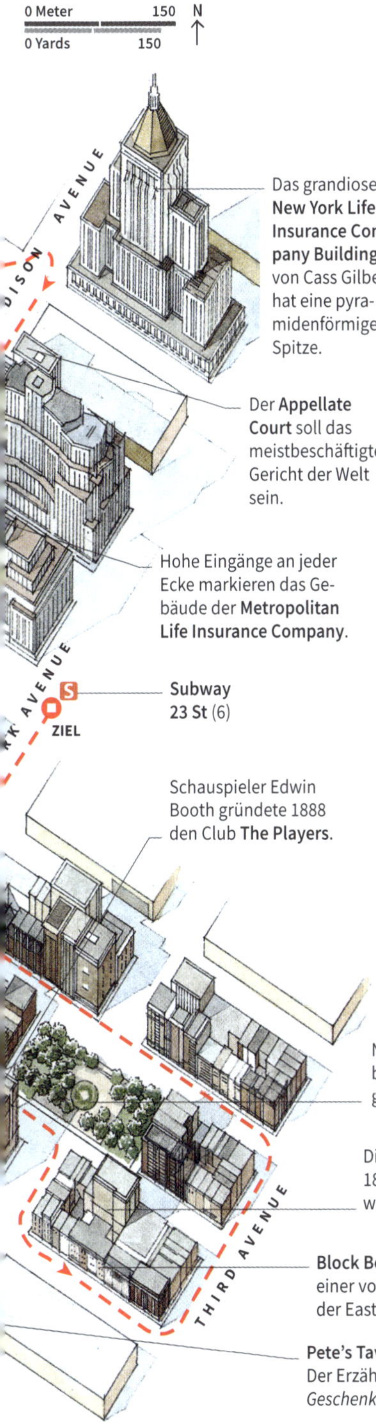

Zur Orientierung
Siehe Stadtteilkarte S. 152f

0 Meter   150   N

0 Yards   150

Das grandiose **New York Life Insurance Company Building** von Cass Gilbert hat eine pyramidenförmige Spitze.

Der **Appellate Court** soll das meistbeschäftigte Gericht der Welt sein.

Hohe Eingänge an jeder Ecke markieren das Gebäude der **Metropolitan Life Insurance Company**.

Subway 23 St (6)

ZIEL

Schauspieler Edwin Booth gründete 1888 den Club **The Players**.

↑ *Pete's Tavern ist ein Hangout von Einheimischen und Schriftstellern*

Nur Anwohner dürfen den **Gramercy Park** benutzen, doch die Ruhe und Anmut der Umgebung können alle genießen *(siehe S. 156)*.

Die **Brotherhood Synagogue** war von 1859 bis 1975 ein Andachtshaus und wurde danach eine Synagoge.

Block Beautiful ist ein anmutiges Arrangement einer von Bäumen gesäumten Häuserzeile an der East 19th Street.

Pete's Tavern steht seit 1864 an dieser Stelle. Der Erzähler O. Henry verfasste hier 1906 *Das Geschenk der Weisen (siehe S. 157)*.

Die High Line (siehe S. 166f) ist für Spaziergänge beliebt

Chelsea und Garment District

Das Areal, das früher Ackerland war, begann in den 1830er Jahren städtische Gestalt anzunehmen. Dies war großteils Clement Clarke Moore, dem Verfasser von *'Twas the Night Before Christmas*, zu verdanken, dessen Besitzungen auf dem Gebiet lagen, das heute Chelsea ist. Auf seinem Land wurden Wohnblocks und die High Line (Hochbahn) errichtet. Nach einer längeren Phase als »Glasscherbenviertel« entwickelte sich Chelsea im 20. Jahrhundert zum modernen Stadtteil.

Mit der Eröffnung von Macy's am Herald Square blühte die Textilbranche auf. Anfang der 1980er Jahre zogen Trendsetter und Schwule ins Viertel, dann folgten Galeristen. Die Umwandlung der High Line in eine grüne Oase löste einen Gentrifizierungsschub aus. Die alten Bauten wurden in Eigentumswohnungen und teure Stadthäuser sowie Luxusläden umgewandelt. Das Gebiet hat auch eine lebhafte LGBTQ+ Community.

Chelsea und Garment District

Highlights
1. Empire State Building
2. High Line

Sehenswürdigkeiten
3. Marble Collegiate Reformed Church
4. Herald Square
5. Macy's
6. Madison Square Garden
7. Museum at FIT
8. Chelsea Market
9. Rubin Museum of Art
10. Chelsea Art Galleries
11. Hudson Yards und The Vessel

Restaurants
1. BCD Tofu House
2. Cho Dang Gol
3. New Wonjo
4. Woorijip Authentic Korean Food

Shopping
5. Chelsea Flea
6. Flower District

Chelsea und Garment District

WEST 40TH ST
WEST 39TH ST
LINCOLN TUNNEL
WEST 38TH ST
WEST 37TH ST
WEST 36TH ST
WEST 35TH ST
WEST 34TH ST
Jacob K. Javits Convention Center
PIER 76
34 St-Hudson Yards
Edge
Hudson Yards und The Vessel
WEST 33RD ST
HIGH LINE
Port Authority West 30 St Heliport
WEST 30TH ST
WEST 29TH ST
High Line
WEST 28TH ST
WEST 27TH ST
WEST 26TH ST
Chelsea Art Galleries
WEST 25TH ST
Chelsea Waterside Park
WEST 24TH ST
WEST 23RD ST
WEST 22ND
Empire Diner
WEST 21ST
PIER 62
WEST 20TH
PIER 61
Chelsea Piers
WEST 19TH
Chelsea Historic District
WEST 18TH
PIER 60
WEST 17TH
PIER 59
WEST 16TH
Chelsea Market
WEST 15TH
PIER 57
14th Street Park
Little Island

Hudson River

TWELFTH AVENUE
ELEVENTH AVENUE
TENTH AVENUE
HUDSON BLVD E

Das Empire State Building dominiert seine Umgebung ↑

1454 Fuß

Mit Antenne beträgt die Höhe des Empire State Building 443 Meter.

1

Empire State Building

D5 350 Fifth Avenue S 34 St (A, B, C, D, E, F, N, Q, R, W, 1, 2, 3) M1–5, M16, M34, Q32 Zeiten der Website entnehmen W esbnyc.com

Das Empire State Building ist nach dem Spitznamen des Bundesstaats New York benannt, seit seiner Fertigstellung 1931 ist es ein New Yorker Symbol. Das Gebäude verzeichnet jährlich über vier Millionen Besucher, die die schwindelerregende Rundumsicht von der Aussichtsplattform genießen. Derzeit wird der Bau phasenweise modernisiert.

Konstruktion des Hochhauses

Die Bauarbeiten an dem ikonischen Wolkenkratzer begannen im März 1930, nur kurze Zeit nach dem Börsenkrach an der Wall Street. Das Gebäude wurde so einfach und schnell wie möglich errichtet. Viele Teile wurden vorgefertigt und vor Ort verarbeitet – so entstanden pro Woche vier Etagen. Als der 102 Stockwerke hohe Bau 1931 eröffnet wurde, waren die Räume so schwer zu vermieten, dass er den Spitznamen »The Empty State Building« erhielt. Nur die Beliebtheit der Aussichtsplattformen bewahrten ihn vor dem Bankrott. Im Gebäude findet man viele Art-déco-Elemente, beispielsweise gibt es in der Eingangslobby an der Fifth Avenue ein Relief des Empire State auf einer Karte des Staates New York. Übrigens: Das Gebäude ist ein riesiger Blitzableiter, es wird bis zu 100 Mal pro Jahr getroffen.

↑ *Von der Terrasse im 86. Stock (320 m) hat man einen fantastischen Blick über Manhattan. Das Aussichtsdeck im 102. Stock erfordert eine zusätzliche Gebühr (zahlbar im Visitors' Center oder online)*

Über den 62 Meter hohen **Mast** werden TV- und Rundfunkprogramme in die Stadt und in vier Staaten übertragen.

Die **Hochgeschwindigkeitsaufzüge** legen 305 Meter pro Minute zurück.

Beim jährlichen Run-Up sind **1576 Stufen** zu überwinden (von der Lobby bis zum 86. Stock).

Das Gerüst wurde aus 60 000 Tonnen **Stahl** errichtet.

Zehn Millionen **Ziegel** wurden für die Fassade verbaut.

Begegnungen am Himmel

Das Empire State war schon in zahlreichen Filmen zu sehen. In der berühmten Schlussszene von *King Kong* (1933, 1976 und 2005) steht der Riesenaffe auf der Spitze und kämpft gegen Armeeflugzeuge. 1945 flog ein Flugzeug im Nebel zu tief über Manhattan und rammte das Bauwerk oberhalb des 78. Stocks. Glück hatte ein Liftgirl, das mit dem Aufzug 79 Stockwerke in die Tiefe raste. Die Notbremsen retteten ihr Leben.

Als das Gebäude in die Höhe wuchs, mussten die Arbeiter oft großen Mut beweisen ↑

Über 200 **Stahl- und Betonpfeiler** tragen das 365 000 Tonnen schwere Bauwerk.

←

Das Empire State Building – eine Ikone und ein Kunstwerk

New Yorker genießen
die Grünflächen auf und die
Blicke von der High Line ↑

2 Ⓜ 🖥 🛍

High Line

📍 B6 🏠 Gansevoort St (Meatpacking District) bis West 34th St (zwischen 10th und
12th Avenue) Ⓢ 14 St (A, C, E, L), 34 Street-Hudson Yards (7) 🕐 Juni – Sep: tägl. 7– 23;
Apr, Mai, Okt, Nov: tägl. 7– 22; Dez – März: tägl. 7– 19 🅦 thehighline.org

Die High Line hat sich schnell zu einer Attraktion mit Alleinstellungsmerkmal entwickelt. Einst
Hochbahn, heute Stadtpark – dieser New Yorker Zugewinn bietet auf seinem Verlauf über
Straßen und vorbei an Wohnblocks viel Grün und einzigartige Ausblicke.

Die High Line verläuft zwischen
den Gebäuden auf Manhattans
West Side ↑

New Yorks »Höhenpark«

Das ambitionierte Stadterneuerungsprojekt
High Line, das Midtown, Chelsea und den
Meatpacking District verbindet, hat eine ehemalige Hochbahnlinie in einen 2,3 Kilometer
langen Landschaftspark verwandelt. Die von
1929 bis 1934 errichtete, damals innovative
Hochbahn lag mehrere Jahre brach. 1999
gründeten zwei Anwohner die Organisation
»Friends of the High Line«, um einen Abriss
der Anlage zu verhindern. Das Areal erstreckt
sich von der Gansevoort Street bis zur 34th
Street und trug zur Gentrifizierung der West
Side bei. Die von mehreren Architekten entworfene begrünte Promenade liegt neun
Meter hoch und bietet auf der Strecke schöne
Ausblicke. Man trifft auf Kunstwerke, Essensstände, Wasserspiele, Sitzbereiche und auf
zahllose hübsche Blumenbeete.

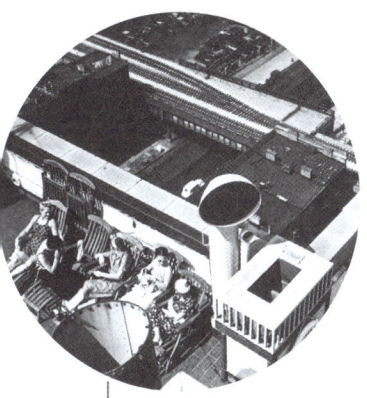

Schöne Aussicht
Blicke von der High Line

Entlang der High Line gibt es zahlreiche Ausblicke, einige sollten Sie nicht versäumen, darunter den Aussichtspunkt Gansevoort Street / 15th Street Bridge (von wo aus man die Hängebrücke von 1930 über die West 15th Street sieht), den Aussichtspunkt 10th Avenue / 23rd Street Bridge (Blick auf die London Terrace Gardens von 1931), den Punkt 26th Street Viewing Spur sowie den letzten Abschnitt an der 12th Avenue (mit Blick auf das neue Architekturareal Hudson Yards sowie den Hudson River).

Chronik

1980
▽ Letzte Züge verkehren auf der Strecke, dann Aufgabe

2004
Erneuerungsauftrag an James Corner Field Operations, Diller Scofidio + Renfro und Piet Oudolf

2014
▽ Fertigstellung des 3. (letzten) Abschnitts

1934
△ Eröffnung der Hochbahn

2009
Eröffnung von Abschnitt 1

2011
Eröffnung von Abschnitt 2

Die Marble Church und das Empire State Building streben an der Fifth Avenue in die Höhe

Shopping

Chelsea Flea

Der ganzjährige Wochenend-Flohmarkt verzeichnet 60 Händler für Kunst, Kunsthandwerk, Antiquitäten, Spielzeug, Möbel, Secondhand- und Vintage-Kleidung, Schmuck und alle Arten alter Dinge. Nur Barzahlung wird akzeptiert.

⦿ D6 **🏠** 29 West 25th St, zwischen Fifth und Sixth Avenue **🕐** Sa, So 8–17 **ⓦ** chelseaflea.com

Flower District

Das Areal mit Lagerhäusern und Ladenfronten verkauft eine große Bandbreite an schönen Topfpflanzen, kleinen Bäumen und Schnittblumen.

⦿ D6 **🏠** West 28th St, zwischen Sixth und Seventh Avenue **🕐** 5:30–17 (Hauptgeschäftszeit)

SEHENSWÜRDIGKEITEN

❸ Marble Collegiate Reformed Church

⦿ D6 **🏠** 1 West 29th St **Ⓢ** 28 St (N, R, W) **🕐** Mo–Fr 8:30–20:30, Sa 9–16, So 8–15 **🚫** Feiertage **ⓦ** marblechurch.org

Die Kirche wurde durch ihren früheren Pfarrer Norman Vincent Peale, Autor von *Die Wirksamkeit positiven Denkens*, bekannt. Ein anderer »positiver Denker«, der spätere US-Präsident Richard M. Nixon, ging hier zur Messe, als er noch Rechtsanwalt war.

Die Kirche von 1854 weist viel Marmor auf – daher ihr Name. Damals war die Fifth Avenue noch eine staubige Landstraße, das Gusseisen-Gitter um die Kirche diente einst dazu, das Vieh fernzuhalten.

Die Originalwände wurden durch ein goldenes *Fleur-de-lys*-Schablonendesign auf rostfarbenem Hintergrund ersetzt. Zwei Tiffany-Fenster mit Szenen aus dem Alten Testament wurden 1900/01 in der Südwand eingesetzt.

❹ Herald Square

⦿ D5 **🏠** Sixth Avenue / W 32nd St **Ⓢ** 34 St-Herald Sq (B, D, F, N, Q, R, W)

Der Platz ist nach dem *New York Herald* benannt, der hier von 1894 bis 1921 in einem eleganten Gebäude von Stanford White seinen Sitz hatte. Hier war von 1870 bis 1890 das Zentrum des anrüchigen Tenderloin District. Theater wie das Manhattan Opera House, Tanzlokale, Hotels und Restaurants füllten den Bezirk mit Leben, bis die Stadtplaner in den 1890er Jahren das Viertel umgestalteten. Die verzierte Bennett-Uhr, die nach dem *Herald*-Verleger James Gordon Bennett Jr. benannt wurde, ist alles, was vom Herald Building geblieben ist.

Das Opernhaus wurde 1901 abgerissen, um zunächst für Macy's, später für Ladenketten Platz zu machen. Am Platz stand auch das Kaufhaus der Brüder Gimbel, der einstigen Erzrivalen von Macy's. (Eine Darstellung der Rivalität bietet

↑ *Die Fassade von Macy's mit dem berühmten roten Stern-Logo*

der Weihnachtsfilm *A Miracle on 34th Street*.) 1988 wurde das Kaufhaus in eine Shopping-Galerie mit Neonfront verwandelt.

Der Herald Square ist immer noch ein beliebtes Shopping-Viertel mit Läden und verkehrsberuhigter Plaza.

5

Macy's

🅿 D5 🏠 151 West 34th St 🚇 34 St-Penn Station (1, 2, 3), 34 St-Herald Sq (B, D, F, N, Q, R, W) 🕐 Mo–Sa 10–22, So 10–21 🌐 macys.com

Das »größte Kaufhaus der Welt« erstreckt sich über einen ganzen Block. Alle nur denkbaren Artikel werden hier angeboten. Am bekanntesten ist Macy's wohl dafür, dass es die New Yorker Thanksgiving Parade sponsert, zudem fördert es das Feuerwerk am 4. Juli. Die Frühlings-Blumenschau des Kaufhauses zieht jedes Jahr Tausende von Besuchern an.

Macy's wurde vom ehemaligen Walfänger Rowland Hussey Macy gegründet, der 1858 in der West 14th Street einen Laden eröffnete. Sein Logo, ein roter Stern, stammt von einer Tätowierung aus Macys Seefahrertagen.

Als Macy 1877 starb, war der kleine Laden auf elf Gebäude angewachsen. Macy's expandierte weiter und bezog 1902 seine heutige Adresse mit 186 000 Quadratmetern Einkaufsfläche.

Die Ostfassade hat zwar einen neuen Eingang, weist aber noch immer die Erkerfenster und korinthischen Säulen von 1902 auf. An der Fassade sieht man originale Karyatiden.

Zusammen mit der Uhr, dem Baldachin und Schriftzug sind im Inneren einige der ursprünglichen Fahrstühle erhalten, die noch heute in Betrieb sind. Es überrascht daher nicht, dass Macy's als National Historic Landmark ausgewiesen wurde.

6

Madison Square Garden

🅿 C5 🏠 4 Pennsylvania Plaza 🚇 34 St-Penn Station (1, 2, 3, A, C, E) ☎ +1-212-465-6741 (Info) 🕐 tägl. (für Spiele, Shows und Touren) 🌐 msg.com

Der Madison Square Garden, laut Eigenwerbung die »berühmteste Arena der Welt«, mit 20 000 Plätzen ist die Spielstätte der New York Knicks (Basketball) und der New York Rangers (Eis-

hockey). In der Mehrzweckarena finden diverse Events statt: Rockkonzerte, Tennis-, Box- und Ringkämpfe, Antiquitätenausstellungen oder die Westminster Kennel Club Dog Show. Es gibt auch ein Theater mit 5600 Plätzen. Touren gibt es – außer bei Events – täglich.

Der Abriss der Pennsylvania Station von McKim, Mead & White zugunsten dieses einfallslosen Komplexes von 1968 hatte nur einen positiven Effekt: Er brachte Denkmalpfleger so in Rage, dass sie sich zusammenschlossen, um Derartiges in Zukunft zu verhindern.

 Entdeckertipp
Eclipsed Time

Für Maya Lins futuristische Skulptur müssen Sie zur Decke der Penn Station schauen (Bereich Long-Island-Ticketverkauf). Das Werk aus Glas, Stahl und Aluminium soll eilige Pendler zu einer Denkpause über die Zeit anregen.

Basketballspiel der Knicks im Madison Square Garden

Der Madison Square Garden ist die Heimstatt der New York Knicks, New Yorks NBA-Basketball-Team. Zum letzten Mal waren sie 1973 Meister, trotz Top-Spielern wie Carmelo Anthony und Jeremy Lin. Die treuen Fans hoffen weiterhin auf eine Wende. Tickets sind extrem schwer zu bekommen und – wegen der begeisterten Fangemeinde mit vielen Promis, etwa Tom Hanks und Katie Holmes – oft astronomisch teuer.

7

Museum at FIT

📍 D6 🏠 227 West 27th St
🚇 28 St (1) 📞 +1-212-217-4558 🕐 Di – Fr 12 – 20, Sa 10 – 17 🚫 1. Jan, 4. Juli, Thanksgiving, 25. Dez
🌐 fitnyc.edu/museum

Das Fashion Institute of Technology (FIT) ist eine weltweit bekannte Modeschule. Zu ihren Absolventen zählen u. a. Norma Kamali, Calvin Klein und Michael Kors. Im Shirley Goodman Resource Center der Schule veranstaltet das Museum Ausstellungen. Die Mode-

Der Chelsea Market, der jede Menge Gewürze verkauft ↑

und textilgeschichtliche Abteilung im Hauptgeschoss präsentiert wechselnde Exponate aus einer Sammlung von über 50 000 Kleidungsteilen und Accessoires sowie 30 000 Stoffen. Alle wichtigen Designer sind vertreten, darunter Balenciaga, Coco Chanel, Christian Dior, Yves Saint Laurent, Vivienne Westwood und Manolo Blahnik. Die Gallery FIT zeigt Mode der Studenten.

8

Chelsea Market

📍 B8 🏠 75 Ninth Avenue zwischen 15th und 16th St
🚇 14 St (A, C, E)
🕐 Mo – Sa 7– 2, So 8 – 22
🌐 chelseamarket.com

Die ultimative Destination für Gourmets umfasst einen Food-Court, eine Shopping-Mall und die Produktionsräume von Food Network's TV. Hier gibt es jede Menge edler Zutaten, exotischer Früchte und nette Geschenke sowie Läden wie Li-lac Chocolates (1923 im West Village gegründet), Chelsea Wine Vault, ein Paradies für Weinkenner, und Chelsea Market Baskets für hochwertige Geschenke. Einige Lieferanten kochen und backen vor Ort.

Chelsea Hotel

Das Chelsea Hotel (222 West 23rd St) ist das bekannteste Gebäude von Chelsea, seit 1903 war es teilweise Hotel. Berühmt-berüchtigt war es als Unterkunft von Literaten und Musikern. Jack Kerouac soll hier 1951 sein Buch *Unterwegs* ins Reine getippt haben, auch Dylan Thomas, der 1953 unerwartet verstarb, war Hotelgast. 1966 verkrochen sich Andy Warhol und seine Protégées Nico und Brigid Berlin hier während der Filmaufnahmen zu *Chelsea Girls.* 1978 erstach Sid Vicious Nancy Spungen. Leonard Cohen schrieb zwei Songs über das Hotel.

> **Aufgrund der günstigen Mieten wurden während der 1990er Jahre viele Galerien in Chelsea eröffnet. Sie haben das Viertel bereichert.**

Für 2,4 Milliarden US-Dollar wurde Chelsea Market 2018 von Google aufgekauft.

9 ⊘ ⊗ ⊡ ⊛
Rubin Museum of Art

📍 D7 🏠 150 West 17th St 🚇 14 St (1, 2, 3), 18 St (1) ☎ +1 212-620-5000 🕐 Mo, Mi 11–21, Do 11–17, Fr 11–22, Sa, So 11–18 🚫 1. Jan, Thanksgiving, 25. Dez ⊠ rubinmuseum.org

Das Museum besitzt über 2000 Bilder, Skulpturen und Textilien aus der Himalajaregion, Tibet, Indien und Nachbarstaaten. Ein Raum zeigt einen tibetischen Schrein, die Exponate zum tibetischen Buddhismus wechseln alle zwei Jahre.

Das Haus beherbergt Sonderausstellungen und bietet Konzerte, Diskussionen und Filmvorführungen. Das Café Serai im Erdgeschoss serviert Essen aus dem Himalaja. Touren finden täglich um 13 und 15 Uhr statt.

10 ⊘
Chelsea Art Galleries

📍 B6 🏠 zwischen West 19th St und West 27th St, um 10th und 11th Avenue 🚇 23 St (C, E) 🕐 meist Di–Sa 10–18 ⊠ nygallerytours.com

Galeristen haben das kulturelle Leben des Viertels deutlich bereichert. In den 1990er Jahren wurden sie vor allem von den günstigen Mieten angezogen. Es gibt etwa 150 bis 200 Galerien und Ausstellungsorte für alle möglichen Kunstformen aufstrebender junger Künstler. Zu den gefragtesten gehören P·P·O·W und David Zwirner mit provokanten Werken.

11
Hudson Yards und The Vessel

📍 B6 🏠 West 30th–33rd Street, zwischen 10th und 11th Avenue 🚇 34 St-Hudson Yards (7) 🕐 The Vessel: tägl. 10–20 ⊠ hudsonyards newyork.com

Manhattans neuestes Viertel umfasst Wolkenkratzer, zwischen denen ausgedehnte Plätze und Grünflächen angelegt wurden. Im Zentrum des Komplexes steht »The Vessel«, eine 50 Meter hohe Installation von Thomas Heatherwick. Die an einen Bienenstock erinnernde Struktur besteht aus vielen Treppen, über die man Aussichtsplattformen erreicht, von denen sich eine fantastische Aussicht – u. a. auf den Hudson River – bietet.

Weitere Highlights der Hudson Yards sind Mercado Little Spain, ein Food-Court des Starkochs José Andrés, das Kunstzentrum The Shed sowie **Edge**, die mit 335 Metern höchstgelegene öffentlich zugängliche Aussichtsterrasse der USA. Das Deck befindet sich im 100. Stockwerk eines Wolkenkratzers.

↑ *The Vessel – ein Bauwerk des englischen Architekten Thomas Heatherwick*

Der Blick von dort oben durch den Glasboden auf die Straßenschluchten New Yorks ist atemberaubend.

Edge
⊘ ⊙ 🏠 30 Hudson Yards 🕐 tägl. 8–24 ⊠ edgenyc.com

Restaurants

BCD Tofu House
Das Lokal ist auf selbst gemachten Tofu spezialisiert. Serviert wird er pur, in Fleischgerichten oder Suppen.

📍 D5 🏠 5 West 32nd St ⊠ bcdtofuhouse.com
$$$

Cho Dang Gol
Auch dieser Ort ist für Tofu bekannt – vor allem aber für *jjigae*, scharfe koreanische Feuertöpfe und Suppen.

📍 D5 🏠 55 West 35th St ⊠ chodanggol nyc.com
$$$

New Wonjo
Die Spezialität dieses Koreaners ist koreanisches Barbecue. Unter jedem Tisch befindet sich ein Holzkohlegrill.

📍 D5 🏠 23 West 32nd St ⊠ newwonjo.com
$$$

Woorijip Authentic Korean Food
Die Cafeteria ist wegen ihrer preisgünstigen Mittagsbüfetts und des Gerichts Bibimbap beliebt.

📍 D6 🏠 12 West 32nd St ⊠ woorijipnyc.net
$$$

Midtown West und Theater District

Im Herzen von Midtown liegt der Times Square mit seinen riesigen Reklameschildern, der Ort, an dem sich die Leute drängen. Der Theater District erstreckt sich nördlich der 42nd Street und bietet eine unglaubliche Dichte an Theatern und Bühnen sowie Restaurants. Sie entstanden allerdings erst, als die Metropolitan-Oper 1883 an den Broadway (Ecke 40th Street) gezogen war. In den 1920er Jahren kam der Neonglanz prächtiger Kinopaläste hinzu. Die Leuchtreklamen wurden größer und greller – bis die Straße »The Great White Way« hieß. Nach dem Zweiten Weltkrieg verlor das Kino an Faszination, dem Glamour folgte der Verfall.

Ein Wiederbelebungsprogramm in den 1990er Jahren ließ die Lichter wieder angehen und brachte das Publikum zurück. Inmitten des Trubels gibt es Inseln der Ruhe, z. B. die Public Library. Action und Ruhe zugleich findet man im Rockefeller Center.

PIER 99

PIER 98

**Central Park
und Upper West Side**
Seiten 234–249

WEST

0 Meter   200
N
0 Yards   200

WEST   57TH   ST

PIER 97

WEST   56TH   ST

PIER 96

Manhattan
Community
Boathouse

WEST   55TH   ST

WEST   54TH   ST

River

PIER 94

DeWitt
Clinton
Park

ELEVENTH

WEST   ST

TENTH   AVENUE

PIER 92

Manhattan
Cruise Terminal

TWELFTH

WEST   52ND   ST

WEST   51ST   ST

AVENUE

PIER 90

WEST   50TH   ST

Manhattan
Cruise Terminal

WEST   49TH   ST

Hell's
Kitchen

PIER 88

AVENUE

HELL'S KITCHEN

WEST   48TH   ST

WEST   47TH   ST

PIER 86

Intrepid Sea, Air,
& Space Museum

WEST   46TH   ST

Manhattan
Kayak Co

WEST   45TH   ST

PIER 84

WEST   44TH   ST

ELEVENTH

TENTH

*Hudson
River
Greenway*

WEST   43RD   ST

PIER 83

Circle Line
Boat Trip

WEST   42ND   ST   (THEATER   ROW)

PIER 81

WEST   41ST   ST

AVENUE   AVENUE

Cardinal
Stepinac Plaza

WEST   40TH   ST

Hudson

LINCOLN TUNNEL

WEST   39TH   ST

LINCOLN TUNNEL

LINCOLN TUNNEL

**Chelsea und
Garment District**
Seiten 160–171

TWELFTH

Jacob K. Javits
Convention
Center

WEST   36TH   ST

TENTH

**Midtown West und
Theater District**

34 St-
Hudson Yards 7

WEST   33RD   ST

AVENUE

AVENUE

Midtown West und Theater District

Highlights
1. Rockefeller Center
2. New York Public Library

Sehenswürdigkeiten
3. Times Square
4. SPYSCAPE
5. New York City Center
6. Bryant Park
7. Carnegie Hall
8. Museum of Arts and Design
9. Madame Tussauds New York

10. Billionaires' Row
11. Intrepid Sea, Air & Space Museum
12. Hell's Kitchen

Restaurants
1. Le Bernardin
2. Marea
3. Russian Tea Room

Rockefeller Center

📍 D3 🏠 30 Rockefeller Plaza 🅂 47–50 St-Rockefeller Ctr (B, D, F, M) 📞 +1-212-588-8601
🕐 Top of the Rock: tägl. 9 – 23 (letzter Einlass: 22:10) 🌐 rockefellercenter.com

Der weitläufige Art-déco-Komplex ist seit den 1930er Jahren das Herz von Midtown. Heute beherbergt er Fernsehstudios, Restaurants und mit Top of the Rock eine der höchsten Aussichtsplattformen der Stadt – und nicht zu vergessen: die Eislaufbahn im Winter.

Das Herz von New York

Das Art-déco-Center wurde von John D. Rockefeller Jr. in Auftrag gegeben. Entworfen wurde es von einem Team um Raymond Hood. Rockefeller hatte das Grundstück 1928 als Standort für eine neue Oper angemietet. Doch nach dem Wall-Street-Börsenkrach von 1929 gab er diesen Plan auf. Stattdessen entstanden 1931 bis 1940 14 Gebäude, sie boten in der Rezession bis zu 225 000 Menschen Arbeit. Seit 1973 besteht der Komplex aus

↑ Lichter der Großstadt – so präsentiert sich New York vom Top of the Rock aus

19 Gebäuden. Er umfasst heute die Radio City Music Hall, die 259 Meter hohe 30 Rockefeller Plaza (oder »30 Rock«), eine unterirdische Shopping-Mall, den Rainbow Room und die abgesenkte Lower Plaza.

Die Eislaufbahn am Rockefeller Center

Seit 1936 verwandelt sich die Lower Plaza des Rockefeller Center jedes Jahr in eine Eislaufbahn. Eislaufen kann man hier nach dem Prinzip »first-come, first-served«. Kommen Sie also frühzeitig (Zeiten der Website entnehmen). Von Ende November bis Anfang Januar blickt der Christbaum (der auch in einigen Shows und Filmen schon seinen Auftritt hatte) oberhalb von Paul Manships *Prometheus* auf die Eisläufer.

Schon gewusst?

Der Weihnachtsbaum des Rockefeller Center wird von 30 000 Energiesparlampen illuminiert.

← Der berühmte Christbaum des Rockefeller Center neben der Eislaufbahn

30 Rock

30 Rockefeller Plaza beherbergt seit Langem die Studios von NBC Television Network. Bei der NBC Studio Tour (www.thetouratnbcstudios.com) kann man erleben, wie die Shows von Saturday Night Live, The Tonight Show Starring Jimmy Fallon und The Today Show entstehen. Wer vor 7 Uhr kommt, kann vom Außenbereich aus an der Today Show teilnehmen.

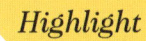

Wasserbecken säumen den Art-déco-Komplex Rockefeller Center ↑

New York Public Library

📍 D4 🏛 476 Fifth Avenue 🚇 42 St-Bryant Park (B, D, F, M) 📞 +1-917-275-6975
🕐 Mo – Sa 10 –18 (Di, Mi bis 20), So 13 –17 🔒 Feiertage 🌐 nypl.org

New Yorks Public Library gehört zu den beliebtesten öffentlichen Gebäuden der Stadt. Die Bibliothek ist sowohl wegen ihrer Beaux-Arts-Architektur als auch wegen der Bücherbestände, Ausstellungen und Kulturevents ein Anziehungspunkt.

New Yorker Beaux-Arts-Juwel

1897 wurde der begehrte Auftrag für den Entwurf des Hauptgebäudes (nun Stephen A. Schwarzman Building) der Public Library an das Architekturbüro Carrère & Hastings vergeben. Der erste Direktor der Bibliothek hatte sich einen hellen, luftigen Lesesaal vorgestellt mit einer Kapazität für Millionen Bücher, die aber für Leser sofort zugänglich gemacht werden konnten. Der Bau realisierte diese Wünsche so innovativ und überzeugend, dass er zum Inbegriff von New Yorks Beaux-Arts-Periode wurde.

Die 1911 eröffnete Bibliothek fand sofort viel Beifall. Der Hauptlesesaal (Rose Main Reading Room) erstreckt sich über zwei Blocks und ist dank zweier Innenhöfe lichtdurchflutet. Unter ihm befinden sich 142 Kilometer Regale mit über sieben Millionen Bänden.

→

Fassade der New York Public Library, das Werk der Architekten Carrère & Hastings

Im DeWitt Wallace Periodicals Room sieht man 13 Wandbilder von Richard Haas, eine Hommage an New Yorks große Verlage. Der ähnlich opulente Map Room besitzt die weltweit größte Kartensammlung. Die Bibliothek veranstaltet diverse Ausstellungen zu unterschiedlichen Themen. Kostenlose Führungen (Mo – Sa 11 und 14 Uhr) sind eine gute Gelegenheit, in diese Hallen vorzudringen.

Pu der Bär – das Original

Im Children's Center sehen Sie die Original-Plüschtiere, die A. A. Milne zu den beliebten Winnie-the-Pooh-Geschichten inspirierten. Pooh, Eeyore, Piglet, Kanga und Tigger waren in den 1920er Jahren im Besitz von Christopher Robin Milne, die Bibliothek erwarb sie 1987.

Highlight

Expertentipp
NYPL-Events

Die Bibliothek bietet diverse Events für Besucher. »Live from NYPL« ist eine Gesprächsreihe mit bekannten Autoren, Künstlern und Politikern. Die meisten Veranstaltungen finden wochentags um 19 Uhr statt. »Library After Hours« ist eine Happy Hour (manche Freitage) mit Musik, Drinks und einem Blick hinter die Kulissen der NYPL.

Map Room

Abgesehen vom imposanten Map Room besitzt die Kartensammlung der Bibliothek erstaunliche 433 000 Karten und etwa 20 000 Bücher und Atlanten vom 16. Jahrhundert bis heute. Das Personal versorgt Leser mit historischen Drucken von britischen Festungen, deutschen Karten aus dem Zweiten Weltkrieg oder historischen Karten von New York.

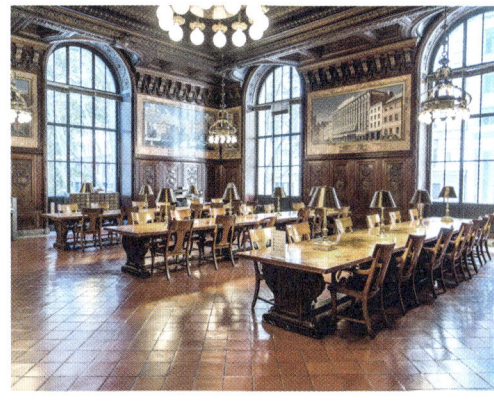

→ *Im historischen Dekor des Map Room kann man historische Karten einsehen*

↓ *Der spektakuläre Rose Main Reading Room*

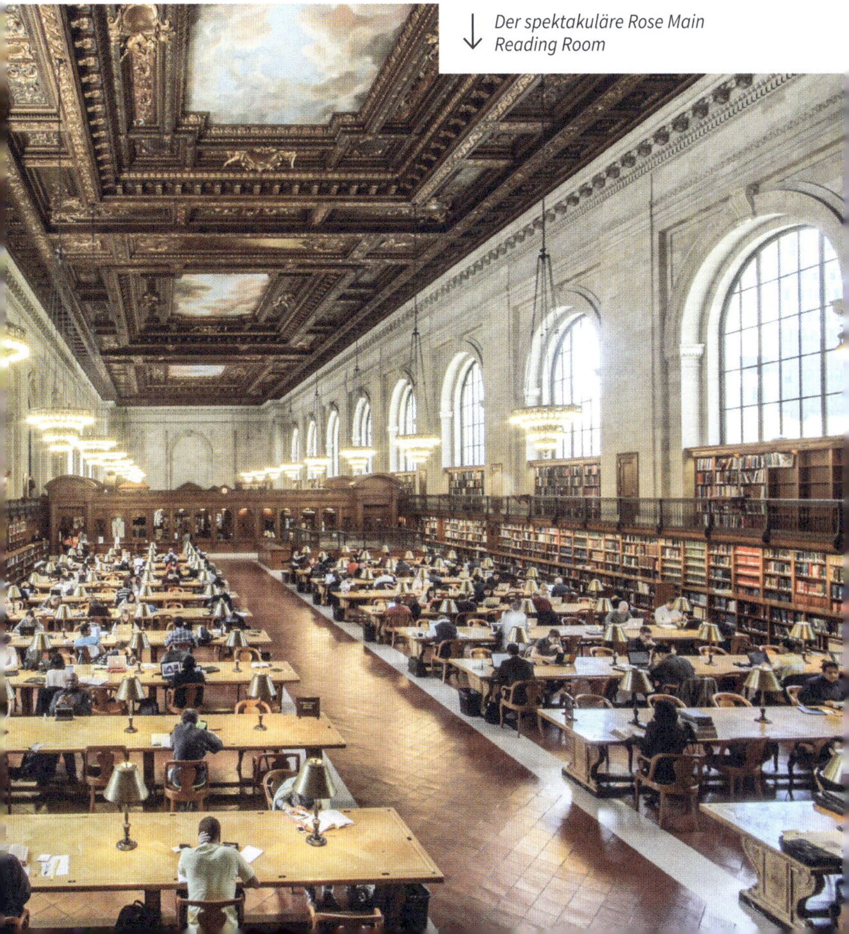

SEHENSWÜRDIGKEITEN

❸

Times Square

📍 D4 🚇 Times Sq-42 St (N, R, 1, 2, 3, 7) ℹ️ Broadway Plaza, zwischen 43rd und 44th St; tägl. 9–18 🌐 timessquarenyc.org

Hier koexistieren alte Broadway-Traditionen mit modernem Entertainment. Dank einer Umwandlung in den 1990er Jahren ist die berühmte Adresse nun ein pulsierender Ort voller Aktivitäten. Bauten wie das 1540 Broadway (früher Bertelsmann Building) und 4 Times Square (früher Condé-Nast-Büros) stehen neben klassischen Broadway-Theatern.

Obwohl *The New York Times* von ihrem einstigen Hauptsitz am südlichen Ende des Platzes ausgezogen ist, wird an Silvester immer noch die Waterford-Kristallkugel heruntergelassen, wie es seit der Eröffnung des Gebäudes 1906 Tradition ist.

Auch das Geld ist an den Broadway zurückgekehrt. Viele Theater wurden renoviert und zeigen nun zeitgenössische Produktionen. Die Theaterbesucher stürmen jeden Abend die Bars und Restaurants.

Ein neueres Wahrzeichen ist das Westin Hotel, ein 57-stöckiger Turm des Architekturbüros Arquitectonica,

---

💬 Expertentipp
Billige Tickets

Der TKTS-Kiosk am Times Square (unterhalb der roten Stufen am Broadway / West 47th Street) ist immer noch die erste Wahl für ermäßigte Tickets für Broadway-Shows. Die Schlangen sind lang, doch warten lohnt sich (www.tdf.org).

---

der den Unterhaltungs- und Shopping-Komplex E-Walk in der 42nd Street, Ecke Eighth Avenue überragt. Weitere Attraktionen sind eine Zweigstelle von Madame Tussauds in der 42nd Street *(siehe S. 182)*, ein Disney Store, eine verkehrsfreie Plaza und M&M World (1600 Broadway).

❹

SPYSCAPE

📍 C2 🏠 928 Eighth Avenue 🚇 50 St (A, C, E) 📞 +1-212-549-1941 🕐 Mo–Do 10–21, Fr 10–22, Sa, So 9–21 🌐 spyscape.com

Diese Erfahrung – halb Museum, halb interaktives Abenteuer – zielt auf Erwachsene und Teenager. Unter den Exponaten finden sich die Kopie einer Enigma-Maschine (mit der man Botschaften kodiert und dekodiert), Lügendetektoren (zum Ausprobieren) und eine Bar für Hacker. Es gibt einen Laser-Tunnel (für Geheimoperationen) und die Möglichkeit, sein eigenes Profil als Spion zu entdecken – mithilfe des einstigen Chefs des britischen Geheimdienstes.

❺

New York City Center

📍 D2 🏠 131 West 55th St 🚇 57 St (N, O, R, W) 🕐 nur bei Veranstaltungen 🌐 nycitycenter.org

Die maurisch anmutende Fassade mit ihrer hübschen Kuppel aus spanischen Fliesen wurde 1924 als Freimaurertempel entworfen. Bürgermeister LaGuardia rettete den Bau vor dem Abriss. Er wurde Heimstatt der New York City Opera (1944–64) and Ballet (1948–66). Als beide ins Lincoln Center um-

Schon gewusst?

Das Alvin Ailey American Dance Theater wurde ursprünglich 1958 in der 92nd Street Y eröffnet.

zogen, blieb das City Center weiterhin eine Bühne für Tanz.

Heute kann man hier etwa das Ensemble des Alvin Ailey American Dance Theater (Hauptsitz der Organisation: 405 West 55th St) bewundern, das modernen Tanz aufführt.

❻

Bryant Park

📍 D4 🚇 5 Av (7), 42 St-Bryant Pk (B, D, F, M) 🕐 Zeiten der Website entnehmen 🌐 bryantpark.org

Der Park ist eine Oase der Ruhe inmitten der Hochhäu-

↑ *Laue Sommerabende –*
ideal für ein Essen im Freien
im hübschen Bryant Park

ser von Midtown. Hier kann man das ganze Jahr über verschiedenen Aktivitäten nachgehen. In den Grünanlagen gibt es Fitness-Traning, Literaturevents und Aufführungen von zeitgenössischem Tanz, Open-Air-Kino mit Filmklassikern im Sommer und eine kostenlose Eislaufbahn im Winter. Zudem sind Kioske und Restaurants über den Park verstreut.

Übrigens: Auch viele New Yorker wissen nicht, dass die Public Library *(siehe S. 178f)* über eine Million Bücher in temperierten Räumen unter dem Park eingelagert hat.

1853 gab es im Bryant Park (damals Reservoir Park) einen Kristallpalast, der für die Weltausstellung des gleichen Jahres gebaut worden war. Er war der Grund für einen der ersten Touristenbooms in New York, über eine Million Besucher wollten ihn besichtigen. 1858 brannte er leider nieder.

1989 wurde der Park renoviert und erfreut seither Einheimische und Besucher.

7 Ⓜ 👜 ♿
Carnegie Hall
📍 D2 🏠 154 West 57th St
Ⓢ 57 St-7 Av (N, Q, R) 📞 +1-212-247-780 🕐 zu Konzerten 🌐 carnegiehall.org

Der von Andrew Carnegie finanzierte erste große Konzertsaal New Yorks wurde 1891 mit dem Gastdirigenten Tschaikowsky eröffnet. Viele Jahre lang war die Carnegie Hall Heimat der New York Philharmonic unter Dirigenten wie Arturo Toscanini, Bruno Walter und Leonard Bernstein. Hier zu spielen galt bald als Zeichen internationalen Erfolgs. Heute sind die Gänge mit Memorabilien derjenigen gesäumt, die hier aufgetreten sind.

Eine von dem Geiger Isaac Stern in den 1950er Jahren initiierte Kampagne verhinderte die Umwandlung des Baus, 1964 wurde er zum nationalen Wahrzeichen erklärt.

Wer kein Konzert besuchen kann, kann auch eine Tour machen (Infos auf der Website).

> ## Broadway-Theater
> Viele der alten Broadway-Theater sind verschwunden, doch 25 Oldtimer wurden unter Denkmalschutz gestellt. Das Lyceum von 1903 (149 West 45th St) ist das älteste noch bespielte Theater der Stadt. Das New Amsterdam (214 West 42nd St) war bei seiner Eröffnung 1903 das opulenteste Haus der USA und das erste mit Jugendstil-Interieur. Eine Zeit lang gehörte es Florenz Ziegfeld, der die Revue *Ziegfeld Follies* produzierte. Das Helen Hayes von 1912 (240 West 44th St) ist das kleinste Haus, das gefeierte Shubert (225 West 44th St) verbirgt hinter einer einfachen Fassade eine wunderbare Ausstattung.

8
Museum of Arts and Design

📍 C2 🏛 2 Columbus Circle
🚇 59 St-Columbus Circle (A, B, C, D, 1) ☎ +1-212-299-7777 🕐 Di – So 10 –18 (Do bis 21) 🗓 Feiertage
🌐 madmuseum.org

Das MAD zeigt in einem mit weißer Keramik verkleideten Bau über 2000 zeitgenössische Artefakte. Hier begegnet man Werken internationaler Designer und Künstler sowie allen Arten von Materialien – von Lehm über Papier, Holz, Leder, Glas, Metall bis zu Fiberglas.

Die vier jährlichen Wechselausstellungen werden von exklusiven Exponaten der Tiffany & Co. Foundation Jewelry Gallery ergänzt. Stücke von erstklassigen amerikanischen Kunsthandwerkern gibt es im Museumsladen.

9
Madame Tussauds New York

📍 C4 🏛 234 West 42nd St
🚇 Times Sq-42 St (N, Q, R, S, 1, 2, 3, 7) ☎ +1-212-512-9600 🕐 tägl. 9 – 20 (Feiertage kürzer) 🌐 madame tussauds.com/new-york

Die Filiale dieses Wachsmuseums liegt unweit vom Times Square und bietet die üblichen Wachsmodelle von Schauspielern, Promis, königlichen Hoheiten und Poli-

↑ *Wachsfigur der Ghost-busters-Darstellerin Leslie Jones, Madame Tussauds*

Diamond District

In den Schaufenstern des Diamond District (47th Street zwischen Fifth und Sixth Avenue) glitzern Juwelen. In Läden und Werkstätten werben Händler um Kunden. Der Diamantenbezirk entstand in den 1930er Jahren, als europäische Diamantenhändler vor den Nazis hierherflohen. Es findet eher Großhandel statt, aber Privatkunden sind willkommen. Es empfiehlt sich, Bargeld mitzubringen, Preise zu vergleichen und zu handeln – doch nur, wenn Sie sich mit Diamanten auskennen.

tikern. Extras (mit Extrakosten) sind Sondershows wie »Ghostbusters: Dimension Virtual Reality Experience«, wo man sich wie die Filmschauspieler verkleiden kann und einen Geist fangen darf. Bei der »Marvel 4D Cinema Experience« werden Superhelden, darunter Hulk, lebendig. Die Wachsfiguren agieren in Bereichen mit 4-D-Filmen.

10 🍴 🛍
Billionaires' Row

📍 D2 🏛 57th St 🚇 57th St (N, Q, R, W)

Der als Billionaires' Row bezeichnete Abschnitt der 57th Street zählt zu teuersten Wohnadressen in Manhattan. Die Luxusapartments sind in Wolkenkratzern untergebracht, die bei New Yorkern umstritten sind. Der Vorwurf lautet, diese »Super-Wolkenkratzer« würden lange Schatten über den Central Park werfen. Spektakulärstes Bauwerk ist der 2020 vollendete Central Park Tower (225 West 57th St) – mit 470 Metern derzeit das höchste Wohngebäude der Welt. Er wurde von Adrian Smith + Gordon Gill Architecture aus Chicago entworfen. In den unteren Stockwerken des Central

Park Tower befindet sich eine Niederlassung der Kaufhauskette Nordstrom, weshalb der Wolkenkratzer anfangs auch als Nordstrom Tower bekannt war.

Der Wolkenkratzer 111 West 57th Street zählt zu den schmalsten seiner Art weltweit, was ihm den Kosenamen »Bleistiftturm« einbrachte. Der 435 Meter hohe Entwurf des New Yorker Büros SHoP Architects wurde 2019 fertiggestellt.

»Nur« 306 Meter hoch ist One57 (157 West 57th Street). In ihm befindet sich die teuerste jemals in New York verkaufte Wohnung – ein Penthouse, das der Milliardär Michael Dell 2015 für 100,47 Millionen Dollar erwarb. Weiter östlich ragt der 2014 fertiggestellte Wolkenkrater 432 Park Avenue wie ein gewaltiger Quader 425 Meter in die Höhe, den Entwurf dafür lieferte der aus Uruguay stammende Architekt Rafael Viñoly.

2006 vollendete Norman Foster in 300 West 57th Street den Hearst Tower. Dieser Wolkenkratzer wurde auf

Der opulent ausgestattete Russian Tea Room im Modernismus-Dekor

der Basis eines bereits vorhandenen sechsstöckigen Gebäudes errichtet. Auffallend ist die aus dreieckigen Elementen zusammengesetzte Fassade. Für die Konstuktion wurde vor allem recyceltes Material verwendet (beim Stahl waren es etwa 85 Prozent).

Der Turm ist Hauptsitz des renommierten Medienkonzerns Hearst Communications, der u. a. die Zeitschriften *Cosmopolitan* und *Esquire* publiziert.

⑪ 🚲 🍴 🛍 ♿
Intrepid Sea, Air & Space Museum
📍 A4 🏠 Pier 86, West 46th St Ⓢ Times Sq-42 St (N, Q, R, S, W, 1, 2, 3, 7) 🚌 M42, M50 ☎ +1-212-245-0072 🕐 Apr–Okt: Mo–Fr 10–17, Sa, So 10–18; Nov–März: tägl. 10–17 🌐 intrepidmuseum.org

Auf der *Intrepid*, einem US-Flugzeugträger aus dem Zweiten Weltkrieg, sind u. a. Kampfjets aus den 1940er Jahren zu sehen, das Aufklärungsflugzeug *A-12 Black-* *bird*, eine *Concorde* und das U-Boot *Growler* von 1958.

In der familienfreundlichen Exploreum Hall gibt es zwei G-Force-Flugsimulatoren, ein Theater für 4-D-Bewegungsfahrten, einen Bell-47-Hubschrauber und ein interaktives U-Boot. Seit 2012 ist auch das Spaceshuttle *Enterprise* im Space Shuttle Pavilion zu sehen.

⑫ 🍴
Hell's Kitchen
📍 B3 Ⓢ 50 St (C, E)

Etwa zwischen der 30th und der 59th Street westlich des Broadway liegt Clinton, besser bekannt als Hell's Kitchen. Das heute für seine Gastro-Szene bekannte Viertel war Ende des 19. Jahrhunderts eine Enklave armer irischer Einwanderer und gehörte zu New Yorks gewalttätigsten Ecken. Als Afroamerikaner, Griechen und Puerto Ricaner zuzogen, eskalierten die Konflikte. Auf diese Bandenkriege bezieht sich Leonard Bernsteins Musical *West Side Story* (1957), das 1961 und 2021 verfilmt wurde.

Heute ist das Areal gentrifiziert. Vor allem die Ninth Avenue ist voller Restaurants, Bars und Delis. Die Schwulenszene ist so stark vertreten wie in Chelsea oder im West Village. Sie verlagerte sich hierher, als diese beiden Stadtteile zu teuer geworden waren.

Schon gewusst?
Madonna arbeitete 1982 im Russian Tea Room als Garderobenfrau.

Restaurants

Le Bernardin
Das renommierte, schön eingerichtete französische Restaurant hat sich drei Michelin-Sterne erkocht. Hier gibt es das beste Seafood der USA.

📍 D3 🏠 155 West 51st St 🕐 So 🌐 le-bernardin.com
$$$

Marea
Das renommierte italienische Fischrestaurant von Küchenchef Michael White ist bekannt für seine perfekt drapierten Menüs.

📍 C2 🏠 240 Central Park South 🕐 Mo–Fr mittags 🌐 marea restaurant.com
$$$

Russian Tea Room
Der 1927 von einem Ex-Mitglied des Kaiserlich-Russischen Balletts eröffnete Tea Room serviert russische Speisen in opulentem Ambiente.

📍 D2 🏠 150 West 57th St 🌐 russiantea roomnyc.com
$$$

Lower Midtown

Von Beaux Arts bis Art déco – dieser Teil von Midtown bietet erlesene Architektur, schicke Boutiquen und mächtige Wolkenkratzer, vor allem entlang von Fifth, Madison und Park Avenue. Das ruhige Wohnviertel Murray Hill, zwischen East 34th und East 40th Street, wurde nach einem ländlichen Anwesen benannt, das einst hier stand. Um 1900 lebten auf dem Areal viele der wohlhabendsten New Yorker Familien, darunter der Finanzier J. P. Morgan, dessen Bibliothek (heute Museum) die Pracht jener Zeit verdeutlicht.

Um die 42nd Street, nahe dem Grand Central Terminal, gibt es mehr Bürotürme. Doch keines der neueren Gebäude kann sich mit der Pracht des Beaux-Arts-Bahnhofs, der Art-déco-Schönheit des Chrysler Building oder des modernistischen UN-Komplexes am East River messen.

FIFTH AVENUE

EAST 49TH ST

EAST 48TH ST

PARK AVENUE

MIDTOWN

EAST 47TH ST

EAST 46TH ST

MADISON AVENUE

VANDERBILT AVENUE

Helmsley Building ⑨

Midtown West und Theater District
Seiten 172–183

Fred F. French Building

MetLife Building ❻

Grand Central Terminal ❶

① ② ③

WEST 44TH ST

WEST 43RD ST

One Vanderbilt

5 Av 7 Ⓢ

42 St Ⓢ B.D.F.M

FIFTH AVENUE

EAST 42ND ST

Grand Central-42 St S.4.5.6.7

Ⓢ

Ⓢ ⑤

Bower Savings Ban Buildin

Bryant Park

New York Public Library

④

EAST 41ST ST

PERSHING SQUARE

EAST 40TH ST

PARK AVENUE

EAST 39TH ST

EAST 38TH ST

Lower Midtown

Highlights
❶ Grand Central Terminal
❷ United Nations

Sehenswürdigkeiten
❸ Chrysler Building
❹ Chanin Building
❺ Bowery Savings Bank Building
❻ MetLife Building
❼ Daily News Building
❽ Ford Foundation Center for Social Justice
❾ Helmsley Building
❿ Japan Society
⓫ Church of the Incarnation
⓬ Sniffen Court
⓭ Morgan Library & Museum

EAST 37TH ST

Morgan Library & Museum ⓭

EAST 36TH ST

Church of the ⓫ Incarnation

EAST 35TH ST

EAST 34TH ST

MADISON AVENUE

Restaurants
① Grand Central Oyster Bar
② Pescatore Seafood Co.
③ The Campbell

Hotels
④ Library Hotel
⑤ Seton Hotel

33 St Ⓢ 6

PARK AVENUE

AVENUE

EAST 31ST ST

PARK AVENUE

EAST 50TH ST

Waldorf-
Astoria

Upper Midtown
Seiten 198–213

EAST 49TH ST

3

EAST 48TH ST

THIRD

SECOND

Japan
Society 10

EAST 47TH ST

DAG HAMMARSKJOLD
PLAZA

UNITED NATIONS PLAZA

*United Nations
Gardens*

EAST 46TH ST

LEXINGTON

AVENUE

AVENUE

EAST 45TH ST

**UNITED
NATIONS**

1 & 2 United
Nations Plaza

EAST 44TH ST

2

AVENUE

United
Nations

EAST 43RD ST

Chrysler
Building
3

Ford Foundation
Center for Social
Justice 8

*Tudor City
Greens*

4

EAST 42ND ST

4 Chanin
Building

Daily News
Building 7

**TUDOR
CITY**

FRANKLIN D. ROOSEVELT DRIVE

EAST
41ST ST

EAST 41ST ST

LEXINGTON

5

EAST 40TH ST

QUEENS-MIDTOWN TUNNEL

QUEENS-MIDTOWN TUNNEL

TUNNEL EXIT ST

EAST 39TH ST

TUNNEL ENTRANCE ST

AVENUE

THIRD

EAST 38TH ST

EAST
38TH ST

FIRST

EAST 37TH ST

EAST
37TH ST

AVENUE

EAST 36TH ST

EAST
36TH ST

Sniffen
Court 12

TUNNEL EXIT ST

TUNNEL ENTRANCE ST

*St. Vartan
Park*

EAST
35TH ST

5

AVENUE

EAST 35TH ST

AVENUE

EAST 34TH ST

SECOND

EAST
34TH ST

34 St
Heliport

LEXINGTON

**Gramercy und
Flatiron District**
Seiten 150–159

EAST 33RD ST

AST 32ND ST

AVENUE

AVENUE

0 Meter 200

0 Yards 200

N

6

EAST 31ST ST

① 🚇 🖼 🍽 🛍

Grand Central Terminal

📍 E4 🏠 East 42nd St 7/ Park Avenue 🚇 Grand Central (S, 4, 5, 6, 7) 🚌 M1–5, M42, M50, M101–103, Q32 🕐 tägl. 5:15–2
🌐 grandcentralterminal.com

Seit seiner Eröffnung 1913 ist das Beaux-Arts-Juwel das Tor zur Stadt und eines ihrer Wahrzeichen. Bekannt ist der Bau für die Pracht seiner Haupthalle – und die fabelhafte Oyster Bar.

Cornelius Vanderbilt (1794–1877) eröffnete 1871 an der 42nd Street einen Bahnhof, der trotz mehrfacher Umbauten nie groß genug war und schließlich abgerissen wurde. Der heutige Grand Central Terminal von 1913 hat ein mit Gips und Marmor verkleidetes Stahlgerippe. Reed & Stern planten die Logistik, Warren & Wetmore die äußere Gestaltung. Die exzellente Restaurierung von Beyer Blinder Belle versetzt Pendler und Besucher in vergangene Zeiten.

← Grandezza in Schwarz-Weiß: Das Foto von etwa 1930 zeigt Sonnenstrahlen in der Haupthalle

Römische Götter zieren die Fassade zur 42nd Street.

Die **Gewölbedecke** zeigt die Tierkreiszeichen.

Die Haupthalle hat drei **Bogenfenster**.

Vanderbilt Hall ist pure Beaux-Arts-Architektur.

Die **Treppe** lehnt sich an die der Pariser Oper an.

↑ Aufriss des beeindruckenden Grand Central Terminal

↑ *Die Haupthalle des Grand Central Terminal sowie die Fassade* (Detail)

Restaurants

Grand Central Oyster Bar
Genießen Sie Muschel-suppe, Hummer aus Maine oder Kumamoto-Austern.

📍 E4 🏠 untere Ebene 🕐 So
Ⓦ oysterbarny.com
$⑤$⑤$⑤

The Campbell
Die Cocktailbar zählt zu den elegantesten von New York.

📍 E4 🏠 15 Vanderbilt Av (nahe 43rd St)
Ⓦ thecampbellnyc. com
$⑤$⑤$⑤

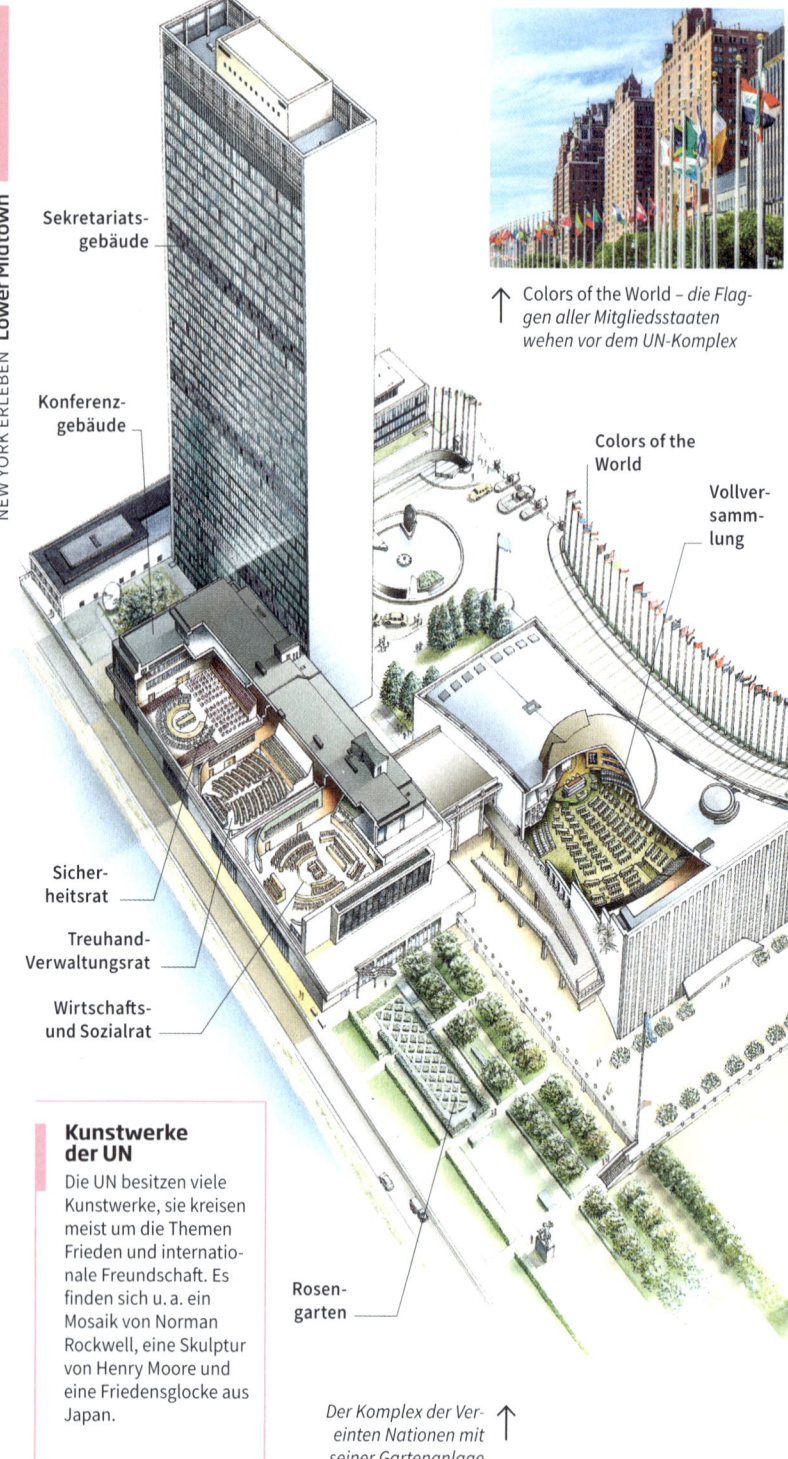

Sekretariats-
gebäude

↑ Colors of the World – *die Flag-*
gen aller Mitgliedsstaaten
wehen vor dem UN-Komplex

Konferenz-
gebäude

Colors of the
World

Voller-
samm-
lung

Sicher-
heitsrat

Treuhand-
Verwaltungsrat

Wirtschafts-
und Sozialrat

Kunstwerke
der UN

Die UN besitzen viele
Kunstwerke, sie kreisen
meist um die Themen
Frieden und internatio-
nale Freundschaft. Es
finden sich u. a. ein
Mosaik von Norman
Rockwell, eine Skulptur
von Henry Moore und
eine Friedensglocke aus
Japan.

Rosen-
garten

Der Komplex der Ver- ↑
einten Nationen mit
seiner Gartenanlage

↑ *Tagung der UN-Vollversamm-
lung unter den Wandbildern
von Fernand Léger*

United Nations

📍 F4 🏠 First Avenue / 46th St 🚇 42 St-Grand Central (S, 4, 5, 6, 7) 🚌 M15,
M42, M50 📞 +1-212-963-8687 🕐 Mo – Fr 9 –17 📅 Feiertage 🌐 visit.un.org

Manche New-York-Besucher wissen gar nicht, dass die Stadt Sitz der Vereinten Nationen ist. Die 193 Mitgliedsstaaten wollen den Weltfrieden bewahren und die wirtschaftliche und soziale Situation weltweit verbessern.

Besucher-
eingang

Die Vereinten Nationen wurden 1945 mit nur 51 Mitgliedern gegründet. John D. Rockefeller Jr. stiftete 8,5 Millionen Dollar zum Kauf des Geländes.

Die UN gliedern sich in sechs Hauptorgane. Die Vollversammlung, das Hauptgremium, tagt regelmäßig zwischen Mitte September und Mitte Dezember. Alle Mitgliedsstaaten sind mit je einer Stimme vertreten. Die Vollversammlung kann keine Gesetze verabschieden, doch ihre Beschlüsse beeinflussen die Weltmeinung.

↑ *Im Sicherheitsrat kommen die Mitglieder unter den Wandbildern des Künstlers Per Krohg zusammen*

Das mächtigste Organ der UN ist der Sicherheitsrat, der sich um den internationalen Frieden kümmert und bei Konflikten interveniert. Er ist das einzige UN-Organ, dessen Entscheidungen für die Mitgliedsstaaten bindend sind. Der Sicherheitsrat tagt ständig. China, Frankreich, Großbritannien, die Russische Föderation und die USA gehören zu den ständigen Mitgliedern, zehn nicht ständige werden von der Vollversammlung im Zweijahresturnus gewählt.

Die 54 Mitglieder des Rats arbeiten an der Verbesserung der Lebensstandards – eine Aufgabe, die 80 Prozent des UN-Budgets verbraucht.

Ein internationales Team von 16 000 Mitarbeitern ist für das Sekretariat tätig, um die alltägliche Arbeit der UN auszuführen. Es wird vom Generalsekretär geleitet, dem eine Schlüsselrolle als Sprecher bei den Friedensbemühungen zukommt.

Der Internationale Gerichtshof entscheidet bei Rechtsstreitigkeiten.

Führungen durch das Hauptquartier der UN finden montags bis freitags statt (Buchung obligatorisch).

SEHENSWÜRDIGKEITEN

❸ ♿

Chrysler Building

📍 E4 🏠 405 Lexington Avenue 🚇 42 St-Grand Central (S, 4, 5, 6, 7) 📞 +1-212-682-3070 🕐 Lobby: Mo – Fr 8 –18

William Van Alens 77-stöckiger Bau wurde für Walter P. Chrysler errichtet, einen Maschinisten der Union Pacific Railroad, der bald eine Spitzenposition in der neuen Industrie einnahm. 1925 gründete er seine Firma. Für das Hauptquartier in New York plante er ein Gebäude, das immer mit dem Goldenen Zeitalter des Automobils verbunden sein sollte. Nach Chryslers Wünschen ähnelt der Art-déco-Turm aus rostfreiem Stahl den Lamellen eines Autokühlers: Die gestuften Mauervorsprünge symbolisieren Kühlerhauben und Räder. Zudem gibt es stilisierte Autos und Wasserspeier, die den Kühlerfiguren des Chrysler Plymouth von 1929 nachgebildet sind.

Die Spitze des Baus war bis zum letzten Moment verdeckt. Nachdem sie im Heizungsschacht montiert worden war, wurde sie in Position gebracht – man

↑ Das Chanin Building ist ein Paradebeispiel für Art déco

wollte sicher sein, dass das Gebäude (320 m) höher war als die Bank of Manhattan, die gerade von Van Alens Rivalen H. Craig Severance errichtet worden war. Vergeblich – wenig später wuchs das Empire State höher.

Chrysler warf Van Alen vor, Bestechungsgelder akzeptiert zu haben, und bezahlte ihn nicht. Seine Karriere als Architekt war beendet.

Die imposante Lobby, einst Ausstellungsraum für Chrysler-Autos, ist mit Marmor und Granit verziert und mit verchromtem Stahl verkleidet. Ein Deckengemälde von Edward Trumball zeigt das Transportwesen Ende der 1920er Jahre.

Der Bau war nie Hauptsitz der Chrysler Corporation, doch der Name blieb.

❹

Chanin Building

📍 E4 🏠 122 East 42nd St 🚇 42 St-Grand Central (S, 4, 5, 6, 7) 🕐 Lobby: zu Bürozeiten

Der ehemalige Sitz des führenden New Yorker Immobilienhändlers Irwin S. Chanin

Das Chrysler Building erinnert an die frühen Tage der Automobilindustrie

war mit 56 Stockwerken der erste Wolkenkratzer in der Grand-Central-Gegend. Der Bau wurde 1929 von Sloan & Robertson entworfen und ist ein Paradebeispiel für den Art-déco-Stil. Ein Bronzeband mit Vogel- und Fischmustern zieht sich an der Fassade entlang. Die Terrakottabasis ist mit einem Gewirr aus stilisierten Pflanzen verziert. Das Interieur von René Chambellan zeigt in der Lobby Reliefs mit Stationen von Chanins Karriere.

Bowery Savings Bank Building

📍 E4 🏠 110 East 42nd St 🚇 42 St-Grand Central (S, 4, 5, 6, 7) 🕐 nach Vereinbarung 🌐 cipriani.com

Der Bau von 1923 gilt als das gelungenste Werk der Bankarchitekten York & Sawyer. Sie errichteten die Uptown-Büros der Bank (jetzt Teil der Capital One Bank) im Stil einer romanischen Basilika. Ein bogenförmiger Eingang führt in die Schalterhalle mit ihren Mosaikböden und Marmorsäulen mit Steinbogen. Zwischen den Säulen sieht man Mosaiken aus unpoliertem Marmor.

Heute finden hier Events statt. Das Restaurant Cipriani mit seinem üppigen Dekor dient oft für Festessen.

MetLife Building

📍 E4 🏠 200 Park Avenue 🚇 42 St-Grand Central (S, 4, 5, 6, 7) 🕐 Lobby: zu Bürozeiten

Einst hoben sich die Skulpturen am Grand Central Terminal gegen den Himmel ab. 1963 jedoch wurde der Koloss des Pan Am Building (Entwurf: Walter Gropius, Emery Roth und Söhne, Pietro Belluschi) davor errichtet. Er versperrte den Blick die Park Avenue entlang, ließ den Bahnhof winzig erscheinen und erregte allgemein Unwillen. Der Heliport auf dem Dach des Gebäudes wurde nach einem Unfall 1977, bei dem fünf Menschen starben und Teile des Hubschraubers in die umliegenden Straßen herunterfielen, aufgegeben. 1981 wurde das Gebäude an Metropolitan Life und später an Tishman Speyer Properties verkauft.

Es erscheint paradox, dass der Blick auf den Himmel über New York von einem Unternehmen verdeckt wurde, das Millionen Reisenden diesen Himmel erst erschlossen hatte. Als sich Pan Am 1927 formierte, war der gerade von seinem Atlantikflug zurückgekehrte Charles Lindbergh einer der Piloten und Streckenberater. 1936 führte Pan Am den transatlantischen Linienverkehr ein, 1947 folgte die erste Route rund um den Globus, 1991 war Pan Am insolvent.

Daily News Building

📍 F4 🏠 220 East 42nd St 🚇 42 St-Grand Central (S, 4, 5, 6, 7) 🕐 Mo – Fr 8 –18

Die Daily News wurde 1919 gegründet und erreichte 1925 eine Millionenauflage. Man sprach verächtlich von der »Dienstmädchenbibel«, da sich die Zeitung auf Skandale, Promis und Morde kon-

Schöne Aussicht
One Vanderbilt

One Vanderbilt (neben dem Grand Central Terminal) zählt zu New Yorks neuesten Wolkenkratzern. Die Aussichtsplattform (»Summit«) in 310 Metern Höhe bietet eine grandiose Aussicht (www.summitov.com).

zentrierte, leicht zu lesen und großzügig illustriert war. Doch dies zahlte sich letztlich aus – die Zeitung enthüllte etwa die Romanze von Edward VIII und Mrs. Simpson. Die Daily News sind für prägnante Schlagzeilen bekannt und zählen noch immer zu den auflagenstärksten Zeitungen der USA.

In dem 1930 von Raymond Hood entworfenen Hauptquartier (jetzt 4 New York Plaza) wechseln braune und schwarze Backsteinreihen mit Fenstern, was die Vertikale betont. Lobby und Fassade sind Fans der Superman-Filme als Redaktion des Daily Planet vertraut. Sie enthält den größten Globus der Welt im Inneren eines Baus. Linien auf dem Boden weisen in Richtung anderer Weltstädte und geben die Position der Planeten an. Nachts wird das Muster über dem Eingang von innen mit Neon beleuchtet. Das Gebäude ist denkmalgeschützt.

Der riesige Globus in der Lobby des Daily News Building

8

Ford Foundation Center for Social Justice
F4 320 East 43rd St
42nd St-Grand Central (S, 4, 5, 6, 7) Garten: Mo – Fr 8 –18

Der Bau von 1968 wurde von Kevin Roche entworfen und hatte als erster ein Atrium – längst Standard in Manhattan. Das von Granitsäulen getragene Atrium ähnelt einem Gewächshaus und war der erste Versuch, ein natürliches Ambiente in einem Gebäude zu schaffen. Es ist auf zwei Seiten von Büros gesäumt, man blickt durch ihre Fenster – und dennoch ist es hier sehr ruhig. Der Straßenlärm verschwindet, man hört nur das Echo von Stimmen, das Plätschern der Brunnen und das Geräusch von Schuhen auf den Ziegelwegen.

Das Ford Foundation Center unterzog sich einer größeren Renovierung, die 2018 abgeschlossen wurde. Nun gibt es einen Atriumgarten (mit 39 Pflanzenarten) sowie ein neues Auditorium.

9

Helmsley Building
E4 230 Park Avenue
42 St-Grand Central (S, 4, 5, 6, 7) für Besucher

Früher war der Blick die Park Avenue entlang nach Süden auf das Helmsley Building eine der großartigsten Ansichten New Yorks. Nun stört das monolithische MetLife Building *(siehe S. 193)* dahinter den Blick auf den Hintergrund, den Himmel.

Das 1929 von Warren & Wetmore errichtete Helmsley Building war Sitz der New York Central Railroad Company. Namensgeber war der Immobilienmagnat Harry Helmsley (1909 –1997). Der spätere Milliardär begann seine Karriere als Laufbursche mit zwölf Dollar Wochenlohn. Seine Frau Leona war auf allen Anzeigen ihrer Hotelkette zu sehen, bis sie 1989 wegen Steuerhinterziehung ins Gefängnis kam. Das extravagante Glitzern des renovierten Baus dürfte auf ihren überkandidelten Geschmack zurückgehen.

Schon gewusst?

Als Leona Helmsley 2007 starb, hinterließ sie ihrem Malteser namens Trouble zwölf Millionen Dollar.

10

Japan Society
F3 333 East 47th St
42 St-Grand Central (S, 4, 5, 6, 7) M15, M50
japansociety.org

Für das Hauptquartier der Japan Society, die 1907 zur Förderung kulturellen Austauschs zwischen den USA und Japan gegründet wurde, übernahm John D. Rockefeller III eine Bürgschaft von 4,3 Millionen Dollar. Junzo Yoshimura und George Shimamoto entwarfen das schwarze Gebäude mit den filigranen Sonnengittern 1971. Es enthält ein Museum (Okt – Juni: Di – So), einen Vortragssaal, ein Sprachen-

Midtown Manhattan
Die Skyline von Midtown zieren einige der schönsten Wolkenkratzer, von der vertraut schönen Art-déco-Spitze des Empire State bis zur dramatischen Keilspitze des Hauptquartiers der Citibank. Je weiter man am Ufer Richtung Uptown geht, desto variantenreicher wird die Architektur. Der UN-Komplex dominiert einen ganzen Streifen, bevor – am Beekman Place – exklusive Wohn-Enklaven beginnen, die den Reichen und Berühmten eine gewisse Abgeschiedenheit garantieren.

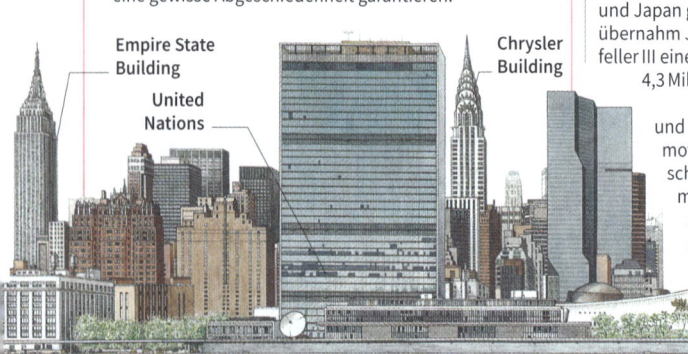

Empire State Building

United Nations

Chrysler Building

Grün und ruhig: John Sniffens hübsche Kutscherhäuser aus Backstein

Hotel

Library Hotel

Dies ist eines der schrulligsten Hotels der Stadt. Jedes Stockwerk ist einer der zehn Ebenen der Dewey-Dezimalklassifikation (zur Erschließung von Bibliotheksbeständen) gewidmet.

📍 E4 🏠 299 Madison Avenue Ⓦ libraryhotel.com
$$$

Seton Hotel

Das Boutique-Hotel ist für seine Lage nahe dem Grand Central Terminal ein Schnäppchen.

📍 E4 🏠 144 East 40th St Ⓦ setonhotelny.com
$$$

---

zentrum, eine Bibliothek sowie fernöstliche Gärten.

In Wechselausstellungen wird japanisches Kunsthandwerk gezeigt, etwa Schwerter, Rollbilder oder Kimonos. Das Zentrum bietet Kurse zu japanischem Theater, Lesungen, Sprachunterricht und viele Workshops für amerikanische und japanische Manager.

⑪ Church of the Incarnation

📍 E5 🏠 209 Madison Avenue 🚇 42 St-Grand Central (S, 4, 5, 6, 7), 33 St (6) 🕐 Mo – Fr 11:30 – 14, So 8 –13 Ⓦ churchofthe incarnation.org

Die Episkopalkirche mit Pfarrhaus entstand 1864, als in der Madison Avenue die Elite wohnte. Die Fassade aus hellem und braunem Sandstein ist repräsentativ für die Zeit. Im Inneren gibt es eine Kommunionbank aus Eiche von Daniel Chester French, ein Altargemälde von John La Farge sowie schöne Bleiglasfenster von La Farge, Tiffany, William Morris und Edward Burne-Jones.

⑫ Sniffen Court

📍 E5 🏠 150 –158 East 36th St 🚇 33 St (6)

Dies ist ein Hof mit zehn Kutscherhäusern aus Backstein, sie wurden um 1850 von John Sniffen im neoromanischen Stil errichtet. Es grenzt an ein Wunder, dass die Anlage noch existiert. Das Haus am südlichen Ende war das Atelier der Bildhauerin Malvina Hoffman. Ihre Medaillons mit griechischen Reitern zieren die Außenmauer.

⑬ Morgan Library & Museum

📍 E5 🏠 225 Madison Avenue 🚇 33 St (6) 📞 +1-212-685-0008 🕐 Di – Do 10:30 – 17, Fr 10 – 21, Sa 10 –18, So 11 –18 🚫 1. Jan, Thanksgiving, 25. Dez Ⓦ themorgan.org

Hier ist eine der weltweit besten Sammlungen seltener Manuskripe, Grafiken, Drucke, Bücher und Einbände zu sehen – zusammengetragen vom Bankier J. P. Morgan (1837–1913). Ein Atrium von Renzo Piano verbin-

det die verschiedenen Teile des Anwesens. Der palazzoartige Bau, in dem Morgan seine Sammlung lagerte, entstand 1906. Er enthält Morgans Privatbibliothek und sein Arbeitszimmer. Der Anbau von 1928 war vom Stil her ähnlich und beherbergt heute die Sammlungen. Der »Brownstone« (1850) im italienischen Stil war von 1905 bis 1943 das Wohnhaus von J. P. Morgan Jr. Heute enthält es den Morgan Dining Room und den Morgan Shop. Die Renovierung von 2006 verdoppelte die Ausstellungsfläche. Die Sammlung verzeichnet über 10 000 Grafiken und Drucke, u. a. von Leonardo da Vinci und Dürer, Manuskripte von Austen und Dickens sowie drei Gutenberg-Bibeln (von elf noch erhaltenen).

Spaziergang in Lower Midtown

Länge 2 km   **Dauer** 25 Min.
U-Bahn Grand Central-42 St

Ein Spaziergang durch Lower Midtown ist ideal, um New Yorks ausgefallenen Mix an Architekturstilen zu bewundern. Treten Sie zurück, um die Konturen der höchsten Gebäude zu bewundern, dann betreten Sie die Hochhäuser, um die grandiose Innengestaltung zu erleben – von modernen Atrien wie im Ford Foundation Center for Social Justice bis zu den ornamentalen Details des Bowery Savings Bank Building oder den atemberaubenden Hallen des Grand Central Terminal.

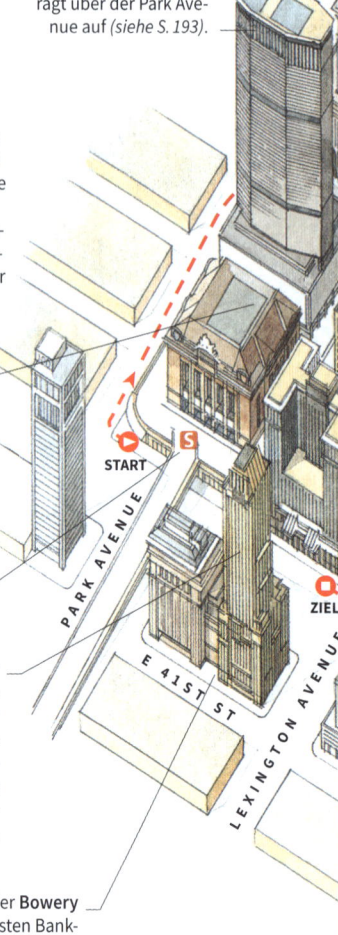

Das 1963 von Pan Am erbaute **MetLife Building** ragt über der Park Avenue auf *(siehe S. 193)*.

Das große Gewölbe des **Grand Central Terminal** ist ein imposantes Relikt aus der Glanzzeit der Eisenbahn. In dem Gebäude gibt es zahlreiche Spezialgeschäfte und Gourmetrestaurants *(siehe S. 188f)*.

START

ZIEL

Subway Grand Central-42 St (S, 4, 5, 6, 7)

PARK AVENUE

LEXINGTON AVENUE

E 41ST ST

3862

Fenster gibt es im Chrysler Building (zu putzen).

Das in den 1920er Jahren für den Immobilienhändler Irwin S. Chanin erbaute **Chanin Building** besitzt eine schöne Art-déco-Lobby *(siehe S. 192f)*.

Das frühere Hauptquartier der **Bowery Savings Bank** ist eines der schönsten Bankgebäude New Yorks. Es wurde von den Architekten York & Sawyer im Stil eines romanischen Palasts errichtet *(siehe S. 193)*.

Das **Mobil Building** von 1955 hat eine sich selbst reinigende, nicht rostende Stahlfassade mit eingestanzten geometrischen Mustern.

Beeindruckend: die Haupthalle des Grand Central Terminal

Zur Orientierung
Siehe Stadtteilkarte S. 186f

Lower Midtown

Der Eingang des **Helmsley Building** an der Park Avenue verdeutlicht den Reichtum der New York Central Railroad, die hier ihren Sitz hatte *(siehe S. 194).*

Die Ornamente des **Chrysler Building** zeigen Motive des Automobilzeitalters. Das Art-déco-Prachtstück wurde 1930 für die Autofirma Chrysler gebaut *(siehe S. 192).*

→

Apartmentblock der Tudor City, Lower Midtown

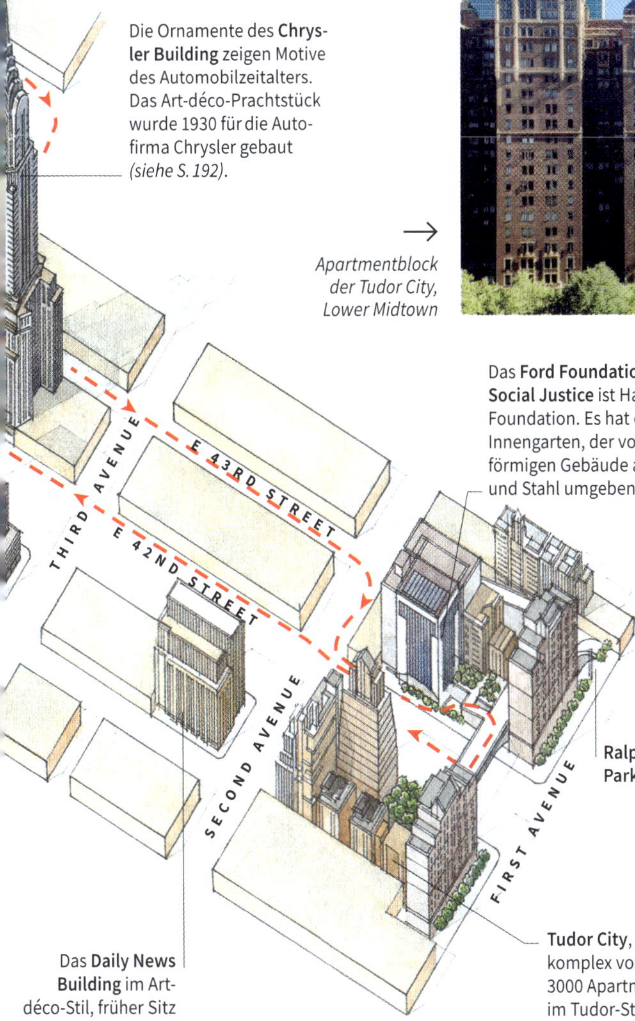

Das **Ford Foundation Center for Social Justice** ist Hauptsitz der Ford Foundation. Es hat einen reizenden Innengarten, der von einem kubusförmigen Gebäude aus Granit, Glas und Stahl umgeben ist *(siehe S. 194).*

THIRD AVENUE

E 43RD STREET

E 42ND STREET

SECOND AVENUE

FIRST AVENUE

Ralph J. Bunche Park

Tudor City, ein Wohnkomplex von 1928 mit 3000 Apartments, wurde im Tudor-Stil errichtet und weist schöne Steinmetzarbeiten auf.

Das **Daily News Building** im Art-déco-Stil, früher Sitz der *Daily News*, hat in der Lobby einen sich drehenden Globus *(siehe S. 193).*

Upper Midtown

Das Viertel der Kirchen, Synagogen, Museen, Clubs, berühmten Geschäfte, Grandhotels, innovativen Wolkenkratzer und Luxuswohnungen ist das »gehobene« New York.

Upper Midtown war einst auch das Viertel der Upper Class, etwa der Astors und Vanderbilts. Im Waldorf Astoria Hotel (1931) wurde der Waldorfsalat kreiert, in der King Cole Bar im St. Regis Hotel wurde 1934 erstmals Bloody Mary serviert. In den 1950er Jahren entstanden das Lever House und das Seagram Building – Meilensteine der Architektur. 1939 bezog das Highlight des Viertels, das weltberühmte Museum of Modern Art (MoMA), sein Gebäude in Upper Midtown.

Upper Midtown

Highlights
1 Museum of Modern Art (MoMA)
2 St. Patrick's Cathedral

Sehenswürdigkeiten
3 Fifth Avenue
4 Waldorf Astoria
5 Tiffany & Co.
6 Paley Center for Media
7 Central Synagogue
8 General Electric Building
9 St. Bartholomew's Church
10 Seagram Building
11 Citigroup Center
12 Lever House
13 Roosevelt Island
14 Franklin D. Roosevelt Four Freedoms Park

Restaurants
① The Modern
② Palm Court
③ 21 Club

Bars
④ King Cole Bar
⑤ P. J. Clarke's

THIRD AV

Central Park Zoo

S Lexington Av-63 St
F

Bird Sanctuary

DORIS C. FREEDMAN PLAZA

Christ Church United Methodist

Lexington Av-59 St N.R.W S

EAST 61ST

EAST 60TH

S 5 Av-59 St N.W.R

Bloomingdale's

WEST 59TH ST

Grand Army Plaza

Apple Store

MADISON

PARK

EAST 59TH ST
S 59 St 4.5.6

Plaza Hotel ②

WEST 58TH ST

EAST 58TH ST

AVENUE

WEST 57TH ST

FIFTH

IBM Building

Fuller Building

EAST 57TH ST

OF

S 57 St F

⑤ Tiffany & Co.

432 Park Avenue

EAST 56TH ST

THE

WEST 56TH ST

AV

EAST 55TH ST ⑤

AMERICAS

WEST 55TH ST

④

Central Synagogue **7**

EAST 55TH ST

(SIXTH

Museum of Modern Art (MoMA) **1** ①

Fifth Avenue **3**

Lever House **12**

Citigroup Center **11**

EAST 54TH ST

AV)

WEST 53RD ST

S 5 Av-53 St E.M

Villard Houses

Seagram Building **10**

LEXINGTON

S Lexington Av-53 St E.M

EAS

SWING ST

Paley Center for Media **6** ③

Racquet and Tennis Club

EAS

WEST 51ST ST

St. Patrick's Cathedral **2**

FIFTH

MADISON

St. Bartholomew's Church

PARK

General Electric Building **9** **8**

S 51 St 6

THIRD

EAS

EA

Waldorf Astoria **4**

AV

AV

EAST 49TH

AV

EAST 48TH

Midtown West und Theater District
Seiten 172–183

MIDTOWN

Helmsley Building

Lower Midtown
Seiten 184–197

D

E

EAST 45TH ST

Museum of Modern Art (MoMA)

📍 D3 🏠 11 West 53rd St zwischen Fifth Avenue und Avenue of the Americas 🚇 5 Av-53 St (E, M) 🚌 M1–5, M50, Q32 📞 +1-212-708-9400 🕐 tägl. 10:30 –17:30 (Sa bis 19) 🚫 Thanksgiving, 25. Dez 🌐 moma.org

Das Kraftwerk für moderne Kunst, das liebevoll MoMA abgekürzt wird, besitzt eine der weltbesten Sammlungen von Kunst des späten 19. und des 20. Jahrhunderts.

Das 1929 gegründete Museum hat schon immer Standards gesetzt. Das erste Museum, das ausschließlich moderner Kunst gewidmet war, zog 1939 von seinem kleinen Ausstellungsort in der Fifth Avenue an seinen heutigen Standort. Im Lauf der Jahrzehnte erhielt es mehrere Erweiterungen. Nach einer Umbauphase wurde es 2004 wiedereröffnet, der neueste Umbau wurde 2019 abgeschlossen. Die Glasfassaden des Baus lassen viel Licht ins Innere und ermöglichen den Blick auf den Abby Aldrich Rockefeller Sculpture Garden. Das MoMA besitzt etwa 200 000 Werke von über 18 000 Künstlern – von Klassikern des Postimpressionismus bis zu einer einzigartigen Sammlung moderner und zeitgenössischer Kunst. Zudem finden sich Glanzstücke modernen Designs und frühe Meisterwerke der Fotografie- und Filmkunst. Es gibt Führungen für Gruppen (Infos auf der Website).

Kurzführer

Erdgeschoss

▽ Die Eingänge befinden sich in der 53rd und 54th Street. Die Sammlungen im Erdgeschoss sind gratis zu besichtigen. Auf dieser Ebene liegen auch der zentrale Museumsladen, das Restaurant The Modern, der Skulpturengarten und das Film Center.

Erster Stock

Außer einem weiteren Shop und dem Café 2 beherbergt der erste Stock Abteilungen zeitgenössischer Kunst (Galerien 201 – 216, das Creativity Lab und das Atrium).

Zweiter Stock

Der zweite Stock umfasst die Steichen, Johnson und Menschel Galleries mit zeitgenössische Werken. Yoko Onos Installation *Peace is Power* ist hier ebenfalls zu sehen.

↑ *Fassade des MoMA sowie Pablo Picassos* Les Demoiselles d'Avignon *von 1907* (Detail)

Dritter Stock

Die Galerien 400–421 zeigen Arbeiten aus den 1940er bis 1970er Jahren, Galerie 406 auch *La Piscine* von Henri Matisse. Zudem präsentiert diese Ebene audiovisuelle Arbeiten.

Fünfter Stock

Im fünften Stock gibt es Sonderausstellungen sowie einen weiteren Museumsshop und das Terrace Café.

Vierter Stock

◁ In den Galerien 500–523 sieht man Werke aus den 1880er bis 1940er Jahren, darunter auch Meisterwerke wie *La Danse* von Henri Matisse und Claude Monets *Seerosen*. Vor Galerie 500 befindet sich ein gemütliches Terrassencafé.

Mutige Ladys

Das MoMA wurde von drei bemerkenswerten Frauen ins Leben gerufen. Abby Aldrich Rockefeller (Frau von John D. Rockefeller Jr.), Lillie P. Bliss und Mary Quinn waren Freundinnen und teilten die Liebe für moderne Kunst. Das Met hatte sich jedoch in den 1920er Jahren geweigert, zeitgenössische Werke auszustellen. Ohne die Hilfe von J. D. (er hasste moderne Kunst) beschafften die Frauen das nötige Geld und finanzierten 1929 das erste bescheidene Museum (730 Fifth Avenue).

MoMA: Überblick

Nach einer umfassenden Renovierung wurde das MoMA 2019 wiedereröffnet und präsentiert seine Sammlungen moderner und zeitgenössischer Kunst nun vollkommen neu. Eine zentrale Änderung ist der Austausch der Bestände jeweils alle sechs bis neun Monate. Dadurch sind auch die berühmtesten Gemälde des MoMA nicht dauerhaft ausgestellt. Wer ein bestimmtes Werk sehen möchten, sollte sich vorher auf der Website informieren.

Die einzelnen Etagen des Museums orientieren sich grob an historischen Epochen. Einzelne Galerien sind thematisch ausgerichtet, andere widmen sich verschiedenen Genres – in manchen Räumen können neben Bildern auch Fotografien, Videos und Skulpturen platziert sein. Dieser innovative Ansatz bedeutet, dass Sie vielleicht nach einer Galerie voller Gemälde von Henri Matisse oder Andy Warhol einen Raum er-

reichen, der Kriegsfotografien oder Nachbildungen von Wolkenkratzern präsentiert.

Das MoMA birgt auch einige gemütliche Loungebereiche, darunter die Daniel & Jane Och Lounge im zweiten Stock, von der man einen schönen Blick auf den Skulpturengarten genießt.

Zu den weiteren Besonderheiten des MoMA gehört das Creativity Lab mit seinen vielen interaktiven Stationen. Hier können Besucher selber Hand anlegen, Künstler stehen dabei mit Rat und Tat zur Seite. Blöcke und Zeichenmaterial liegen bereit, um den schönen Blick auf die 54th Street zeichnerisch festzuhalten. Die Themen der angebotenen Workshops ändern sich jährlich.

Spannend ist auch das Studio im dritten Stock. Es dient als Bühne und Präsentationsraum für Performances wie Tanzdarbietungen, Filmvorführungen, Konzerte und andere Formen darstellender Kunst. Zudem zeigt es Arbeiten von Künstlern wie Okwui Okpokwasili, Adam Linder und Shahryar Nashat.

Sehenswert sind darüber hinaus die Kunstwerke, die als Auftragsarbeiten eigens für das MoMA

TOP 5 Nicht versäumen

Sternennacht
Vincent van Goghs magisches Gemälde (1889) entstand wohl in einer Nervenheilanstalt.

Les Demoiselles d'Avignon
Pablo Picassos Werk (1907) ist ein Meilenstein des Kubismus.

Seerosen
Claude Monets monumentales *Seerosen*-Bild entstand um 1920.

Die zerrinnende Zeit
Salvador Dalí schuf das bekannteste Bild (1931) des Surrealismus.

Campbell's Soup Cans
Das ultimative Pop-Art-Werk (1962) stammt von Andy Warhol.

gestaltet wurden. Dazu gehören *Hello Again* von Haim Steinbach in der Lobby, *Full Scale False Scale* von Experimental Jetset im Café 2 und *Fossil Psychics for Christa* von Kerstin Brätsch im Terrace Café.

Filmabteilung
Mit über 22 000 Filmen und vier Millionen Standfotos veranstaltet die Abteilung Ausstellungen und Kinoprogramme. Ein Schwerpunkt ist die Filmkonservierung, viele Regisseure haben Kopien ihrer Filme dem MoMA vermacht.

Schon gewusst?
Bei der 2019 vollendeten Renovierung wurden fast 4000 Quadratmeter Ausstellungsfläche ergänzt.

↑ Le Rêve *(1910) ist eine Dschungel-Imagination von Henri Rousseau*

MoMA: Highlights

Auch wenn die Ausstellungen im MoMA regelmäßig wechseln – im vierten Stock werden jederzeit Meisterwerke gezeigt, darunter häufig *Die Badenden* von Paul Cézanne und *Sternennacht* von Vincent van Gogh. Fauvismus und Expressionismus sind mit Gemälden von Künstlern wie André Derain, Ernst Ludwig Kirchner, Egon Schiele und Wassily Kandinsky gut vertreten. Halten Sie Ausschau nach Fernand Légers monumentalen *Les Trois Femmes*.

Les Demoiselles d'Avignon von Pablo Picasso markiert den Übergang zum Kubismus. Das MoMA verfügt über eine beispiellose Anzahl kubistischer Gemälde und bietet einen Überblick über diese Stilrichtung, die unsere Wahrnehmung radikal infrage gestellt hat.

Zu den Werken von Henri Matisse gehört *La Danse*, unter den Surrealisten sind Salvador Dalí, Joan Miró und Max Ernst zu bewundern. Im vierten Stock finden Sie ein *Selbstporträt* von Frida Kahlo.

Abstrakter Expressionismus bildet einen Schwerpunkt im dritten Stock. Zu den Werken gehören Willem de Koonings *Woman, I*; Mark Rothkos *Red, Brown and Black* sowie Jackson Pollocks *One: Number 31*.

Unter den Glanzlichtern der Pop-Art sind Roy Lichtensteins *Drowning Girl* und Claes Oldenburgs *Giant Soft Fan* vertreten. Das MoMA bietet zudem einen guten Überblick über das Gesamtwerk von Andy Warhol, gezeigt wird u. a. *Gold Marilyn Monroe*.

Werke von Keith Haring, Jeff Koons und Jean-Michael Basquiat teilen sich den ersten Stock mit Arbeiten chinesischer Künstler wie etwa Xu Bing und Chen Zhen sowie

des deutschen Fotografen Wolfgang Tillmans und die zum Nachdenken anregenden Scherenschnitte von Kara Walker. Richard Serras *Equal*, acht Stahlkisten, die paarweise gestapelt sind, ist im MoMA ein eigener Raum gewidmet.

Der Skulpturengarten mit zwei asymmetrischen Brunnenbecken zeigt Werke u. a. von Matisse, Picasso und Aristide Maillol.

Restaurant

The Modern

Danny Meyers zeitgenössisches Edelrestaurant im MoMA blickt auf den Abby Aldrich Rockefeller Sculpture Garden. Auf der amerikanisch geprägten Speisekarte finden sich: Hummer aus Maine, Rindfleisch mit einer Kruste aus reifem Comté oder in Krabbenbutter gerösteter Blumenkohl.

📍 D3 🏠 Erdgeschoss des MoMA
📞 +1-212-333-1220
🗓 So
$ $ $

← *Mit Wolkenspiegelungen: Claude Monets* Seerosen-Triptychon *(um 1920)*

2 🛍️ ♿

St. Patrick's Cathedral

📍 E3 🏠 Fifth Avenue / 50th St 🔵 51 St (6), Lexington Av-53 St (E, M) 🚌 M1– 5, M50, Q32 ☎ +1-212-753-2261 🕐 tägl. 6:30 – 20:45 🌐 saintpatrickscathedral.org

Die imposante neogotische Kirche wirkt klein zwischen den Hochhäusern, doch sie gehört zu den größten katholischen Kathedralen der USA. Das wundervolle Gotteshaus, das während des Bürgerkriegs errichtet wurde, bietet ein reich ausgestattetes Inneres.

Die römisch-katholische Kirche wollte hier ursprünglich einen Friedhof anlegen. 1850 wählte Erzbischof John Hughes das Grundstück jedoch als Standort für die Kathedrale – unbeirrt von der Kritik, der Ort liege zu weit von der (damaligen) Stadtgrenze entfernt. Nach Plänen des Architekten James Renwick entstand bis 1878 das prächtigste neogotische Bauwerk New Yorks für rund 2500 Gläubige. Die Türme wurden 1885 – 88 hinzugefügt. Der Kirchenbau kostete die damals enorme Summe von zwei Millionen Dollar.

Die **Lady Chapel** ist der heiligen Jungfrau gewidmet.

Die **Fassade** schmückt weißer Marmor. Die Türme sind 101 Meter hoch.

1 *Die Fassade von St. Patrick's*

2 *Der große Baldachin über dem Hochaltar besteht komplett aus Bronze. Statuen von Heiligen und Propheten schmücken die vier Stützpfeiler.*

3 *Die massiven Bronzetüren wiegen neun Tonnen. Die Figuren stellen Heilige dar.*

Saint Elizabeth Ann Seton

Elizabeth Ann Seton (1774 –1821) war die erste Amerikanerin, die heiliggesprochen wurde. Sie wurde in New York geboren, lebte von 1801 bis 1803 in Lower Manhattan und gründete die American Sisters of Charity. In St. Patrick's befindet sich ein Schrein mit ihrer Statue.

Der Bildhauer
William O. Part-
ridge schuf 1906
die **Pietà**, die an
der Seite der Lady
Chapel steht.

Baldachin

*Die neogotische
St. Patrick's
Cathedral*
↓

Die **Kreuzwegstatio-
nen** erhielten bei der
Weltausstellung 1893
in Chicago den ersten
Preis für Sakralkunst.

Die **Fensterrose** (acht Meter
Durchmesser) erstrahlt über
der großen Orgel.

**Bronze-
türen**

SEHENSWÜRDIGKEITEN

*Das Waldorf Astoria,
seit den 1930er Jahren
das Hotel der Reichen
und Berühmten* ↑

❸
Fifth Avenue
📍 E3 🚇 5 Av-53 St (E, M),
5 Av-59 St (N, R, W)

William Henry Vanderbilt ließ sich 1883 an der Ecke Fifth Avenue / 51st Street ein Stadtpalais errichten. Andere vornehme Familien folgten, bald reihten sich bis zum Central Park palastartige Residenzen aneinander. Eine der noch erhaltenen ist Nr. 651 – heute Sitz von Cartier. Einst gehörte sie dem Millionär Morton F. Plant, der auch Präsident des New York Yacht Club war. Ab 1906 siedelten sich immer mehr Läden in der Fifth Avenue an, woraufhin die feine Gesellschaft nach Uptown auswich.

1917 übergab Plant das Haus an Pierre Cartier.

Seither ist die Fifth Avenue ein Synonym für Luxus. Cartier, Louis Vuitton, Tiffany und Bergdorf Goodman stehen für Wohlstand und Ansehen – wie einst die Familie Vanderbilt.

❹
Waldorf Astoria
📍 E3 🏠 301 Park Avenue
🚇 Lexington Av, 53 St (E, M)
📞 +1-212-872-1230 🌐
waldorfastoria3.hilton.com

Das Waldorf Astoria – ein Artdéco-Klassiker und zweifellos eines der nobelsten Hotels New Yorks – erinnert an glanzvolle Zeiten. Der Bau wurde 1931 nach Plänen von Schultze & Weaver errichtet und belegt einen ganzen Block. In seinen 190 Meter hohen Zwillingstürmen residierten u. a. Cole Porter, Frank Sinatra, alle US-Präsidenten seit 1931 und weitere Berühmtheiten.

❺
Tiffany & Co.
📍 E2 🏠 727 Fifth Avenue
🚇 5 Av-53 St (E, M), 5 Av-59 St (N, R, W) 🕐 Mo – Sa 10 –19, So 12 –18
🌐 tiffany.com

Das bekannte Juweliergeschäft, das Truman Capote in seinem berühmten Kurzroman *Frühstück bei Tiffany* (1958) unsterblich machte, wurde 1837 gegründet – ein Muss für Literatur- und Filmfreunde. Meist ist der berühmte Tiffany-Diamant ausgestellt. Der gelbe Edelstein (128,54 Karat), der 1877 in Südafrika entdeckt worden war, wurde ein Jahr später vom Gründer Charles Tiffany erworben. Der einzigartige

---

Klassische Department Stores

Das 1872 gegründete Bloomingdale's gilt noch immer als Synonym für gutes Leben, dabei hatte es bis in die 1960er Jahre ein Billig-Image. Seit 1928 verkauft das dezent-elegante Bergdorf Goodman europäische Designer-Labels zu gehobenen Preisen, es hat zudem die fantasievollsten Schaufensterdekorationen an Weihnachten. Saks Fifth Avenue steht seit 1924 für Luxus, als Horace Saks und Bernard Gimbel hier Kaufhäuser eröffneten.

Art-déco-Stil mit viel altem Holz und grünem Marmor wird von der Romanfigur Holly Golightly wie folgt beschrieben: »Es beruhigt mich sofort … hier kann mir nichts Schlimmes zustoßen.« *Breakfast at Tiffany's* ist jetzt Realität geworden: im Blue Box Café im dritten Stock (Reservierung empfohlen).

Während der vermutlich bis 2023 andauernden Renovierungsarbeiten ist das Geschäft nebenan (6 East 57th St) untergebracht.

6

Paley Center for Media

📍 D3 🏠 25 West 52nd St
🚇 5 Av-53 St (E, M) 📞 +1-
212-621-6600 🕐 Mi – So
10–18 (Do bis 20) 🔒 Feiertage 🌐 paleycenter.org

In dem einzigartigen Museum kann man Nachrichten- und Unterhaltungssendungen, Sportberichte und Dokumentarisches von den Anfängen bis zur Gegenwart verfolgen.

Musikfans bewundern die Beatles in der Ed Sullivan Show von 1964 oder das Fernsehdebüt von Elvis Presley. Für Comedyfans gibt es Shows wie die von Lucille Ball, dem TV-Star der 1960er Jahre. Sportbegeisterte erleben Olympia-Wettkämpfe, Geschichtsinteressierte können sich mit Filmdokumenten aus dem Zweiten Weltkrieg beschäftigen.

Aus mehr als 50 000 archivierten Sendungen kann man jeweils sechs Titel auswählen. Die Auswahl kann

man sich in kleinen separaten Bereichen ansehen. Es gibt auch größere Vorführräume sowie ein Kino mit 200 Plätzen, in dem Retrospektiven zu Schauspielern und Regisseuren laufen. Zu den Exponaten der Ausstellungen gehören auch Fotografien und Memorabilien.

Der Eintritt ist frei, Spenden werden gern gesehen.

7

Central Synagogue

📍 E2 🏠 652 Lexington Avenue 🚇 Lexington Av-53 St (E, M) 🕐 Di, Mi 12–14 🌐 centralsynagogue.org

Die älteste genutzte Synagoge New Yorks wurde 1870 nach Plänen von Henry Fernbach errichtet. Der Einwanderer aus Schlesien war der erste prominente jüdische Architekt der USA. Von ihm stammen einige schöne Gusseisen-Gebäude in SoHo *(siehe S. 121)*. Die Synagoge gilt als markantestes Beispiel für den neomaurischen Stil.

Die Gemeinde Ahawath Chesed (Liebe der Barmherzigkeit) wurde 1846 in der Ludlow Street in der ärmlichen Lower East Side von

Restaurants

Palm Court
Der ideale Ort für den Afternoon Tea unter Palmen und Glasdach.

📍 D2 🏠 Fifth Avenue beim Central Park South (The Plaza) 🌐 theplazany.com

💲💲💲

21 Club
Das für klassische und moderne amerikanische Küche bekannte legendäre Restaurant wurde 2020 geschlossen. Es gibt aber Pläne zur Wiedereröffnung, Details finden Sie auf der Website.

📍 D3 🏠 21 West 52nd St 🔒 So 🌐 21club.com

💲💲💲

18 Neuankömmlingen aus Böhmen gegründet.

Führungen finden mittwochs um 12:45 Uhr statt.

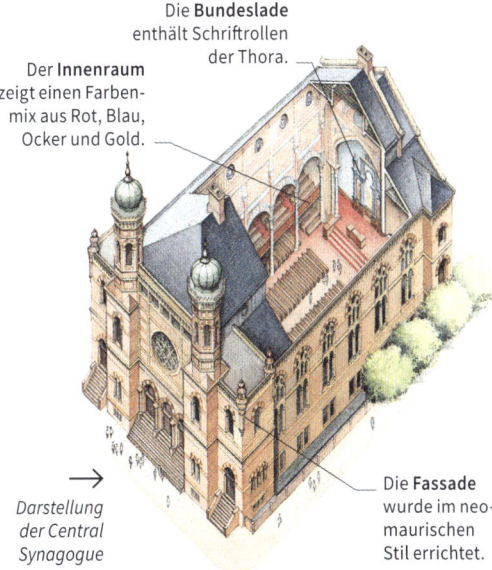

Die **Bundeslade** enthält Schriftrollen der Thora.

Der **Innenraum** zeigt einen Farbenmix aus Rot, Blau, Ocker und Gold.

→ *Darstellung der Central Synagogue*

Die **Fassade** wurde im neomaurischen Stil errichtet.

❽ General Electric Building

📍 E3 🏠 570 Lexington Avenue 🚇 51 St (6)
🔒 für Besucher

Die Architekten Cross & Cross erhielten 1931 den Auftrag zum Bau eines Hauses, das ein harmonisches Ensemble mit St. Bartholomew's bilden sollte. Die Aufgabe erfüllten sie mit Bravour. Der Turm wirkt wie eine Ergänzung zur polychromen Kuppel des Gotteshauses, bildet aber einen reizvollen Kontrast zu dessen Farbe. Von der Ecke Park Avenue / 50th Street sieht man, wie gut die Verbindung gelungen ist. Das Gebäude gibt nicht nur einen reizvollen Hintergrund ab, sondern ist selbst ein Kunstwerk. Das Art-déco-Juwel ist ein Glanzstück – von der Chrom-Marmor-Lobby bis zu seiner Zackenspitze.

Einen Block nördlich in der Lexington Avenue wurde die berühmte Szene für *Das verflixte 7. Jahr* gedreht, in der Marilyn Monroes weißes Kleid von einem Luftstoß aus einem U-Bahn-Schacht erfasst und hochgewirbelt wird.

↑ *Der Kirchenbau von St. Bart's – von Hochhäusern flankiert*

❾ St. Bartholomew's Church

📍 E3 🏠 325 Park Avenue 🚇 51 St (6) 🕐 tägl. 9–18 (Do bis 19:30, So bis 20:30)
🌐 stbarts.org

Die rötliche Backsteinkirche mit der bemerkenswerten byzantinischen Goldkuppel nennen die New Yorker »St. Bart's«. Das schmucke Gebäude brachte 1919 Farbe und Abwechslung in die Park Avenue.

Der Architekt Bertram Goodhue setzte dem Bauwerk ein romanisches Portal vor, das Stanford White für die ursprüngliche, 1903 errichtete Kirche St. Bartholomew's an der Madison Avenue entworfen hatte. Für die Kapelle wurden Marmorsäulen der älteren Kirche verwendet.

St. Bartholomew's bietet ein ausgezeichnetes Konzertprogramm.

❿ Seagram Building

📍 E3 🏠 375 Park Avenue 🚇 5 Av-53 St (E, M) 🕐 Lobby: zu Bürozeiten

Samuel Bronfman, Besitzer der Seagram-Branntwein-

← *General Electric Building mit gotischen Türmchen und fantasievollen Steinmetzarbeiten*

brennerei, wollte ein ganz normales Geschäftshaus bauen lassen. Auf Drängen seiner Tochter, der Architektin Phyllis Lambert, beauftragte er dann jedoch Mies van der Rohe mit der Planung. Das Resultat, zwei Quader aus Bronze und Glas, in die viel Licht fällt, gilt als das gelungenste der modernen Gebäude der 1950er Jahre.

⓫ Citigroup Center

📍 E3 🏠 601 Lexington Avenue 🚇 5 Av-53 St (E, M) 🔒 für Besucher

Das aluminiumverkleidete Citigroup Center ruht auf vier zehngeschossigen Pfeilern und sticht mit seinem Schrägdach aus der New Yorker Skyline hervor. (Der Plan, dort Sonnenkollektoren zu installieren, wurde nie realisiert.) Bei seiner Fertigstellung 1978 war der ungewöhnliche Bau eine Sensation.

Bars

King Cole Bar
Der Geburtsort der Bloody Mary besitzt ein Wandbild von Maxfield Parrish. Unter den Gästen waren Marilyn Monroe und Joe DiMaggio.

📍 E2 🏠 St. Regis Hotel, 2 East 55th St
📞 +1-212-753-4500

P. J. Clarke's
Das unprätentiöse, aber geschichtsträchtige Pub existiert seit 1884. Hier machte Buddy Holly 1958 seiner Frau einen Heiratsantrag – fünf Stunden, nachdem er sie getroffen hatte.

📍 F2 🏠 915 Third Avenue
🌐 pjclarkes.com

Die Seilbahn über den Fluss nach Roosevelt Island ↑

In der Nordwestecke der Konstruktion befindet sich St. Peter's Lutheran Church. Die Erol-Beker-Kapelle im Inneren wurde von der Bildhauerin Louise Nevelson gestaltet. Die Kirche ist bekannt für Jazzgottesdienste, Theateraufführungen und Orgelkonzerte (meist mittwochs um 12 Uhr).

12 🍴 Lever House

📍 E3 🏠 390 Park Avenue
Ⓢ 5 Av-53 St (E, M)
🕐 Kunstsammlung: Mo – Fr 11 – 19

Die Errichtung des ersten Glas-Stahl-Gebäudes, in dessen Fassade sich die soliden Wohnhäuser entlang der Park Avenue spiegelten, war eine Sensation. Der Entwurf der Architekten Skidmore, Owings & Merrill – auf einen horizontalen Quader ist ein weiterer Quader hochkant gestellt – hatte immensen Einfluss auf den modernen Städtebau. Die klare, von allen Seiten lichtdurchlässige Konstruktion stand für die Seifenprodukte der Firma Lever Brothers (ab 1930 Unilever).

So revolutionär das Lever House 1952 war, so unscheinbar wirkt es heute zwischen den zahlreichen Nachahmerbauten seiner Umgebung. Seiner Bedeutung als Meilenstein der Architekturgeschichte tut dies keinen Abbruch. Das Restaurant Casa Lever ist ein Edellokal.

In der Lobby des Gebäudes ist eine sehenswerte Kunstsammlung untergebracht.

13 Roosevelt Island

📍 G2 Ⓢ Roosevelt Island (F) 🌐 rioc.ny.gov

Roosevelt Island inmitten des East River ist ein oft übersehenes Areal der Stadt. Auf der Insel leben etwa 13 000 Menschen. Von den Ureinwohnern wurde sie Minnahannock genannt. 1686 erwarb sie der englische Farmer Robert Blackwell und nannte sie Blackwell's Island.

1921 war sie als Welfare Island bekannt, lag aber bis in die 1950er Jahre weitgehend brach. In den 1970er Jahren setzte eine Neuerschließung ein, die Insel wurde zur beliebten Wohnadresse. Heute gibt es hier eine luftige Promenade mit grandiosem Blick auf Midtown. Seit 1976 führt eine Seilbahn (Aerial Tramway, Second Avenue / 60th Street) über den Fluss.

 Entdeckertipp
Seilbahn über den East River

Auch wenn Roosevelt Island nicht an oberster Stelle auf Ihrer Sightseeing-Liste steht: Sie sollten sich zumindest die dreiminütige Fahrt mit der Aerial Tramway in 76 Meter Höhe über dem East River gönnen.

14 Franklin D. Roosevelt Four Freedoms Park

📍 G3 🏠 1 FDR Four Freedoms Park, Roosevelt Island
Ⓢ Roosevelt Island (F) 🕐 Apr – Sep: Mo, Mi – So 9 – 19; Okt – März: Mo, Mi – So 9 – 17
🌐 fdrfourfreedomspark.org

Am Südende von Roosevelt Island liegt der Franklin D. Roosevelt Four Freedoms Park, der in den 1970er Jahren von Louis Kahn entworfen, aber erst 2012 fertiggestellt wurde. Der dreieckige Park weist an der Spitze ein Bronzeporträt des 32. Präsidenten auf. Nahebei sind die »Vier Freiheiten« in Granit gemeißelt. 1941 formulierte Franklin D. Roosevelt diese vier als Freiheit der Rede und der Religion sowie Freiheit von Not und von Furcht.

Spaziergang durch Upper Midtown

Länge 1,5 km **Dauer** 20 Min.
U-Bahn 5 Av, 51 St

Die Fifth Avenue wurde zur »Luxusstraße«, als die vornehme Gesellschaft uptown neue Wohnquartiere bezog. 1917 erwarb Pierre Cartier das Haus des Bankiers Morton F. Plant, angeblich im Tausch gegen eine Perlenkette. Andere Luxusläden folgten. Dieser Teil von Midtown hat aber noch mehr zu bieten als Shopper, die ihr Geld loswerden wollen: Er wartet auch mit mehreren exquisiten Museen auf und besticht zudem durch seine architektonische Vielfalt.

Das **Museum of Modern Art (MoMA)** beherbergt eine der weltweit besten Sammlungen moderner Kunst *(siehe S. 202 – 205).*

Viele der Steinmetzarbeiten im Innenraum der **St. Thomas Church** stammen von Lee Lawrie.

Ausstellungen, Retrospektiven, Live-Auftritte und ein riesiges Archiv an historischen Sendungen zählen zu den Attraktionen des **Paley Center for Media** *(siehe S. 209).*

Subway 5 Av
(E, M)

Saks Fifth Avenue hat Generationen von New Yorkern mit edlen Outfits versorgt.

St. Patrick's Cathedral, eine der größten katholischen Kathedralen der USA, ist ein wunderbarer neogotischer Bau *(siehe S. 206f).*

Statt Pferdekutschen kutschieren Fahrradrikschas und Taxis Besucher zu den Highlights der **Fifth Avenue** *(siehe S. 208).*

Der **University Club** wurde 1899 als Eliteclub für Gentlemen errichtet.

Der **Olympic Tower** ist ein eleganter Wolkenkratzer mit Büros, Wohnungen und Atrium.

Die **Villard Houses**, fünf Gebäude aus Sandstein, gehören zum Lotte New York Palace Hotel.

↑ *St. Patrick's Cathedral, die so gar nicht in die Hektik von Upper Midtown passt*

0 Meter 100 N
0 Yards 100 ↑

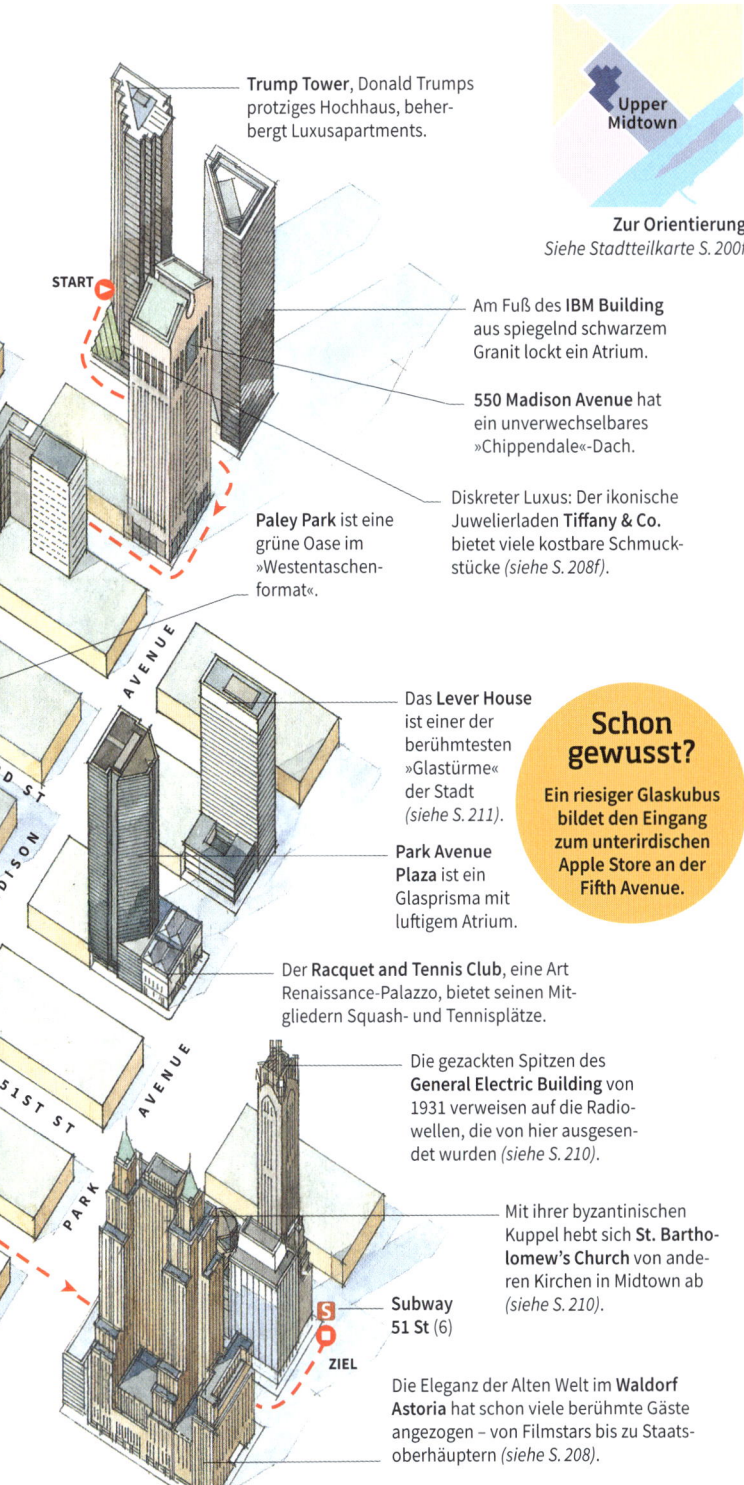

Trump Tower, Donald Trumps protziges Hochhaus, beherbergt Luxusapartments.

START

Paley Park ist eine grüne Oase im »Westentaschenformat«.

Zur Orientierung
Siehe Stadtteilkarte S. 200f

Am Fuß des **IBM Building** aus spiegelnd schwarzem Granit lockt ein Atrium.

550 Madison Avenue hat ein unverwechselbares »Chippendale«-Dach.

Diskreter Luxus: Der ikonische Juwelierladen **Tiffany & Co.** bietet viele kostbare Schmuckstücke *(siehe S. 208f)*.

Das **Lever House** ist einer der berühmtesten »Glastürme« der Stadt *(siehe S. 211)*.

Park Avenue Plaza ist ein Glasprisma mit luftigem Atrium.

Schon gewusst?

Ein riesiger Glaskubus bildet den Eingang zum unterirdischen Apple Store an der Fifth Avenue.

Der **Racquet and Tennis Club**, eine Art Renaissance-Palazzo, bietet seinen Mitgliedern Squash- und Tennisplätze.

Die gezackten Spitzen des **General Electric Building** von 1931 verweisen auf die Radiowellen, die von hier ausgesendet wurden *(siehe S. 210)*.

Mit ihrer byzantinischen Kuppel hebt sich **St. Bartholomew's Church** von anderen Kirchen in Midtown ab *(siehe S. 210)*.

Subway 51 St (6)

ZIEL

Die Eleganz der Alten Welt im **Waldorf Astoria** hat schon viele berühmte Gäste angezogen – von Filmstars bis zu Staatsoberhäuptern *(siehe S. 208)*.

Schätze im Metropolitan Museum of Art (siehe S. 220 – 223)

Upper
East Side

Seit den 1890er Jahren war dies eine Enklave der Upper Class, hier wohnten die Astors, Rockefellers und Whitneys. Viele der Beaux-Arts-Gebäude beherbergen heute Botschaften und Museen wie das Met oder die Gebäude der Museum Mile. In den prächtigen Apartmenthäusern der Fifth und der Park Avenue lebt nach wie vor die Elite. Elegante Läden und Galerien säumen die Madison Avenue.

   Östlich davon in German und Hungarian Yorkville (in den 80er Straßen) sowie in Little Bohemia (unterhalb der 78th Street) lebten einst Deutsche, Ungarn und Tschechen. Nur noch ihre Kirchen sowie einige Lokale und Läden sind geblieben.

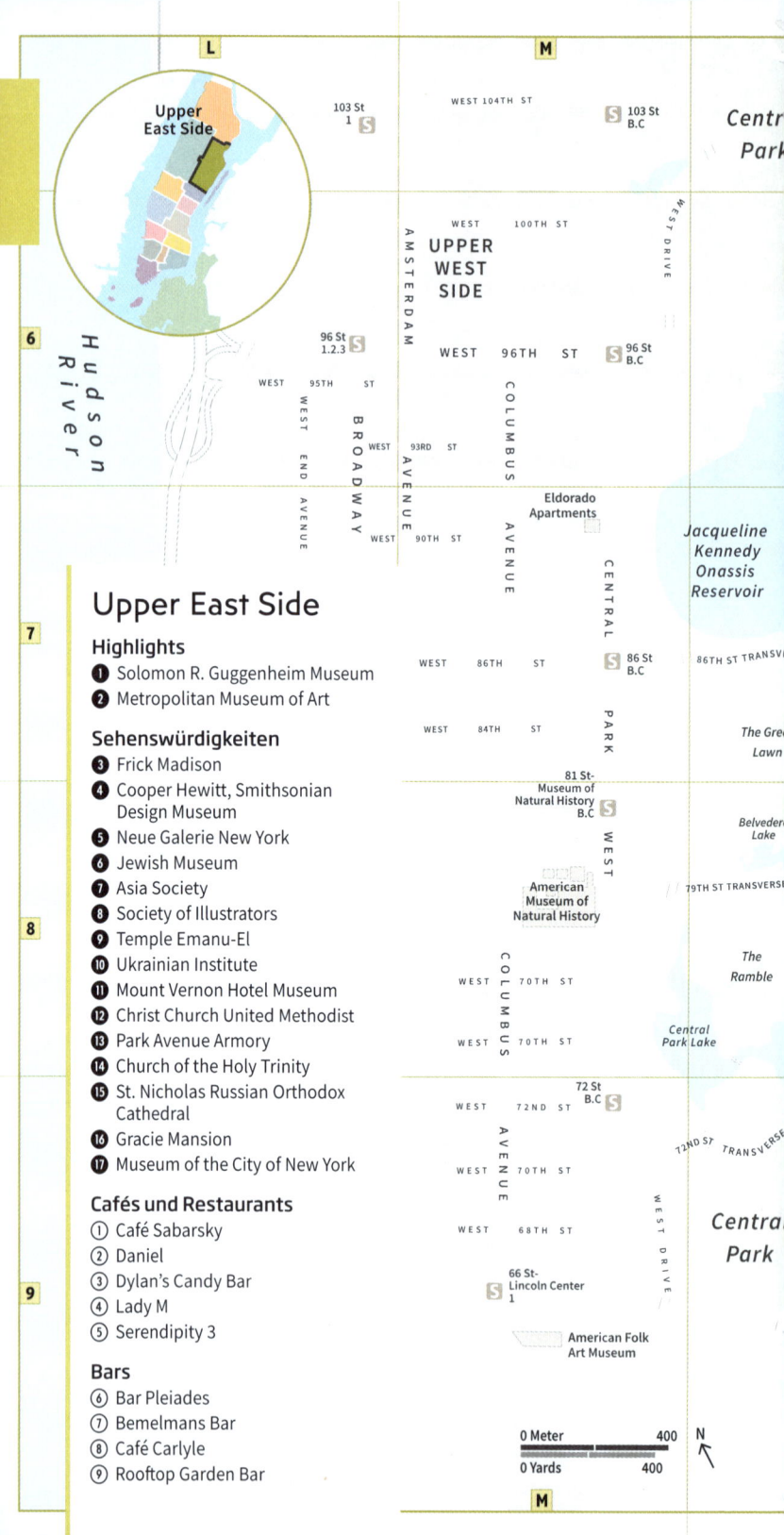

L   M

103 St
1 S

WEST 104TH ST

103 St
B.C S

*Centr
Park*

AMSTERDAM

WEST   100TH ST

WEST
DRIVE

UPPER
WEST
SIDE

96 St
1.2.3 S

WEST   96TH   ST

96 St
B.C S

6

*H
u
d
s
o
n*

*R
i
v
e
r*

WEST   95TH   ST

WEST
END
AVENUE

B
R
O
A
D
W
A
Y

AVENUE

WEST   93RD   ST

COLUMBUS   AVENUE

WEST   90TH   ST

Eldorado
Apartments

CENTRAL

*Jacqueline
Kennedy
Onassis
Reservoir*

Upper East Side

Highlights
❶ Solomon R. Guggenheim Museum
❷ Metropolitan Museum of Art

WEST   86TH   ST

86 St
B.C S

86TH ST TRANSV

P
A
R
K

WEST   84TH   ST

*The Gre
Lawn*

Sehenswürdigkeiten
❸ Frick Madison
❹ Cooper Hewitt, Smithsonian
    Design Museum
❺ Neue Galerie New York
❻ Jewish Museum
❼ Asia Society
❽ Society of Illustrators
❾ Temple Emanu-El
❿ Ukrainian Institute
⓫ Mount Vernon Hotel Museum
⓬ Christ Church United Methodist
⓭ Park Avenue Armory
⓮ Church of the Holy Trinity
⓯ St. Nicholas Russian Orthodox
    Cathedral
⓰ Gracie Mansion
⓱ Museum of the City of New York

81 St-
Museum of
Natural History
B.C S

WEST

*Belvedere
Lake*

American
Museum of
Natural History

79TH TRANSVERSE

COLUMBUS

WEST   70TH   ST

*The
Ramble*

WEST   70TH   ST

*Central
Park Lake*

72 St
B.C S

WEST   72ND   ST

Cafés und Restaurants
① Café Sabarsky
② Daniel
③ Dylan's Candy Bar
④ Lady M
⑤ Serendipity 3

AVENUE

WEST   70TH   ST

WEST   68TH   ST

72ND ST TRANSVERSE

WEST
DRIVE

*Centra
Park*

Bars
⑥ Bar Pleiades
⑦ Bemelmans Bar
⑧ Café Carlyle
⑨ Rooftop Garden Bar

66 St-
Lincoln Center
1 S

American Folk
Art Museum

0 Meter   400

0 Yards   400

N

M

17 Museum of the
City of New York

EAST 104TH ST

EAST 105TH ST

S 103 St
6

EAST 103RD ST

EAST 102ND ST

EAST 101ST ST

Mount Sinai
Medical Center

EAST 100TH ST

EAST 99TH ST

Central Park
and Upper
West Side
Seiten 234–249

15 St. Nicholas Russian
Orthodox Cathedral

EAST 98TH ST

EAST 97TH ST

96 St **S**
6

E A S T   9 6 T H

S 96th St,
Q

ST

EAST 95TH ST

EAST 94TH ST

Jewish
Museum
6

EAST 93RD ST

EAST 92ND ST

Cooper Hewitt,
Smithsonian Design Museum
4

EAST 91ST ST

Solomon R. Guggenheim
Museum
1

EAST 90TH ST

EAST 89TH ST

EAST 88TH ST

Church of the
Holy Trinity **14**

EAST 87TH ST

Neue Galerie
New York
5

86 St
4,5,6 **S**

86th St,
Q **S**

EAST 86TH ST

16 Gracie
Mansion

EAST 85TH ST

EAST 84TH ST

Carl
Schurz
Park

EAST 83RD ST

9

EAST 82ND ST

2
Metropolitan
Museum of Art

EAST 81ST ST

EAST 80TH ST

Ukrainian
Institute
10

EAST 79TH ST

4

EAST 78TH ST

U P P E R
E A S T
S I D E

John
Jay
Park

Lenox Hill
Hospital
8 **7**

EAST 77TH ST

S 77 St
6

6

EAST 76TH ST

EAST 75TH ST

Frick
Madison
3

EAST 74TH ST

*Conservatory
Water*

EAST 73RD ST

72nd St,
Q **S**

EAST 72ND ST

EAST 71ST ST

Asia
Society
7

EAST 70TH ST

NYP
Hospital

Hunter
College

EAST 69TH ST

S 68 St-
Hunter College
6

EAST 68TH ST

Memorial
Hospital

Temple
Emanu-El
9

Park
Avenue
Armory
13

2

EAST 67TH ST

EAST 66TH ST

EAST 65TH ST

EAST 64TH ST

Society of
Illustrators **8**

S Lexington Av-
63 St
F,Q

EAST 63RD ST

Mount Vernon
Hotel Museum
11

EAST 62ND ST

Christ Church
United Methodist
12

EAST 61ST ST

3 **5**

EAST 60TH ST

MADISON AVENUE

PARK AVENUE

LEXINGTON AVENUE

THIRD AVENUE

SECOND AVENUE

FIRST AVENUE

YORK AVENUE

EAST END AVENUE

FIFTH AVENUE (MUSEUM MILE)

FRANKLIN D. ROOSEVELT DRIVE (EAST RIVER DRIVE)

Harlem River

Wards Island
Footbridge

Mill
Rock Park

P

Q

5

6

7

8

9

Innenraum von Frank Lloyd Wright ↑

❶ 🏛 🏛 🖥 🍴 🛍 ♿

Solomon R. Guggenheim Museum

📍 N7 🏠 1071 Fifth Avenue / Ecke 89th St 🚇 86 St (Q, 4, 5, 6) 🚌 M1–4
📞 +1-212-423-3500 🕐 Mi – Mo 11 –18 (Sa bis 20) 📅 Thanksgiving, 25. Dez
🌐 guggenheim.org

Das Guggenheim Museum besitzt nicht nur eine der weltbesten Sammlungen moderner und zeitgenössischer Kunst, auch Frank Lloyd Wrights Gebäude selbst ist ein Glanzstück. Man fährt per Aufzug zur Kuppel hinauf und folgt der spiralförmigen Rampe nach unten, vorbei an bedeutenden Werken aus dem 19. bis 21. Jahrhundert.

Das Museum ist nach seinem Gründer benannt, dem Industriellen und Kunstsammler Solomon R. Guggenheim. 1937 gründete er die Guggenheim Foundation, die seine Kunstsammlung in angemieteten Räumen zeigt. 1943 beauftragte er Frank Lloyd Wright, ein Museum zu entwerfen. Wright galt seinerzeit als Erneuerer der amerikanischen Architektur, wobei das Guggenheim sein einziger Bau in New York blieb. Es wurde 1959 fertiggestellt, als sowohl Guggenheim als auch Wright schon tot waren. Seit seiner Eröffnung ist das Haus gewachsen. Es beherbergt u. a. Werke von Kandinsky, Calder, Picasso, Pollock, Degas, Cézanne, van Gogh und Manet.

↑ Die schneckenförmige Museumsfassade, ein New Yorker Wahrzeichen

←

Die Büglerin *(1904)* aus Picassos Blauer Periode zeigt die Mühsal harter Arbeit

Kurzführer

In der Großen Rotunde finden Sonderausstellungen statt, in der Kleinen Rotunde sind Teile der Sammlung von Impressionisten und Postimpressionisten des Museums zu sehen. Die neuen Abteilungen im Tower (The Annex) zeigen Teile der Sammlung und andere zeitgenössische Ausstellungsstücke. Die Exponate der Dauerausstellung sind nie gleichzeitig zu sehen, sondern werden im Wechsel präsentiert.

↑ Schwarze Linien *(1913) ist eines der frühesten Beispiele für Wassily Kandinskys abstrakte Kunst*

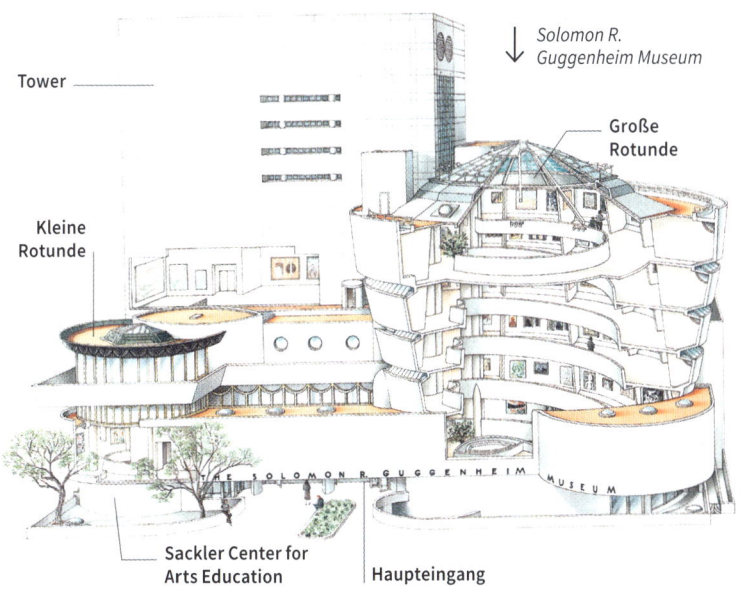

↓ *Solomon R. Guggenheim Museum*

Tower ———

Große Rotunde

Kleine Rotunde

Sackler Center for Arts Education

Haupteingang

Das grandiose Äußere des Met ↑

Metropolitan Museum of Art

2

📍 N8 🏠 1000 Fifth Avenue Ⓢ 86 St (Q, 4, 5, 6) 🚌 M1–4 ☎ +1-212-535-7710
🕐 Do – Di 10 –17 (Fr, Sa bis 21) 🚫 1. Jan, Thanksgiving, 25. Dez Ⓦ metmuseum.org

Ein Museumskoloss aus dem 19. Jahrhundert: Das Metropolitan Museum of Art (kurz: the Met) besitzt mehr als zwei Millionen unschätzbar wertvoller Exponate.

Die wohl umfangreichste Sammlung der westlichen Welt wurde 1870 von einer Gruppe von Künstlern und Philanthropen gegründet, die ein Pendant zu europäischen Kunstmuseen schaffen wollten. Das Met wurde 1880 eröffnet und besitzt heute Exponate von prähistorischer Zeit bis zur Gegenwart. Hier kann man Tage verbringen – zumal das Museum mehrere exzellente Essensoptionen bietet. Führungen (im Eintritt inbegriffen) sind ideal, um einen Überblick über die zahllosen Schätze zu erhalten (mehr Infos auf der Website).

Schon gewusst?

Das Met hat einen Hausfloristen, der die Blumenbuketts der Great Hall arrangiert.

Erdgeschoss

▽ Neben Great Hall und American Wing sieht man hier ägyptische, griechische, römische, mittelalterliche und moderne Kunst.

Zweiter, dritter und vierter Stock

▽ Asiatische Kunst und American Wing gehen im zweiten Stock weiter. Im dritten liegt der Dining Room, im vierten der Cantor Roof Garden.

Obergeschoss

△ Moderne Kunst und American Wing setzen sich im ersten Stock fort. Hier gibt es zudem Abteilungen mit europäischer Malerei (1250–1800), Musikinstrumenten, asiatischer Kunst und vielem mehr.

17 000

Zeichnungen, u. a. von Michelangelo und Leonardo da Vinci, finden sich in der Sammlung des Met.

↑ Bei Besuchern beliebt: der Tempel von Dendur

Restaurants

The American Wing Café

Das Lokal blickt auf einer Seite auf den Central Park und auf der anderen auf den schönen Charles Engelhard Court mit seiner Sammlung amerikanischer Skulpturen. Das Café ist die beste Option des Met für leichte Snacks.

 N8 The Charles Engelhard Court, Erdgeschoss

$ $ $

The Dining Room

Das Restaurant ist unbestreitbar die eleganteste Essensoption des Museums mit schönem Blick über den Central Park. Unter der Woche wird ein saisonales Mittagsmenü zum Festpreis serviert. Zudem gibt es die ganze Woche über teurere Probiermenüs zu speziellen Themen, beispielsweise »Frühling in Italien«.

 N8 dritter Stock So abends

$ $ $

Met: Untere Ebenen

Die Great Hall ist der grandiose Zutritt zum Metropolitan Museum of Art und das Nervenzentrum, das alle Flügel und Abteilungen des Hauses verbindet.

Eine der beliebtesten Abteilungen, nahe der Great Hall, ist der ägyptische Flügel mit Tausenden von Exponaten aus vorchristlicher Zeit bis ins 8. Jahrhundert n. Chr. Die Sammlung reicht von den Fragmenten der Jaspislippen einer Königin aus dem 15. Jahrhundert v. Chr. bis zum Tempel von Dendur.

Mit einem römischen Sarkophag aus Tarsus wurde der Grundstein zu allen Sammlungen des Museums gelegt. Das 1870 gestiftete Exponat kann man in den griechischen und römischen Abteilungen sehen, zusammen mit Wandmalereien aus einer beim Vesuv-Ausbruch 79 n. Chr. verschütteten Villa, etruskischen Spiegeln, römischen Büsten und griechischen Vasen.

Die Mittelalter-Abteilung reicht vom 4. bis zum 16. Jahrhundert,

vom Fall Roms bis zum Beginn der Renaissance. Sie ist teils im Hauptgebäude untergebracht, teils in The Cloisters (siehe S. 290f). Im Met ist ein Kelch zu sehen, der einst für den Heiligen Gral gehalten wurde.

Der Bankier Robert Lehman übereignete dem Museum 1969 seine exzellente Privatsammlung. Der ihm gewidmete Lehman Wing ist eine spektakuläre Glaspyramide, die bis ins Obergeschoss reicht und die vielseitige Sammlung des Mäzens mit Alten Meistern, Postimpressionisten und Zeichnungen beherbergt.

→

Marmorstatue einer alten Marktfrau

Met: Obere Ebenen

Die riesigen Sammlungen des Met setzen sich in die oberen Stockwerke fort. Der American Wing erstreckt sich bis zum zweiten Stock. Er besitzt nicht nur eine der bedeutendsten Sammlungen amerikanischer Malerei und Bildhauerei, sondern auch dekorative Kunst von der Kolonialzeit bis zur Gegenwart. Unter den original eingerichteten historischen Räumen befindet sich auch der Salon, in dem George Washington seinen letzten Geburtstag feierte.

Die moderne und zeitgenössische Kunst verteilt sich ebenfalls auf zwei Stockwerke. Das Museum sammelt seit seiner Gründung 1870 moderne Kunst, doch diese erhielt erst 1987 mit dem Lila Acheson Wallace Wing ein dauerhaftes Domizil.

Die Kollektion ist zwar kleiner als die anderer Museen, besticht aber durch ihre Exklusivität. Sie zeigt europäische und amerikanische Werke ab 1900, u. a. von Picasso und Kandinsky. Der Cantor Roof Garden auf dem Dach ist Schauplatz einer jährlich wechselnden Ausstellung zeitgenössischer Skulpturen, die vor dem Hintergrund der New Yorker Skyline und des Central Park besonders spektakulär wirken.

Im ersten Stock befindet sich die asiatische Kunst mit chinesischen, japanischen, koreanischen, indischen und südostasiatischen Meisterwerken vom 2. Jahrtausend v. Chr. bis zum 20. Jahrhundert. Das Museum besitzt seltene Malereien aus der Zeit der Song- und Yuan-Dynastie, buddhistische Monumentalskulpturen aus China, chinesische Keramik und Jade sowie eine Abteilung mit altem Kunsthandwerk aus China.

Legende

Unter- und Erdgeschoss sind hier als untere Ebenen zusammengefasst, erster bis vierter Stock als obere Ebenen. Die meisten Kunstwerke verteilen sich auf Erdgeschoss und Obergeschoss, mit einigen besonderen Sammlungen auf den anderen Ebenen. Im dritten Stock gibt es keine Kunst.

↑ Letztes Abendmahl des heiligen Hieronymus *(um 1490) von Botticelli*

TOP 5 Nicht versäumen

Madonna mit Kind
Duccios Bild (um 1290 – 1300) ist ein Werk der Frührenaissance.

Die Kornernte
Das Bild (1565) von Pieter Bruegel d. Ä. zeigt eine ländliche Szene.

Washington Crossing the Delaware
Emanuel Leutzes Bild (1851) zeigt Washington vor einem Angriff 1776.

Brücke über den Seerosenteich
Claude Monets impressionistisches Gemälde (1899) ist beliebt.

White Flag
Jasper Johns malte 1955 einen Traum.

↑ Washington Crossing the Delaware *(1851) von Emanuel Leutze*

SEHENSWÜRDIGKEITEN

③ Frick Madison

📍 P8 🏠 945 Madison Avenue
🚇 77 St (6) 📞 +1-212-288-0700 🕐 Do – So 10 –18
🌐 frick.org

Die kostbare Kunstsammlung des Stahlmagnaten Henry Clay Frick (1849 –1919) ist bis zum Abschluss der umfassenden Renovierungsarbeiten in der alten Frick Mansion (1 East 70th St) hierher ausgelagert – in das Frick Madison im Breuer Building. In diesem Gebäude war früher das Whitney Museum of American Art untergebracht. Das vom Architekten Marcel Breuer im Stil des Brutalismus entworfene Breuer Building war bei seinem Bau im Jahr 1966 sehr umstritten.

Im ersten Stock hängen niederländische und flämische Gemälde – darunter auch Vermeers *Soldat und lachendes Mädchen* (um 1657) in Raum 6 sowie Rembrandts *Selbstporträt* und sein Bild *Der polnische Reiter* (um 1655) in Raum 4. Zur Sammlung gehören auch acht Porträts von Anthonis van Dyck (Raum 5). In Raum 2 sieht man zwei Werke von Hans Holbein d. J. – Porträts von Thomas Cromwell und Sir Thomas More.

Im zweiten Stock befinden sich El Grecos *Heiliger Hieronymus* und Giovanni Bellinis Meisterwerk *Der heilige Franziskus in der Wüste* – eine Christusvision des Heiligen. Zu den Highlights im dritten Stock gehören die prachtvollen Rokoko-Paneele von François Boucher.

④ Cooper Hewitt, Smithsonian Design Museum

📍 N7 🏠 2 East 91st St
🚇 86 St (Q, 4, 5, 6), 96 St (Q, 6) 🚌 M1 – 4 📞 +1-212-849-2950 🕐 tägl. 10 –18 (Sa bis 21) 🚫 Thanksgiving, 25. Dez
🌐 cooperhewitt.org

Das Museum im früheren Palais des Industriemagnaten Andrew Carnegie wurde renoviert und 2014 wiedereröffnet. Die Abteilungen liegen um das originale Treppenhaus. Auch die Holztäfelungen und das Parkett stammen noch aus der Entstehungszeit des Hauses. Im ersten Stock liegt die Carnegie Library mit ihren exquisiten Teakholz-Schnitzereien.

Das Museum bietet eine Vielzahl an Design-Exponaten, von Gegenständen aus 3-D-Druckern über Stahlcolliers bis zu Schachfiguren aus Porzellan. Es besitzt zudem die meisten Werke der amerikanischen Maler Frederic Edwin Church und Winslow Homer. Neben der Dauerausstellung sind auch Wechselausstellungen zu sehen.

← *Modernes Design von Mathias Bengtsson im Cooper Hewitt, Smithsonian Design Museum*

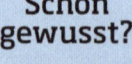

Schon gewusst?

Das *Porträt von Adele Bloch-Bauer I* wurde 2006 von der Neuen Galerie für 135 Millionen Dollar angekauft.

⑤ Neue Galerie New York

📍 N7 🏠 1048 Fifth Avenue / East 86th St 🚇 86 St (Q, 4, 5, 6) 🚌 M1 – 4 📞 +1-212-628-6200 🕐 Do – Mo 11–18 🚫 Feiertage
🌐 neuegalerie.org

Der Kunsthändler Serge Sabarsky und der Philanthrop Ronald Lauder gründeten das Museum, um deutsche und österreichische Kunst und Kunsthandwerk des frühen 20. Jahrhunderts zu sammeln und auszustellen.

Das im Louis-XIII-Stil errichtete Beaux-Arts-Gebäude (1914) stammt von Carrère & Hastings, die auch die New York Public Library *(siehe S. 178f)* bauten. Lauder und Sabarsky erwarben das einst von Mrs. Cornelius Vanderbilt III bewohnte Anwesen 1994. Im Erdgeschoss gibt es einen Buchladen und ein Café. Im Obergeschoss sind Werke von Klimt, Schiele und der Wiener Werkstätte zu sehen. In den Etagen darüber befinden sich Exponate der Künstlergruppen Der Blaue Reiter (u. a. Klee, Kandinsky), Das Bauhaus (Mies van der Rohe, Feininger) und Die Brücke (u. a. Kirchner, Heckel). Highlight ist Klimts *Porträt von Adele Bloch-Bauer I* (1907). Es zeigt Adele, Mitglied einer der reichsten jüdischen Familien Wiens. Das Werk war 1938 von den Nazis geraubt worden und wurde 2006 zurückgegeben.

↑ *Der Buchladen der Asia Society mit einer guten Auswahl an Fachliteratur*

Bars

Bar Pleiades
Die stilvolle Art-déco-Hotelbar ist eine Hommage an Chanel. Jazzkonzerte.

📍 N8 🏠 The Surrey, 20 East 76th St 🌐 barpleiades.com

Bemelmans Bar
Die üppigen Wandbilder Ludwig Bemelmans und eine vergoldete Decke schmücken die Bar.

📍 P8 🏠 Carlyle Hotel, 35 East 76th St 🌐 rosewoodhotels.com

Café Carlyle
Seit 1955 Restaurant und gefeierte Bühne mit Livemusik (v. a. Jazz). Korrekte Kleidung erwünscht.

📍 P8 🏠 Carlyle Hotel, 35 East 76th St 🕐 siehe Website 🌐 cafecarlylenewyork.com

Rooftop Garden Bar
Dies ist ein romantischer Ort für laue Nächte mit Traumblick über den Central Park und die City.

📍 N7 🏠 Met, 1000 Fifth Avenue 🕐 Mitte Okt –Mitte Apr 🌐 metmuseum.org

Jewish Museum

📍 N6 🏠 1109 Fifth Avenue 🚇 86 St (Q, 4, 5, 6), 96 St (6, Q) 📞 +1-212-423-3200 🕐 Do – Di 11–17:45 (Do bis 20; März – Nov: Fr bis 16) 🕐 jüdische / staatl. Feiertage 🌐 thejewishmuseum.org

Die exquisite schlossähnliche Privatresidenz des Bankiers Felix M. Warburg entstand 1908 nach Plänen von C. P. H. Gilbert. Sie beherbergt eine der größten Sammlungen jüdischer religiöser und klassischer Kunst sowie historischer Judaika. Die Steinarbeiten im Anbau sind das Werk der Steinmetze von St. John the Divine *(siehe S. 254f)* in Harlem.

Die Objekte der Sammlung stammen aus der ganzen Welt, wobei die Stifter bisweilen riskierten, verfolgt zu werden. Die Sammlung deckt etwa 4000 Jahre jüdischer Geschichte ab. Sie enthält fast 30 000 Exponate, darunter Thorakronen, Leuchter, Kiddusch-Becher, Teller, Schriftrollen und zeremonielles Silber. Beeindruckend ist eine Bundeslade aus der Kollektion Benguiat, die Fayencewand einer persischen Synagoge (16. Jh.) und *Holocaust*, das Werk des Bildhauers George Segal.

Die regelmäßig wechselnden Ausstellungen reflektieren jüdisches Leben überall in der Welt. Das Museum veranstaltet zudem Lesungen und Filmvorführungen.

Samstags ist der Eintritt ins Museum kostenlos, donnerstags gilt von 17 bis 20 Uhr das Preismodell »pay what you wish« (zahle, was du willst).

Asia Society

📍 P9 🏠 725 Park Avenue 🚇 68 St (6) 📞 +1-212-288-6400 🕐 Di – So 11–18 (Sep – Juni: Fr bis 21) 🕐 Feiertage 🌐 asiasociety.org

Um das Verständnis für die Kultur Asiens zu verbessern, gründete John D. Rockefeller III 1956 die Asia Society. Vertreten sind 30 Länder der asiatisch-pazifischen Region – vom Iran über Japan, Zentralasien bis Australien.

Der achtstöckige Bau wurde 1981 nach Plänen von Edward Larrabee Barnes errichtet. 2001 wurde das Museum renoviert und verfügt seitdem über eine größere Fläche. Eine Abteilung ist den Skulpturen, Keramiken, Bronzen und Holzfiguren gewidmet, die Rockefeller und seine Frau von ihren häufigen Asienreisen mitbrachten. Darunter sind chinesische Keramiken aus der Song- und Ming-Dynastie und eine kupferne Bodhisattva-Statue mit Edelsteinen aus Nepal.

Neben Wechselausstellungen präsentiert die Asia Society auch Tanz, Konzerte, Filme und Vorträge. Der Buchladen ist gut sortiert.

↑ *Die Exponate der Society of Illustrators enthalten auch Unterschriften einiger wichtiger Mitglieder*

barschaft wohnte, in die Upper East Side. Ihr Weinkeller und drei Marmorkamine sind in der Synagoge erhalten geblieben.

8 🅼 🏛 ♿
Society of Illustrators
📍 P9 🏠 128 East 63rd St
🚇 Lexington Av-63 St (F, Q)
📞 +1-212-838-2560 🕐 Di, Do 10–20, Mi, Fr 10–17, Sa 11–17 🚫 Feiertage
🌐 societyillustrators.org

Die Gesellschaft wurde 1901 zur Förderung des Illustrationshandwerks gegründet. Wichtige Mitglieder waren Charles Dana Gibson, N. C. Wyeth und Howard Pyle. Hauptanliegen war die Bildung, noch heute gibt es monatliche Lesungen. 1981 eröffnete das Museum of Illustration mit zwei Abteilungen und Wechselausstellungen zur Geschichte der Illustration. Hier werden auch die besten amerikanischen Illustrationen des Jahres ausgestellt.

9 🅼 🏛
Temple Emanu-El
📍 N9 🏠 1 East 65th St
🚇 68 St (6), Lexington Av-63 St (F, Q) 🕐 So – Do 10 –16:30
🌐 emanuelnyc.org

Der Kalksteinbau von 1929 ist eine der größten Synagogen der Welt – allein die Haupthalle bietet Sitzplätze für 2500 Gläubige. Das Gotteshaus ist Mittelpunkt der ältesten reformjüdischen Gemeinde New Yorks.

Beeindruckende Details im Inneren sind das Bronzegitter vor dem Thoraschrein und Darstellungen des Davidschilds und des Löwen von Juda aus Bleiglas. Ein zurückgesetzter Bogen mit prächtigem Rosettenfenster beherrscht die Fassade zur Fifth Avenue.

Früher stand hier das Stadtpalais der legendären Mrs. William Astor. Die Gesellschaftsdame zog nach einem Streit mit ihrem Neffen, der früher in ihrer Nach-

10 🏛 🅼 ♿
Ukrainian Institute
📍 N8 🏠 2 East 79th St
🚇 86 St (Q, 4, 5, 6) 🚌 M1–4
📞 +1-212-288-8660 🕐 Di – So 12 –18 🚫 Feiertage
🌐 ukrainianinstitute.org

Das Kulturzentrum im Schatten des Metropolitan Museum besitzt eine interessante Kunstsammlung. Wechselausstellungen mit Werken moderner ukrainischer Künstler findet man im ersten Stock. Die weiteren Stockwerke zeigen abstrakte Kunst von Alexander Archipenko, Bilder von David Burliuk, dem »Vater des russischen Futurismus«, und großformatige Gemälde des sowjetischen Realismus.

Das Gebäude wurde 1899 für den Banker Isaac Fletcher errichtet. Bekannter ist sein späterer Besitzer, der in den 1920er Jahren skandalumwitterte Ölbaron Harry Sinclair.

⑪

Mount Vernon Hotel Museum

📍 Q9 🏠 421 East 61st St
Ⓢ Lexington Av-59 St (N, R, W), 59 St (4, 5, 6) ☎ +1-212-838-6878 🕐 Di – So 11–16
🗓 1. Jan, 4. Juli, Thanksgiving, 25. Dez 🌐 mvhm.org

Der Bau wurde 1799 als ländlicher Rückzugsort für New Yorker errichtet, die der Stadt (die damals nur das Südende der Insel einnahm) entfliehen wollten. Das Sandsteingebäude steht auf einem Grundstück, das einst Abigail Adams Smith, der Tochter von US-Präsident John Adams, gehörte.

1924 erwarben es die Colonial Dames of America und ließen es zum Museum umbauen. Kostümierte Führer geleiten durch die acht Räume mit Kostbarkeiten wie chinesischem Porzellan, Aubusson-Teppichen, Sheraton-Truhen und einem Sofa von Duncan Phyfe. Sogar eine Kinderwiege und Spielzeug sind zu sehen. Ein Garten im Stil des 18. Jahrhunderts umgibt das Haus.

Das imposante Park Avenue Armory – heute ein Zentrum für Kulturevents ↓

⑫

Christ Church United Methodist

📍 P9 🏠 524 Park Avenue
Ⓢ 5 Av-59 St (N, R, W) 🕐 Mo – Fr 7–18, So 8:30 –14
🌐 christchurchnyc.org

Die äußerst unprätentiöse Kirche im neoromanischen Stil wurde von dem einflussreichen Architekten Ralph Adams Cram entworfen und im Jahr 1931 errichtet.

Vergoldete Mosaiken füllen die imposante Gewölbedecke und die Apsis. Teile der Chorschranke stammen von 1660 und waren einst im Besitz von Zar Nikolaus II. Der Altar besteht aus spanischem Marmor, die Säulen des Schiffs aus Rotem Levante-Marmor.

⑬

Park Avenue Armory

📍 P9 🏠 643 Park Avenue
Ⓢ 68 St (6) ☎ +1-212-616-3930 🕐 nur Touren (Infos siehe Website)
🌐 armoryonpark.org

Das Siebte Regiment war im Krieg von 1812 und in beiden Weltkriegen von großer Bedeutung. Das Elitekorps setzte sich aus »Gentleman«-Soldaten vornehmer Herkunft zusammen. Das festungsartige Äußere des Arsenals verbirgt Räume mit viktorianischem Mobiliar und Kunstgegenständen sowie eine Sammlung von Regimentsandenken.

Der Entwurf von Charles W. Clinton umfasste Verwaltungsräume mit Blick auf die Park Avenue und dahinter eine Exerzierhalle. Der Veterans' Room und die Bibliothek von Louis Comfort Tiffany dienten als Empfangsräume.

Die Exerzierhalle wird heute für Wohltätigkeitsbälle genutzt. Im Winter findet hier die Antiques Show statt. Das Armory dient auch für diverse Kulturevents – von Vorführungen modernen Tanztheaters bis zu Konzerten des New York Philharmonic Orchestra.

Besucher können die Innenräume im Rahmen einer Führung sehen. Informieren Sie sich online wegen der Termine, die Reservierung der Tour ist obligatorisch.

14

Church of the Holy Trinity

Q7 📍 316 East 88th St
🚇 86 St (Q, 4, 5, 6) ⏱ unterschiedl. Öffnungszeiten (Infos auf der Website)
🌐 holytrinity-nyc.org

Die 1899 errichtete Kirche liegt in einem ruhigen Garten. Der golden leuchtende Ziegel- und Terrakottabau wird von einem der schönsten Glockentürme New Yorks gekrönt (mit schmiedeeiserner Uhr mit Messingzeigern). Skulpturen von Heiligen und Propheten schmücken den Torbogen.

Sie wurde von Serena Rhinelander (1830–1914) zum Gedenken an ihren Vater und Großvater gestiftet und steht auf dem Grund ihres Guts. Das Rhinelander-Anwesen lag in der Madison Avenue Nr. 867 (heute im Besitz von Ralph Lauren).

15

St. Nicholas Russian Orthodox Cathedral

N6 📍 15 East 97th St
🚇 96 St (Q, 6) 📞 +1-212-726-4229 ⏱ nach Vereinbarung

Moskau am Hudson: Die Kathedrale mit den fünf Zwiebelkuppeln und den blau-gelben Fliesen auf rot-weißer Fassade scheint aus Russland hierher versetzt worden zu sein und ist ein überraschender Anblick in diesem Stadtteil. Sie wurde 1902 im »Moskauer Barock« errichtet. Das Hauptheiligtum im Inneren besitzt Marmorsäulen mit blau-weißen Kapitellen. Lettner aus vergoldetem Holz umgeben den Altar.

Zu den ersten Gläubigen, die hier Zuflucht fanden, gehörten Belarussen, die vor der Revolution geflohen waren – meist Intellektuelle und Adlige, die bald Teil der New Yorker Gesellschaft wurden. Später folgten weitere Flüchtlinge, darunter viele Dissidenten.

Die Kirche dient heute einer verstreuten kleinen Gemeinde. Die russische Messe wird feierlich zelebriert.

Kirchen der Upper East Side

Die am opulentesten ausgestatteten Kirchen finden sich in der Upper East Side, darunter die Christ Church United Methodist *(siehe S. 227)* und die Church of the Holy Trinity. Die Episkopalkirche St. James' (1885) in der Madison Avenue Nr. 865 besitzt vergoldete Retabeln über dem Marmoraltar von Ralph Adams Cram. Die für die französisch-kanadische Gemeinde erbaute St. Jean Baptiste Church (1913) in der East 76th Street Nr. 184 hat eine wundervolle Kuppel und Bleiglasfenster. Die neogotische Park Avenue Christian Church (1911) in der Park Avenue Nr. 1010 wurde von Ralph Adams Cram nach dem Vorbild der Pariser Sainte-Chapelle errichtet.

16

Gracie Mansion

Q7 📍 East End Avenue / 88th St **🚇** 86 St (Q, 4, 5, 6)
🚌 M31, M79, M86 ⏱ Mo 10, 11, 15 🌐 graciemansion.org

Das elegante Landhaus von 1799 ist die offizielle Residenz des New Yorker Bürgermeisters. Das Haus des Kaufmanns Archibald Gracie gilt als einer der schönsten Federal-Style-Bauten.

Nach der Insolvenz seines Unternehmens musste Gracie das Haus verkaufen. 1886 erwarb es die Stadt und brachte darin zeitweilig das Museum of the City of New York unter. 1942 zog Fiorello LaGuardia nach neun Jahren im Amt als Bürgermeister ein, doch der Bau war dem Kämpfer gegen die Korruption und Erneuerer New Yorks zu pompös. Der Milliardär Michael Bloomberg (Amtszeit: 2002 – 2013) wohnte nie in Gracie Mansion, sondern zog es vor, in seinen eigenen, weitaus luxuriöseren Anwesen zu bleiben.

Das Landhaus liegt am nördlichen Ende eines 1891 angelegten Parks mit einer breiten Promenade am Ufer des East River. Der Park wurde nach Carl Schurz

←

Das Esszimmer von Gracie Mansion besitzt Tapeten von Zuber aus den 1830er Jahren

↑ *Säulengeschmückte Fassade des Museum of the City of New York*

> Das seinerzeit umstrittene brutalistische Design der Met-Filiale von Marcel Breuer (1966) kontrastiert mit den Stadthäusern der Upper East Side.

benannt, einem Staatsmann und Publizisten, der in der Nähe lebte.

Gracie Mansion ist nur im Rahmen einer im Voraus gebuchten Führung zu besichtigen. Die Guides erzählen bei den Touren durch die kunstvoll geschmückten Räume interessante Anekdoten zu früheren Bürgermeistern und deren Partnerinnen.

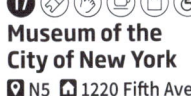

Museum of the City of New York

📍 N5 🏠 1220 Fifth Avenue / 103rd St 🚇 103 St (6) 📞 +1-212-534-1672 🕐 tägl. 10 – 18 📅 1. Jan, Thanksgiving, 25. Dez 🌐 mcny.org

Das Museum wurde 1923 gegründet. Anfangs war es im Gracie Mansion untergebracht, 1932 erhielt es sein heutiges Domizil in dem stattlichen georgianischen Bau. Das Museum dokumentiert die Entwicklung der Stadt seit ihren frühesten Tagen anhand von Kleidungsstücken der Zeit, Gemälden, Möbeln, Spielzeug und Erinnerungsstücken. Es zeigt auch die mögliche Zukunft New Yorks auf.

Das Museum wurde deutlich erweitert. Sonderausstellungen mit Schwerpunkten wie Mode, Architektur, Theater, Gesellschaft und Politik sowie Fotografie finden während des ganzen Jahres statt. Berühmt ist die Spielzeug-Sammlung mit Preziosen wie dem Stettheimer Dollhouse, das Kunstwerke en miniature enthält, die Marcel Duchamp und Albert Gleizes malten.

Cafés und Restaurants

Café Sabarsky

Das klassische Wiener Kaffeehaus serviert guten Kaffee und österreichisches Essen.

📍 N7 🏠 Neue Galerie, 1048 Fifth Avenue 🕐 Di 🌐 neuegalerie.org/cafesabarsky

💲💲💲

Daniel

Hier ist Starkoch Daniel Boulud kreativ.

📍 P9 🏠 60 East 65th St 🕐 mittags, So 🌐 danielnyc.com

💲💲💲

Dylan's Candy Bar

Der bekannte Süßwarenladen hat einen Schoko-Brunnen.

📍 P9 🏠 1011 Third Avenue 🌐 dylanscandybar.com

💲💲💲

Lady M

Die Tortenbäckerei besitzt Kultstatus.

📍 P8 🏠 41 East 78th St 🌐 ladym.com

💲💲💲

Serendipity 3

Café und Eissalon – er ist für »gefrorene« heiße Schokolade bekannt.

📍 P9 🏠 225 East 60th St 🌐 serendipitybrands.com

💲💲💲

Eine Attraktion ist der Film *Timescapes: A Multimedia Portrait of New York* (10:15 – 16:45 Uhr: alle 30 Min.). Er dokumentiert die Entwicklung der Stadt seit ihren Anfängen im 17. Jahrhundert.

↑ *Nach wie vor beeindruckend: das Guggenheim von Frank Lloyd Wright*

Spaziergang um die Museumsmeile

Länge 2 km **Dauer** 25 Min.
U-Bahn 96 St, 86 St-Lexington Av

Die Upper East Side ist das Viertel der Museen. Sie sind in Gebäuden untergebracht, die stilistisch von den einstigen Stadtpalais der Fricks und Carnegies bis hin zur modernistischen Spirale des Guggenheim Museum reichen. Schon wegen der sehenswerten Architektur dieser Museen lohnt sich ein Spaziergang. Auch die Ausstellungen sind so vielfältig wie die Architektur: Von Alten Meistern über Fotokunst bis zu den dekorativen Künsten ist alles vertreten. Das Metropolitan Museum of Art – Amerikas Antwort auf den Louvre – beherrscht die Szene.

Schon gewusst?

An bestimmten Tagen können Sie in Museen der Museum Mile zahlen, was Sie wollen.

Im **Jüdischen Museum** findet sich die umfangreichste Judaica-Sammlung der Welt mit Münzen, archäologischen Artefakten sowie zeremoniellen und Sakralobjekten *(siehe S. 225).*

Im **Cooper Hewitt, Smithsonian Design Museum** wird dekorative Kunst, etwa Keramik und Glas, Möbel und Textilien, präsentiert *(siehe S. 224).*

Die **Church of the Heavenly Rest** wurde 1929 im neogotischen Stil erbaut. Die Madonna in der Kanzel stammt von der Bildhauerin Malvina Hoffman.

Frank Lloyd Wrights weißer, **spiralförmiger Bau** wird abends farbig beleuchtet. Mit dem Aufzug gelangt man in die oberste Etage, von dort geht man hinunter, vorbei an Meisterwerken moderner Kunst *(siehe S. 218f).*

Graham House, ein Wohngebäude mit prächtigem Beaux-Arts-Eingang, entstand 1892.

93RD

92ND ST

FIFTH AVENUE (MUSEUM MILE)

91ST ST

MADISON AVENUE

90TH ST

89TH ST

ZIEL

START

Nur die Fassade des **Squadron A Armory** (Zeughaus) ist noch erhalten. Sie grenzt an den Sportplatz der Hunter College High School, die architektonisch an das Nachbargebäude angepasst wurde.

Öffentlicher Basketballplatz

Das **William G. Loew Mansion** (1931) im American-Adams-Stil gehört heute zur Spence School.

Die Bischofssynode der russisch-orthodoxen Kirche außerhalb Russlands hat ihren Sitz in einem schönen **Stadthaus** von 1918.

Night Presence IV (1972) ist eine Skulptur aus rostendem Stahl von Louise Nevelson. Manche New Yorker meinen, sie sei in ihrer konservativen Umgebung an der Park Avenue fehl am Platz.

120 und 122 East 92nd Street sind zwei der wenigen erhaltenen Holzhäuser. Sie wurden 1859 bzw. 1871 im italienischen Stil errichtet.

Die Marx Brothers verbrachten ihre Kindheit in einem bescheidenen **Reihenhaus** der Upper East Side (179 East 93rd Street).

Zwei der wenigen verbliebenen Holzhäuser Manhattans in der East 92nd Street

*Duke-Semans Mansion –
ein architektonisches
Highlight des Stadtviertels* ↑

Spaziergang in der Upper East Side

Länge 6,5 km **Dauer** 90 Min.
U-Bahn 68 St-Hunter College

Ein Spaziergang durch die obere Fifth Avenue (»Museumsmeile«) und ihre Umgebung führt zu den am besten erhaltenen Gebäuden des sogenannten »Gilded Age«, in dem New York ab Ende des 19. Jahrhunderts eine Blütezeit erlebte. Man passiert dabei auch einige noch weitaus ältere Bauwerke wie etwa Gracie Mansion (1799), die offizielle Residenz des Bürgermeisters der Stadt.

Zur Orientierung
Siehe Stadtteilkarte S. 216f

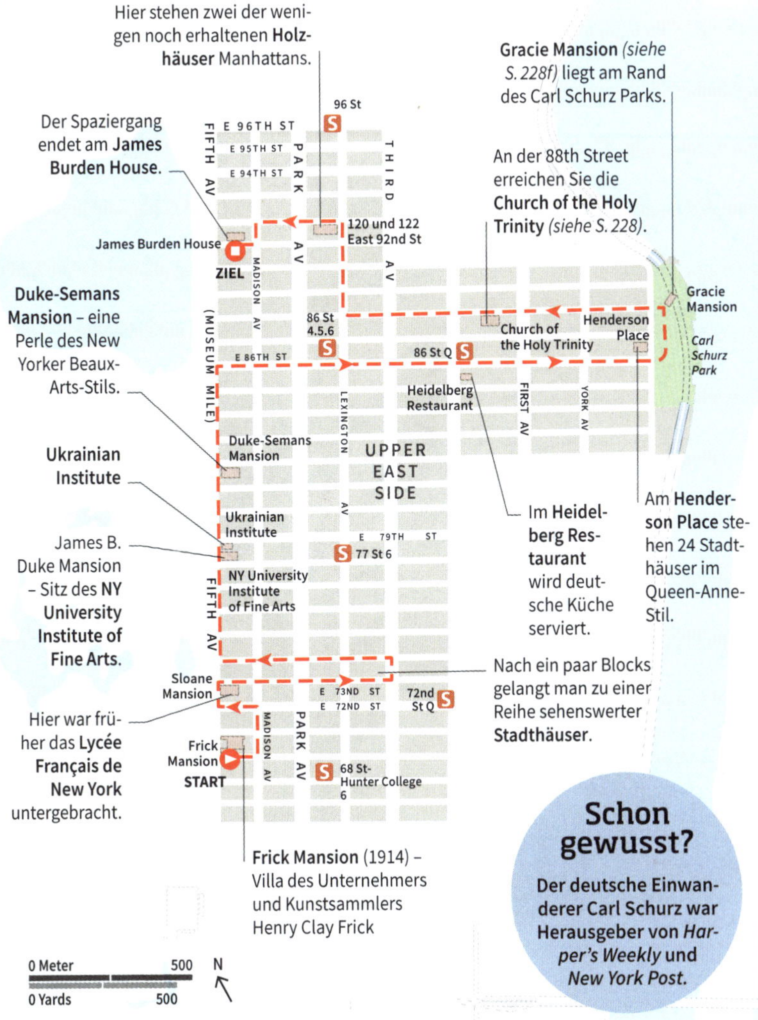

Hier stehen zwei der wenigen noch erhaltenen **Holzhäuser** Manhattans.

Der Spaziergang endet am **James Burden House**.

Duke-Semans Mansion – eine Perle des New Yorker Beaux-Arts-Stils.

Ukrainian Institute

James B. Duke Mansion – Sitz des **NY University Institute of Fine Arts**.

Hier war früher das **Lycée Français de New York** untergebracht.

Frick Mansion (1914) – Villa des Unternehmers und Kunstsammlers Henry Clay Frick

Gracie Mansion *(siehe S. 228f)* liegt am Rand des Carl Schurz Parks.

An der 88th Street erreichen Sie die **Church of the Holy Trinity** *(siehe S. 228)*.

Im **Heidelberg Restaurant** wird deutsche Küche serviert.

Am **Henderson Place** stehen 24 Stadthäuser im Queen-Anne-Stil.

Nach ein paar Blocks gelangt man zu einer Reihe sehenswerter **Stadthäuser**.

96 St

E 96TH ST
E 95TH ST
E 94TH ST

FIFTH AV
PARK AV
THIRD AV
MADISON AV
(MUSEUM MILE)
LEXINGTON AV
FIRST AV
YORK AV

James Burden House
ZIEL

120 und 122 East 92nd St

86 St 4.5.6
E 86TH ST

Church of the Holy Trinity
Henderson Place
86 St Q

Gracie Mansion
Carl Schurz Park

Heidelberg Restaurant

Duke-Semans Mansion

UPPER EAST SIDE

Ukrainian Institute

E 79TH ST
77 St 6

NY University Institute of Fine Arts

FIFTH AV

Sloane Mansion

E 73ND ST
E 72ND ST
72nd St Q

Frick Mansion
START

MADISON AV
PARK AV

68 St-Hunter College 6

0 Meter 500
0 Yards 500

N

Schon gewusst?

Der deutsche Einwanderer Carl Schurz war Herausgeber von *Harper's Weekly* und *New York Post*.

Central Park und Upper West Side

Der Central Park, der »Hinterhof« der Stadt, wurde 1876 eröffnet – und man kann sich New York nicht mehr ohne ihn vorstellen. Über die Jahre entstand ein begrüntes Erholungsgebiet mit Spielplätzen, Eis- und Rollschuhbahnen sowie diversen Sport- und Spielanlagen, ganz zu schweigen von künstlichen Hügeln, Seen und Wiesen.

Die Upper West Side entwickelte sich ebenfalls ab den 1870er Jahren, als die Hochbahn der Ninth Avenue eine Verbindung nach Midtown bot. Ein Straßenraster wurde angelegt, Gebäude schossen am Central Park West und am Broadway aus dem Boden. Noch heute ist die Upper West Side großteils ein Wohnviertel mit einem Mix aus Hochhäusern und alten »Brownstones«. Das Lincoln Center macht den Stadtteil zu einer kulturellen Drehscheibe, das American Museum of Natural History ist eine beliebte und familienfreundliche Attraktion der Stadt.

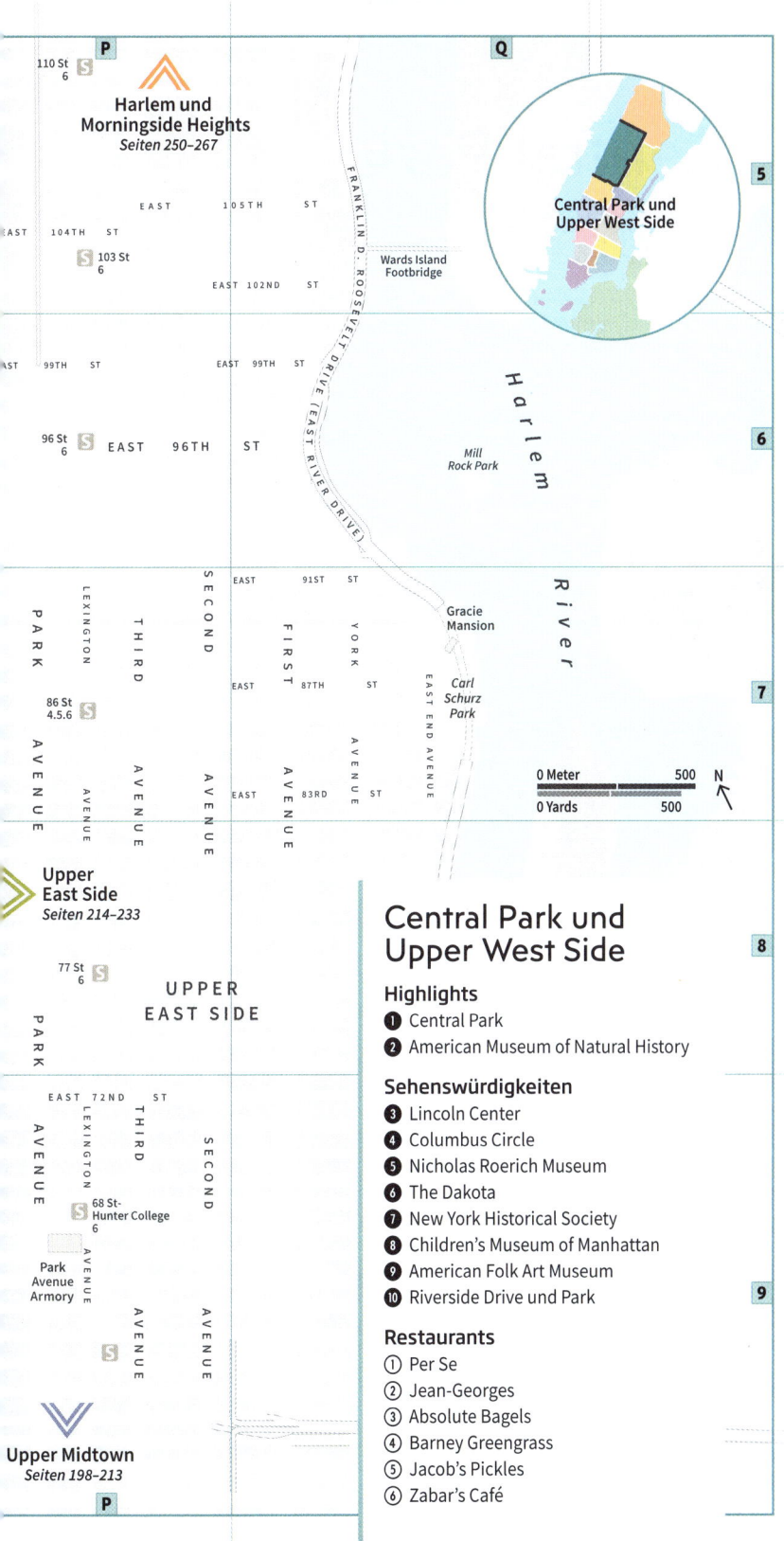

P
110 St **S**
6

Harlem und
Morningside Heights
Seiten 250–267

Q

EAST   105TH   ST

EAST 104TH ST

FRANKLIN D. ROOSEVELT DRIVE (EAST RIVER DRIVE)

Wards Island
Footbridge

S 103 St
6

EAST 102ND ST

Central Park und
Upper West Side

5

AST 99TH ST

EAST 99TH ST

Harlem

96 St **S**
6   EAST   96TH   ST

Mill
Rock Park

6

PARK   LEXINGTON   THIRD   SECOND   EAST 91ST ST

FIRST   YORK

Gracie
Mansion

River

7

86 St **S**
4.5.6

AVENUE   AVENUE   AVENUE   AVENUE   EAST 87TH ST

Carl
Schurz
Park

EAST END AVENUE

0 Meter   500   N

0 Yards   500

EAST 83RD ST

AVENUE   AVENUE   AVENUE   AVENUE

Upper
East Side
Seiten 214–233

77 St **S**
6

8

PARK   UPPER
EAST SIDE

EAST 72ND ST

AVENUE   LEXINGTON   THIRD   SECOND

**68 St-
Hunter College**
6

Park
Avenue
Armory   **S**

AVENUE   AVENUE

9

Upper Midtown
Seiten 198–213

P

Central Park und
Upper West Side

Highlights
1 Central Park
2 American Museum of Natural History

Sehenswürdigkeiten
3 Lincoln Center
4 Columbus Circle
5 Nicholas Roerich Museum
6 The Dakota
7 New York Historical Society
8 Children's Museum of Manhattan
9 American Folk Art Museum
10 Riverside Drive und Park

Restaurants
① Per Se
② Jean-Georges
③ Absolute Bagels
④ Barney Greengrass
⑤ Jacob's Pickles
⑥ Zabar's Café

❶ 🚲 🍴 🛍 🎁

Central Park

📍 N9 🏠 zwischen 59th St, Fifth Avenue, 110th St und Eighth Avenue 🚇 59 St-Columbus Circle (A, B, C, D, 1), 5 Av-59 St (N, Q, R, W), 72 St (B, C) 🕐 tägl. 6–1
🌐 centralparknyc.org

Nur wenige New Yorker können sich heute ihre Stadt ohne den geliebten Park vorstellen, der im Herzen von Manhattan liegt. Mit seinen üppigen Grünflächen, zahlreichen Attraktionen und verschiedenen Spiel- und Sportmöglichkeiten bietet der Central Park für jeden das Richtige – und zu jeder Jahreszeit zeigt er ein anderes Gesicht.

Der Central Park ist ein grünes Paradies. Er zieht Vogelbeobachter und Naturfreunde an, Schwimmer und Skater, Picknick-Fans und Sonnenanbeter, Jogger und Radfahrer und im Sommer Festivalbesucher. Frederick Law Olmsted und Calvert Vaux wurden in den 1850er Jahren ausgewählt, ihn zu gestalten. Einst war hier Brachgelände mit Barackensiedlungen und Schweinefarmen. Der Park wurde 1876 eröffnet und offiziell zum Volkspark erklärt. Die südliche Hälfte hat die beliebtesten Attraktionen, darunter das Delacorte Theater, wo das Sommerfestival Shakespeare in the Park stattfindet, und im Winter den Wollman Rink, eine Eislaufbahn. Doch auch der nördliche Teil (ab der 86th Street) lohnt einen Spaziergang. Hier ist die Natur ein bisschen wilder, und es geht auch ruhiger zu.

Unmittelbar südlich des Parks ragt der Central Park Tower in die Höhe (siehe S. 182).

Der Central Park – ein grüner Kontrast zur Skyline der Stadt ↑

Der kühlste Ort der Stadt

Der Central Park ist in den Sommermonaten kühler als der Rest der Stadt. Wenn Sie von Juni bis August New York besuchen, ist es hier angenehm. Auch im Winter ist der Park kälter, der Schnee bleibt länger liegen als andernorts.

Frühling

Ende März, wenn die Kirschbäume um das Reservoir blühen und die Zugvögel da sind, lebt der Park auf (Modellbootrennen am Boat Pond: Sa 10 – 13 Uhr).

↑ *Die Sheep Meadow im südlichen Teil des Central Park*

Sommer

Sonnenfans bevölkern die Sheep Meadow, der Schatten im Park tut gut. Viele besuchen die kostenlosen Events: Opern der Met, Shakespeare in the Park und Konzerte der New York Philharmonic.

Herbst

20 000 Bäume in Rot und Gold sowie milde Temperaturen – im Herbst ist der Park am schönsten. Zugvögel kommen, am Belvedere Castle kann man Falken sehen.

Winter

Viele Bäume sind kahl, der Wind ist kalt – doch der Winter im Park kann magisch sein. Der Schnee bedeckt die Wiesen noch, wenn er in den Straßen schon geschmolzen ist. Ein Muss für Schlittschuhläufer: die Eisbahn Wollman (Okt – März).

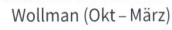

← *Im Sommer sind Räder ideal, um den Central Park zu erkunden*

① The Dairy

🕐 tägl. 10–15

Das Besucherzentrum ist ein guter Startpunkt für den Central Park. Es gibt Karten und Infos, Besucher können auch Schach-Sets mieten.

② Strawberry Fields

Yoko Onos Tribut an John Lennon – die Spenden für den Garten kamen aus der ganzen Welt.

↑ Parkidylle: Fußgänger auf der Bow Bridge, Boote auf dem See

③ Belvedere Castle

🕐 tägl. 10–17 (Juni u. Juli: 9–19)

Vom Dachausguck der turmbewehrten Burg auf dem Vista Rock bietet sich einer der schönsten Ausblicke auf den Park und die Stadt. Das Henry Luce Nature Observatory klärt junge Parkbesucher in einer Ausstellung über die vielfältige Tierwelt im Park auf.

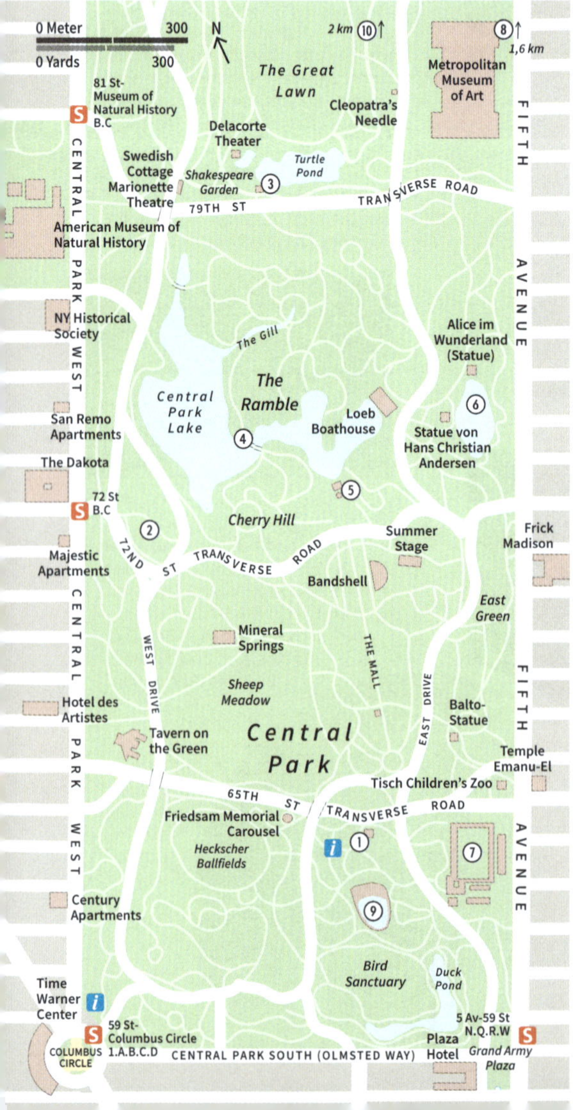

TOP 3 Fahrradverleiher

Unlimited Biking
🏠 56 West 56th St und 356 West 57th St
🌐 unlimitedbiking.com
Anbieter mit großer Auswahl an Rädern und E-Bikes sowie geführten Radtouren.

Master Bike Shop
🏠 265 West 72nd St
🌐 masterbikeshop.com
Das kleine Geschäft mit Reparaturservice in der Upper West Side vermietet Fahrräder stunden- und tageweise.

Bike Rental Central Park
🏠 1391 Sixth Av 🌐 bikerentalcentralpark.com
Großes Angebot an Fahrrädern für Erwachsene und Kinder in der Nähe des Central Park.

---

0 Meter 300
0 Yards 300
N

2 km ⑩ ↑
1,6 km

The Great Lawn

Metropolitan Museum of Art

81 St-Museum of Natural History B.C 🅂

Delacorte Theater

Cleopatra's Needle

Swedish Cottage Marionette Theatre

Shakespeare Garden

Turtle Pond

③

79TH ST

TRANSVERSE ROAD

American Museum of Natural History

FIFTH AVENUE

NY Historical Society

The Gill

Alice im Wunderland (Statue)

Central Park Lake

The Ramble

Loeb Boathouse

⑥

Statue von Hans Christian Andersen

San Remo Apartments

④

The Dakota

72 St B.C 🅂

⑤

Cherry Hill

Summer Stage

Frick Madison

②

72ND ST TRANSVERSE ROAD

Bandshell

East Green

Majestic Apartments

Mineral Springs

THE MALL

EAST DRIVE

FIFTH AVENUE

WEST DRIVE

Sheep Meadow

Hotel des Artistes

Tavern on the Green

Central Park

Balto-Statue

Temple Emanu-El

Tisch Children's Zoo

65TH ST TRANSVERSE ROAD

Friedsam Memorial Carousel

Heckscher Ballfields

ℹ ①

⑦

Century Apartments

⑨

Time Warner Center ℹ

Bird Sanctuary

Duck Pond

59 St-Columbus Circle 🅂

5 Av-59 St N.Q.R.W 🅂

COLUMBUS CIRCLE 1.A.B.C.D

CENTRAL PARK SOUTH (OLMSTED WAY)

Plaza Hotel

Grand Army Plaza

④ Bow Bridge

Sie ist eine der originalen Gusseisen-Brücken im Park und verbindet Teile des Sees. Im 19. Jahrhundert, als viele New Yorker hier Schlittschuh liefen, signalisierte ein roter Ball, dass das Eis trug.

⑤ Bethesda Fountain and Terrace

Die Terrasse zwischen See und Mall bildet das architektonische Herz des Parks. Der Brunnen wurde 1873 eingeweiht. Die Statue *Angel of the Waters* erinnert an den Croton Aqueduct, über den die Stadt 1842 erstmals mit Frischwasser versorgt wurde. (Sein Name geht auf die Bibelerzählung von einem Engel zurück, der am Teich von Bethesda in Jerusalem erschien.)

⑥ Conservatory Water

Der kleine See ist besser als Model Boat Pond bekannt: Jedes Wochenende ist er Schauplatz von Modellboot-rennen. Vogelbeobachter spüren Pale Male nach, einem Rotschwanzhabicht, der seit Jahren auf dem Dach von 927 Fifth Avenue nistet. Am Nordende steht die bei Kindern beliebte Skulptur *Alice im Wunderland*. An der Statue von H. C. Andersen lesen Geschichtenerzähler vor.

⑦ Central Park Zoo

🕐 Apr–Okt: tägl. 10–17 (Sa, So bis 17:30); Nov–März: tägl. 10–16:30

Der Zoo nutzt die geringe Fläche sehr tiergerecht. Über 150 Tierarten verteilen sich auf drei Klimazonen.

⑧ Conservatory Garden

🕐 8 bis zur Dämmerung

Am Vanderbilt Gate an der Fifth Avenue kann man drei Gärten betreten. Der Central Garden spiegelt den italienischen Gartenstil wider, der South Garden ist ein englischer Garten und der North Garden ein formaler französischer Garten.

⑨ Wollman Rink

📅 Nov–März

Der Wollman Rink macht Eislaufen seit 1949 großartig. Von Juni bis September verwandelt er sich in Gärten und einen Vergnügungspark.

⑩ Charles A. Dana Discovery Center und Harlem Meer

📅 Fr–So 10–17

Das Center informiert über den Park. Es blickt auf das Harlem Meer, wo man Fische angeln darf, wenn man sie danach wieder freilässt (Angelruten im Verleih).

Restaurants

Tavern on the Green
Das berühmte Restaurant im Central Park serviert wohlhabenden Einheimischen und Besuchern moderne saisonale Gerichte.

🏠 Central Park West / 67th St 🌐 tavernonthe green.com
$$$

Loeb Boathouse
Loeb Boathouse am Central Park Lake wurde von dem Unternehmer und Philanthropen Carl M. Loeb gegründet. Das Restaurant ist für Trauungen beliebt.

🏠 East 72nd St / Park Drive North
🕐 Dez–März: abends 🌐 thecentral parkboathouse.com
$$$

→
Schneebedeckte Statue im Conservatory Garden des Central Park

2 🖊️ 🎞️ 🖥️ 🛍️ ♿

American Museum of Natural History

📍 M8 🏠 Central Park West / 79th St 🚇 81 St (B, C)
🚌 M7, M10, M11, M79, M104 📞 +1-212-769-5100
🕐 Mi – So 10 –17:30 🗓️ Thanksgiving, 25. Dez 🌐 amnh.org

Fossilien, Präparate und jede Menge Skelette – die quasi enzyklopädische Sammlung an Raritäten schmückt eines der weltweit größten
Naturkundemuseen. Mit seinen Dioramen ist es, wie viele große Naturkundemuseen, noch im 19. Jahrhundert verhaftet, doch ist das AMNH sehr aktiv,
seine Schätze zeitgenössisch zu präsentieren. Das Museum beherbergt auch das
Rose Center for Earth and Space, das sich der Erforschung des Weltraums widmet. Vor allem Kinder lieben es, die zahllosen Wunderdinge des Museums zu entdecken und die interaktiven Exponate auszuprobieren.

Seit der Eröffnung des Gebäudes 1877 wurde der Komplex immer größer und erstreckt sich nun über vier
Blocks. Seine vier Ebenen sind vollgepackt mit über
30 Millionen Arten und Artefakten. Besonders beliebt ist
die Dinosaurier-Ausstellung mit der weltweit größten
Dino-Sammlung sowie die Milstein Hall of Ocean Life, die
das Drama mariner Lebenswelten präsentiert. Das Rose
Center for Earth and Space beherbergt das Hayden Planetarium, die Edelstein- und Mineralienabteilung zeigt eine
erstaunliche Vielfalt an Kristallen. Doch das ist nur ein
Bruchteil – es gibt auch noch
Reptilien, Amphibien, Insek-
ten, afrikanische Säugetiere
und und und …

↑ Parade afrikani-
scher Elefanten

←

Die Replik des riesigen Blau-
wals ist einem Weibchen,
das 1925 gefangen wurde,
nachgebildet

Junge Ster-
nenguckerin ↓

Rose Center

Einen faszinierenden Anblick bietet das be-
leuchtete Rose Center nachts von der Straße
aus. Die Exponate im Inneren sind, wie Carl
Sagan einst sagte, »Sternenstaub«. In dem
27 Meter hohen Kuppelbau sind das hoch
entwickelte Hayden Planetarium, der
Heilbrunn Cosmic Pathway, eine
107 Meter lange Zeitspirale durch
13 Milliarden Jahre Evolution, und
das Big Bang Theater, das die Ur-
sprünge des Universums erklärt,
untergebracht.

MOLLUSKS

INSECTS AND MYRIAPODS   SEGMENTED WORMS   MOL

*In der Hall of Biodiversity
kann man die Vielfalt des
Lebens studieren* ↑

SEHENSWÜRDIGKEITEN

3 ⬡ ⬡ ⬡ ⬡

Lincoln Center

📍 M9 🏠 10 Lincoln Center Plaza (Columbus Av) 🚇 66 St (1) 🌐 lincolncenter.org

Das Lincoln Center wird von einer Reihe von Veranstaltungsorten gebildet. Zunächst ist das von Wallace K. Harrison entworfene Metropolitan Opera House (1966) zu nennen. Fünf große Bogenfenster gestatten einen Blick in das Foyer mit zwei Wandbildern von Marc Chagall. Innen beeindrucken Marmortreppen, roter Plüschteppich und Kristalllüster. Letztere werden vor Vorstellungsbeginn zur Decke hochgezogen.

An der Querseite der Plaza liegt das David H. Koch Theater von 1964, errichtet von den Architekten Philip Johnson und John Burgee. Gewaltige weiße Marmorskulpturen von Elie Nadelman beherrschen das Foyer. We-

gen der Bergkristalllampen und -lüster wird das Theater auch als »Schmuckkästchen« bezeichnet.

Die David Geffen Hall (frühere Avery Fisher Hall) wurde 1962 als Philharmonie eröffnet. Anfangs gab es Kritik an der Akustik. Baumaßnahmen verwandelten sie mittlerweile in ein akustisches Juwel, das sich klanglich mit ande-

ren berühmten Konzertsälen messen kann.

Der Komplex bietet noch drei kleinere Theater, die oft ausgefallene Stücke spielen: das Vivian Beaumont Theater mit 1000 Sitzplätzen, das Mitzi E. Newhouse Theater mit 280 Plätzen und das Claire Tow Theater mit 112 Plätzen. Einige der besten modernen Dramatiker

Legendäre Ensembles des Lincoln Center

Im Lincoln Center sind mehrere Spitzen-Ensembles angesiedelt. Die weltberühmte Metropolitan Opera wird derzeit von Yannick Nézet-Séguin geleitet. Primaballerina des American Ballet ist die Afroamerikanerin Misty Copeland. Das New York City Ballet im David H. Koch Theater führt im November und Dezember Balanchines *Nussknacker* auf. Die David Geffen Hall ist Heimstatt der New Yorker Philharmoniker und veranstaltet das beliebte Festival »Mostly Mozart«. Die Alice Tully Hall beherbergt die Chamber Music Society.

Das Lincoln Center of the Performing Arts, ein hochrangiges Kulturzentrum

Schon gewusst?

West Side Story (1961) wurde auf dem Areal des Lincoln Center gefilmt, bevor dieses gebaut wurde.

New Yorks haben im Beaumont den Durchbruch geschafft. Das kleinere Newhouse ist ein Werkraumtheater, macht aber durchaus Schlagzeilen. Das Clare Tow gibt Newcomern eine Chance.

❹
Columbus Circle

📍 M9 🚇 59 St-Columbus Circle (A, B, C, D, 1)
🌐 jazz.org

Über den Platz an der unteren Ecke des Central Park blickt die Statue von Christoph Kolumbus, die auf einer Granitsäule steht. Sie ist ein Überbleibsel des alten Platzes, der eines der größten Bauprojekte New Yorks war. Hier wurden neue multifunktionale Hochhäuser gebaut, die nationale und internationale Unternehmen anziehen. Time Warner etwa hat hier sein Hauptquartier in einem 80-stöckigen Turm. Auf die 260 000 Quadratmeter des Baus verteilen sich Läden, Veranstaltungsräume und Lokale. Hier findet man Shops wie Hugo Boss, Williams-Sonoma und Bio-Märkte. Dinieren kann man z. B. im Per Se oder im Masa. Außerdem gibt es ein Hotel der Mandarin-Oriental-Kette.

Das Time Warner Center »übernahm« auch die Organisation Jazz at the Lincoln Center: Der Appel Room, das Rose Theater und der Dizzy's Club bilden zusammen mit einer Jazz-Ruhmeshalle und einem Unterrichtscenter den weltweit ersten Komplex, der ausschließlich dem Jazz gewidmet ist.

Am Columbus Circle stehen zudem das vom britischen Architekten Norman Foster entworfene Hearst House, das Trump International Hotel, das Maine Monument und das auffällige Museum of Arts and Design *(siehe S. 182)*, das frühere American Craft Museum.

❺
Nicholas Roerich Museum

📍 L5 🏠 319 West 107th St
🚇 Cathedral Parkway-110 St (1) ☎ +1-212-864-7752
🕐 Di – Fr 12 – 16, Sa, So 14 – 17 🚫 Feiertage
🌐 roerich.org

Das oft übersehene Nicholas Roerich Museum liegt in einem hübschen »Brownstone« beim Riverside Park. Es enthält eine kleine Sammlung von 150 Originalgemälden von Nicholas Roerich (1874–1947), einem in Russland geborenen Künstler, der in den 1920er Jahren in Indien lebte. Der überwiegende Teil seiner Werke zeigt Naturszenen aus der Himalaja-

Restaurants

Per Se

Thomas Kellers Restaurant gehört zu den gefeierten Lokalen der Stadt. Es bietet zwei (durchaus preisgünstige) Neun-Gänge-Menüs mit neuer kalifornischer Küche, eine exzellente Weinkarte sowie einen spektakulären Blick auf den Central Park. Für Männer besteht Jackettpflicht.

📍 M9 🏠 Time Warner Center, 10 Columbus Circle 🕐 Mo – Do mittags 🌐 thomaskeller. com/perseny

💲💲💲

Jean-Georges

Das Lokal ist das Kronjuwel von Jean-Georges Vongerichten. Hier vermählen sich Bio-Produkte und zeitgenössische Haute Cuisine. Abends gibt es ein dreigängiges Menü zum Festpreis (oder teurere Probiermenüs), mittags ein zweigängiges Menü. Reservierung unbedingt erforderlich.

📍 M9 🏠 Trump International Hotel, 1 Central Park West 🌐 jean-georges restaurant.com

💲💲💲

region, die von buddhistischer Mystik inspiriert sind.

Das Frühwerk des aus St. Petersburg stammenden Malers, Schriftstellers und Philosphen wurde in Europa vom Impresario Sergei Diaghilev gefördert. Roerichs Beziehung zu New York entstand bei einem Aufenthalt in den 1920er Jahren. Er gründete hier die Agni Yoga Society und das Master Institute of United Arts.

❻

The Dakota

📍 M9 🏠 1 West 72nd St
🚇 72 St (1, 2, 3) 🔒 für
Besucher

Der Name »Dakota« deutet
darauf hin, wie weit »im Wil-
den Westen« das Gebäude
lag, das der Architekt Henry
J. Hardenbergh entworfen
hatte. Das erste Luxus-Apart-
menthaus New Yorks ent-
stand 1880–84 inmitten
ärmlicher Hütten. Den Auftrag hatte Edward S. Clark
gegeben, der Erbe des
Singer-Nähmaschinen-
Vermögens.

> 🔍 Entdeckertipp
> **Streetart**
>
> Gleich um die Ecke vom
> Zabar's Café (79th St
> Ecke Broadway) sieht
> man das Wandbild
> *Hammer Boy*. Die Dar-
> stellung eines kleinen
> Jungen, der einen Ham-
> mer schwingt, schuf der
> britische Graffiti-Künst-
> ler Banksy 2013.

In den 65 Luxussuiten
wohnten Berühmtheiten wie
Judy Garland, Lauren Bacall,
Leonard Bernstein und Boris
Karloff (der noch als Ge-
spenst umgehen soll). Das
Dakota hat es auch zu Film-
ruhm gebracht, z. B. in *Rose-
maries Baby*.

Hier wohnte auch John
Lennon. Der Ex-Beatle wurde
am 8. Dezember 1980 genau
vor diesem Haus Opfer eines
Attentats. Seine Frau Yoko
Ono lebt heute noch hier.

❼

New York Historical Society

📍 M8 🏠 170 Central Park
West 🚇 81 St (B, C) 📞 +1-
212-873-3400 🕐 Galerien:
Di–Sa 10–18 (Fr bis 20), So
11–17; Bibliothek: Di–Sa
9–15, Sa 10–16:45 (je nach
Saison) 🌐 nyhistory.org

Zu den Schätzen der 1804
gegründeten Gesellschaft gehören eine exzellente Bibliothek und das älteste New
Yorker Museum. Die Samm-
lung umfasst historische Dokumente über Sklaverei und

den Bürgerkrieg, Zeitungen
aus dem 18. Jahrhundert
und zudem alle 435 Vogel-
aquarelle von John James
Audubons *Birds of America*.

Auch 150 Tiffany-Leuchten
(die weltgrößte Sammlung)
und Möbel der Federal-Style-
Periode hat die Society zusammengetragen.

❽

Children's Museum of Manhattan

📍 L7 🏠 212 West 83rd St
🚇 79 St oder 86 St (1), 81 St
(B, C) 📞 +1-212-721-1223
🕐 tägl. 10–17 (Sa bis 19)
🌐 cmom.org

Das didaktisch hervorragende Museum »zum Anfassen«
wurde 1973 eröffnet und
gründet auf der These, dass
Kinder beim Spielen am besten lernen können. In der
beliebten Ausstellung »Eat,
Sleep, Play« lernen die Kleinen jede Menge Wissens-
wertes über Themen wie
Ernährung und gesunde Le-
bensweise. In der Abteilung
»Block Party« können Kinder
Burgen, Brücken und sogar
ganze Städte aus Holz bau-
en. In anderen Bereichen be-
geben sich Kinder auf Reisen
zu den anderen Kulturen der
Welt. Es gibt auch Führungen. An Wochenenden treten
Puppenspieler und Märchen-
erzähler auf. Ein Umzug des
Museums nach 361 Central
Park West ist geplant.

> **Der Riverside Drive
> ist eine der hüb-
> schesten Straßen
> der Stadt: breit,
> schattig und mit
> Ausblicken auf den
> Hudson – ein be-
> gehrtes Wohnviertel.**

←

*Exklusiv und teuer: das luxu-
riöse Dakota, einst das Heim
von John Lennon*

Auswahl an leckeren Backwaren in Zabar's Café

Restaurants

Absolute Bagels
Hier gibt es die frischesten Bagels der Stadt.

📍 L5 🏠 2788 Broadway
📞 +1-212–932-2052
💲💲💲

Barney Greengrass
Der seit 1908 bestehende »Störkönig« serviert exzellenten Räucherlachs, Pastrami, Keta-Lachs und Stör.

📍 M7 🏠 541 Amsterdam Avenue
⏰ abends, Mo
🌐 barneygreen grass.com
💲💲💲

Jacob's Pickles
In dem Upper-West-Side-Klassiker gibt es Südstaatenküche wie Pancakes mit Hühnchen plus scharfe Pickles.

📍 M7 🏠 509 Amsterdam Avenue
🌐 jacobs.pickle hospitality.com
💲💲💲

Zabar's Café
Delikatessen zum Mitnehmen seit 1934: Räucherfisch, Pickles, Käse und Räucherlachs-Sandwiches.

📍 L8 🏠 2245 Broadway 🌐 zabars.com
💲💲💲

⑨ 🎨 📷 🏛 ♿
American Folk Art Museum

📍 M9 🏠 2 Lincoln Sq
🚇 66 St (1) 📞 +1-212-595-9533 ⏰ Di–Do, Sa 11:30–19, Fr 12–19:30, So 12–18
🚫 25. Dez
🌐 folkartmuseum.org

Das Museum für amerikanische Volkskunst liegt gut erreichbar direkt gegenüber dem Komplex des Lincoln Center. Die 1961 gegründete Sammlung besitzt etwa 7000 Exponate vom 18. Jahrhundert bis heute.

Die Bandbreite der Exponate ist enorm: farbenfrohe Quilts, imposante Porträts und größere Werke von autodidaktischen Zeitgenossen. Interessant sind die Aquarelle von Henry Darger und die urbanen Bilder von Ralph Fasanella. Neben der allgemeinen Dauerausstellung gibt es Wechselausstellungen mit rollierenden Exponaten.

Die Anwohner lieben den schattigen Riverside Park in der Upper West Side

⑩
Riverside Drive und Park

📍 L5 🚇 79 St oder 86 St (1), 96 St (1, 2, 3)

Der Riverside Drive ist eine der hübschesten Straßen der Stadt: breit, schattig und mit Ausblicken auf den Hudson River. Er wird von alten Stadtpalais und neueren Apartmenthäusern gesäumt. Die sehenswerten Gebäude Nr. 40–46, 74–77, 81–89 und 105–107 entstanden Ende des 19. Jahrhunderts nach Plänen von Clarence F. True. Ihre geschwungenen Giebel, Erker und Bogenfenster scheinen die Biegung der Straße und des Flusses widerzuspiegeln.

Das Haus Nr. 243 trägt den Namen Cliff Dwellers' Apartments (zwischen 96th und 97th St). Ein Fries zeigt frühe »Felsenbewohner« (Angehörige der einstigen Pueblo-Kultur) in Arizona mit Masken, Büffelschädeln und Klapperschlangen.

Der Riverside Park erstreckt sich 2,5 Kilometer entlang dem Hudson River und wurde 1880 nach Plänen von Frederick Law Olmsted angelegt, der auch den Central Park *(siehe S. 238–241)* gestaltete. Er gehört zu den acht »Scenic Landmarks« in New York.

Spaziergang um das Lincoln Center

Länge 1 km   **Dauer** 15 Min.   **U-Bahn** 59 St, 72 St

Das Lincoln Center verdankt seine Existenz zwei Umständen: Zum einen benötigten die Metropolitan Opera und das New York Philharmonic Orchestra neue Domizile, zum anderen bedurfte ein großer Teil der West Side dringend einer Neubelebung. Der Gedanke, einen einzigen Komplex verschiedenen darstellenden Künsten zu widmen, erscheint heute ganz normal, galt aber in den 1950er Jahren als Wagnis. Inzwischen zählt das Center jährlich fünf Millionen Besucher und hat sich längst etabliert. Ein solches Kulturzentrum veranlasst zudem Künstler wie auch Kunstliebhaber, möglichst in der Nähe zu leben.

Der Komponist **Leonard Bernstein** trug entscheidend zum Aufbau des Komplexes bei. Sein Musical *West Side Story* spielt in der damals heruntergekommenen Gegend.

Das **Vivian Beaumont Theater** und das **Mitzi E. Newhouse Theater**, Teil des Lincoln Center, sind in diesem Gebäude untergebracht *(siehe S. 244f)*.

Die **Guggenheim Bandshell** im Damrosch Park ist Veranstaltungsort für kostenlose Konzerte.

Die **Metropolitan Opera** ist das Zentrum des Lincoln Center. Vom Café, das oben im Foyer angesiedelt ist, hat man einen schönen Ausblick *(siehe S. 244)*.

Das **David H. Koch Theater** ist Heimstatt des New York City Ballet und auch Aufführungsort für das American Ballet Theatre *(siehe S. 244)*.

45 Columbus Avenue ist ein Art-déco-Juwel, in dem die Joseph A. Martino Hall der Fordham University untergebracht ist.

Im Lincoln Center for the Performing Arts kommen Tanz, Musik und Theater zusammen. Der **Platz um den Brunnen** lädt zum Ausruhen und Leutebeobachten ein.

AVENUE

AMSTERDAM

W 62ND STREET

COLUMBUS AVENUE

BROADWAY

Central Park und
Upper West Side

Zur Orientierung
Siehe Stadtteilkarte S. 236f

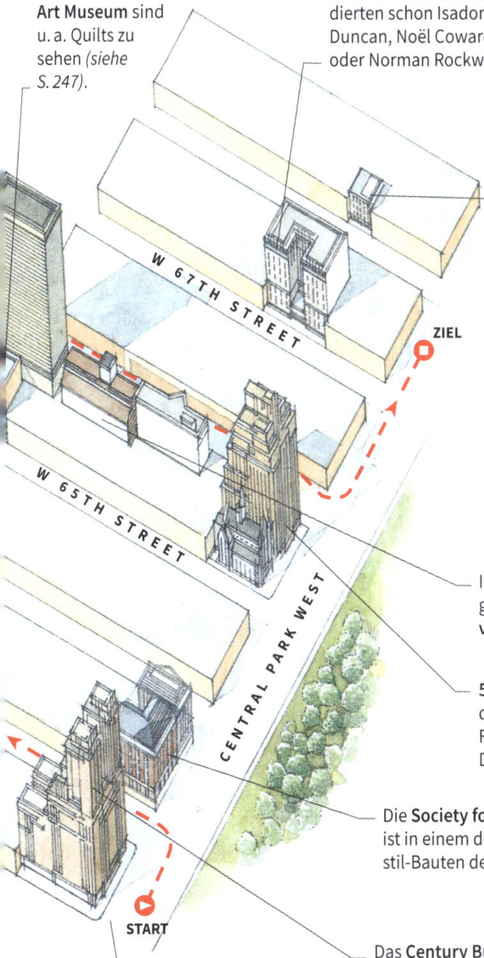

↑ *Vor dem Metropolitan Opera House des
Lincoln Center sprudelt ein Brunnen*

Im **American Folk
Art Museum** sind
u. a. Quilts zu
sehen *(siehe
S. 247)*.

Im **Hotel des Artistes** residierten schon Isadora
Duncan, Noël Coward
oder Norman Rockwell.

W 67TH STREET

ZIEL

James Dean bewohnte einst
ein Ein-Zimmer- Apartment
im obersten Stock von **19
West 68th Street**.

Schon
gewusst?

**Die Bühne des
Metropolitan Opera
House hat die
Größe eines Fuß-
ballfelds.**

W 65TH STREET

CENTRAL PARK WEST

In dem burgartigen ehemaligen Arsenal gibt es ein **Studio
von ABC**-TV für Seifenopern.

55 Central Park West, ein Art-
déco-Apartmenthaus, war im
Film *Ghostbusters* das Heim von
Dana Barrett (Sigourney Weaver).

Die **Society for Ethical Culture**
ist in einem der ersten Jugend-
stil-Bauten der Stadt zu Hause.

START

Das **Century Building**
am Central Park West
ist mit seinen Zwil-
lingstürmen nur ein
Paar von vier Zwil-
lingsturmbauten.

Central Park West
ist die Adresse zahl-
reicher Prominenter,
die hier in exklusiven
Apartments ihre Pri-
vatsphäre genießen.

0 Meter   100   N
0 Yards   100   ↑

Harlem und Morningside Heights

Harlem ist seit den 1920er Jahren, als Dichter, Aktivisten und Jazzmusiker die Bewegung Harlem Renaissance bildeten, das Herz der afroamerikanischen Gemeinde New Yorks. Heute findet man hier Lokale mit westafrikanischem Essen, Gospelchöre, die sonntags etwa in der Abyssinian Baptist Church singen, eine vibrierende Jazzszene und einige der schönsten Wohnblocks der Stadt.

Morningside Heights am Hudson River ist Sitz der Columbia University, einer der renommiertesten Universitäten des Landes, und besitzt zwei der schönsten Kirchen New Yorks. Hamilton Heights erstreckt sich weiter nördlich – das Areal ist hauptsächlich Wohnviertel, bietet aber ein historisches Anwesen im Federal Style sowie das City College of New York.

WEST 151ST ST

L

M

WEST 151ST ST

WEST 149TH ST

Jackie Robinson Park

WEST 148TH ST

WEST 148TH ST

B R O A D W A Y

A M S T E R D A M   A V E N U E

WEST 146TH ST

FREDERICK DOUGLASS BLVD

ADAM CLAYTON POWELL, JR BOULEVARD

WEST 145TH ST

S 145 St
3

WEST 145TH ST

LENOX AVENUE

WEST 144TH ST

WEST 143RD ST

C O N V E N T   A V E N U E

WEST 142ND ST

WEST 142ND ST

WEST 141ST ST

Hamilton Grange National Memorial
3

WEST 141ST ST

WEST 140TH ST

WEST 140TH ST

WEST 139TH ST

Hamilton Heights

St NICHOLAS AVENUE

St NICHOLAS TERRACE

Striver's Row (St. Nicholas District)
8

WEST 138TH ST

HAMILTON PLACE

137 St–
City College 1 S

WEST 137TH ST

Schomburg Center

WEST 136TH ST

135 St
B.C S

WEST 136TH (SEVENTH AVENUE)

2

135

2 River Bank State Park

2

WEST 135TH ST

WEST 135TH ST

MALCOLM X

H u d s o n   R i v e r

WEST 133RD ST

City College of New York
15

St NICHOLAS PARK

EDGECOMBE AVENUE

St NICHOLAS AVENUE

WEST 134TH ST

2

WEST 133RD ST

WEST 132ND ST

(EIGHTH AVENUE)

Columbia University
16

WEST 131ST ST

WEST 130TH ST

WEST 130TH ST

National Jazz Museum in Harlem

WEST 125TH ST

CONVENT HILL

WEST 129TH

St NICHOLAS TERRACE

WEST 128TH ST

WEST 128TH ST

125 St 1 S

WEST

Studio Museum 127
9

126TH ST

WEST 127TH ST

WEST 127TH ST

BLVD

TIEMANN PLACE

(MARTIN LUTHER KING, JR BLVD) HANCOCK PLACE

ROOSEVELT SQUARE

125 St A.B.C.D S

WEST 126TH ST

Apollo Theater
13

125 St
2.3 S

CLAREMONT AVENUE

RIVERSIDE DRIVE EAST

RIVERSIDE DRIVE WEST

B R O A D W A Y

LA SALLE ST

General Grant National Memorial
5

HANCOCK SQUARE

WEST 125TH ST

3

H E N R Y   H U D S O N   P A R K W A Y   9 A

W 122ND ST

FREDERICK DOUGLASS BOULEVARD

8

ADAM CLAYTON POWELL, JR BLVD

St. NICHOLAS

WEST 122ND ST

6

WEST

Riverside Church
4

MORNINGSIDE HEIGHTS

A M S T E R D A M   A V E N U E

M a n h a t t a n   A v e n u e

WEST 120TH ST

Morningside Park

WEST 120TH ST

LENOX AVENUE

R i v e r s i d e   P a r k

RIVERSIDE DRIVE

AVENUE

Low Library

MORNINGSIDE DRIVE

MORNINGSIDE AVENUE

WEST 119TH ST

WEST 117TH

5

Columbia University
16

116th St
B.C S

WEST 116TH ST (SEVENTH AVENUE)

116th St
2.

116 St–
Columbia University 1 S

Butler Library

St. Luke's Hospital

WEST 114TH ST

(EIGHTH AVENUE)

WEST 114TH ST

WEST 113TH ST

WEST 112TH ST

(EIGHTH AVENUE)

Central Park North–110 St
2.3 S

Cathedral Parkway 1 S

Cathedral of St. John the Divine
1

110 St–Cathedral Parkway
B.C S

CATHEDRAL PARKWAY

CENTRAL PARK

RIVERSIDE DRIVE

Central Park und Upper West Side
Seiten 234–249

C e n t r a l   P a r k

N

CENTRAL PARK WEST

0 Meter   500
0 Yards   500

L

M

Harlem und Morningside Heights

Highlights
1. Cathedral of St. John the Divine
2. Schomburg Center

Sehenswürdigkeiten
3. Hamilton Grange National Memorial
4. Riverside Church
5. General Grant National Memorial
6. Marcus Garvey Park
7. Langston Hughes House
8. Striver's Row (St. Nicholas District)
9. Studio Museum 127
10. Mount Morris Historic District
11. Museo del Barrio
12. National Jazz Museum in Harlem
13. Apollo Theater
14. Graffiti Wall of Fame
15. City College of New York
16. Columbia University

Restaurants
1. Patsy's Pizzeria
2. Africa Kine
3. Red Rooster
4. Sylvia's Restaurant
5. Amy Ruth's

Hotels
6. Harlem Flophouse
7. International Cozy Inn
8. Aloft Harlem

Harlem und
Morningside Heights

BRONX

Third Avenue
Bridge

Willis Avenue
Bridge

Harlem River
Drive

»Crack is Wack«
Mural

Langston
Hughes House
7

Mount Morris
Historic
District
10

125 St
4.5.6

125TH ST (MARTIN LUTHER KING JR, BLVD)

AFRICAN
SQUARE

Marcus
Garvey
Park
6

RONALD E
MCNAIR PLACE

PALADINO AVENUE

Randall's
Island
Park

116 St
6

116TH ST (LUIS MUÑOZ MARIN BOULEVARD)

Jefferson
Park

EAST 114TH ST

DUKE
ELLINGTON
CIRCLE

110 St
6

110TH ST

Harlem
Meer

Graffiti Wall of Fame
14

Museo
del Barrio
11

FRANKLIN D. ROOSEVELT DR (E RIVER DR)

Upper East Side
Seiten 214–233

❶ ⊘ Ⓜ 🕐 ♿

Cathedral of St. John the Divine

📍 M4 🏠 1047 Amsterdam Avenue / West 112th St Ⓢ Cathedral Pkwy-110 St (1)
🚌 M4, M11, M60, M104 🕐 tägl. 7:30–18 Ⓦ stjohndivine.org

Die neogotische Kathedrale ist einzigartig. Nach ihrer Fertigstellung – weit über 100 Jahre nach Baubeginn – wird sie einmal die größte anglikanische Kirche der Welt sein. Unter ihrem halb fertigen Dach gibt sie Musik, Theater und Avantgarde-Kunst eine Heimat.

Der 1892 begonnene, 183 Meter lange und 45 Meter breite Bau ist erst zu zwei Dritteln abgeschlossen. Er wird einmal eine der größten Kathedralen der Welt sein und den Petersdom übertreffen. Heins & LaFarge entwarfen die Kirche im romanischen Stil, Ralph Adams Cram, der das Projekt 1911 übernahm, konzipierte das Schiff und die Westfront im gotischen Stil. Bis heute nutzt man beim Bauen mittelalterliche Konstruktionsmethoden, etwa die Verwendung von steinernen Strebepfeilern. Die Kathedrale spielt eine wichtige Rolle für die Gemeinde, hier finden soziale und kulturelle Veranstaltungen statt.

↓ *Cathedral of St. John the Divine*

↑ *Das Portaldekor von Steinmetz Joe Kincannon zeigt ein apokalyptisches New York*

Die **Fensterrose** symbolisiert die vielen Facetten der christlichen Kirche.

Chronik

1823
▽ Plan einer Kathedrale für den Washington Square

1891
◁ Wahl des Standorts: Cathedral Parkway

1941
▽ Einstellung der Arbeit; Wiederaufnahme erst 1978

1888
Heins & LaFarge gewinnen den Wettbewerb

1892
△ 27. 12: Grundsteinlegung (Johannestag)

Die **Stützpfeiler** des 30 Meter hohen Kirchenschiffs tragen anmutige steinerne Spitzbogen.

Jede der **Säulen** des Chors ist aus poliertem grauem Granit und 17 Meter hoch.

Endgültiges Aussehen

Das nördliche und südliche Querschiff sowie der Vierungsturm und die Westtürme sind fertiggestellt. Selbst wenn das Geld für die Vollendung der Kathedrale vorhanden sein sollte, werden die Arbeiten noch mindestens 50 Jahre dauern.

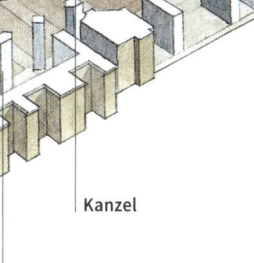

Kanzel

Der **Bischofsstuhl** ist eine Kopie des Stuhls in der Kapelle Henrys VII in Westminster Abbey, London.

Die **Fenster der Seitenaltäre** sind menschlichen Tätigkeiten gewidmet. Auf dem »Sportfenster« sind Sportdarstellungen zu sehen.

↑ *Das schöne Kirchenschiff bietet Gläubigen einen ruhigen meditativen Raum*

1982
▽ Seilartist Philippe Petit überquert ein Hochseil zwischen Kathedrale und Amsterdam Avenue

2001
Großbrand zerstört Innenteile und Dach des nördlichen Querhauses

2017
▽ Kathedrale und Umgebung werden »New York City Landmark«

1978–89
Dritte Bauphase; Stonemasons' Yard eröffnet und Südturm erhöht

2008
Wiedereröffnung nach sieben Jahren Renovierung

Schomburg Center

📍 N2 🏠 515 Malcolm X Blvd / West 135th St 🚇 135 St (2, 3) 📞 +1-917-275-6975
🕐 Mo – Sa 10 –18 🚫 Feiertage 🌐 nypl.org/locations/schomburg

Das Schomburg Center (eigentlich: Schomburg Center for Research in Black Culture) ist das größte US-Forschungszentrum, das sich mit der afroamerikanischen Kultur befasst. Die wegweisende Institution gehört zu Harlems Attraktionen.

Forschungszentrum zur afroamerikanischen Geschichte

Das 1991 eröffnete Schomburg Center liegt in einem modernen Gebäudekomplex. Es ist Teil der New York Public Library und ein wichtiges Forschungszentrum. Die riesige Sammlung wurde von Arturo Schomburg (1874 –1938) zusammengetragen, einem Schwarzen puertoricanischer Herkunft, dem ein Lehrer einmal gesagt hatte, es gäbe keine »schwarze Geschichte«. Dies veranlasste den Schüler dazu, die afroamerikanische Geschichte und ihre Helden zu dokumentieren. Die Carnegie Corporation kaufte die Sammlung 1926 und übergab sie der New York Public Library. Schomburg, der in Harlem lebte, wurde 1932 Kurator.

Heute besitzt das Schomburg Center etwa zehn Millionen Sammelstücke, von Film- und Musikaufnahmen bis zu afrikanischer, karibischer und afroamerikanischer Literatur. Exzellente Wechselausstellungen beschäftigen sich mit Themen zu afroamerikanischen Lebenswelten und Erfahrungen.

Im Center gibt es einige faszinierende Wandbilder von Aaron Douglas, einem führenden Künstler der Harlem Renaissance. Der in Kansas geborene Douglas wollte auf dem Weg nach Paris nur einen kurzen Abstecher nach Harlem machen, doch er blieb für länger.

Um das Center kennenzulernen, sind Führungen ideal. Sie finden montags bis freitags von 10 bis 15 Uhr statt und müssen mindestens 30 Tage im Voraus gebucht werden (Infos zu Buchungen und mehr finden Sie auf der Website).

From Slavery Through Reconstruction – *ein Wandbild von Aaron Douglas*

Expertentipp
Aaron-Douglas-Wandbilder

Von der Latimer / Edison Gallery sieht man auf den Hauptlesesaal hinunter und kann vier Wandbilder des aus Harlem stammenden Renaissance-Künstlers Aaron Douglas von 1934 bewundern. Seine abstrakten Sujets behandeln afroamerikanische Alltagsthemen und Geschichtliches.

1 *Fassade des Schomburg Center for Research in Black Culture*

2 *In der Haupthalle ist die Ausstelllung* Black Power! *zu sehen. Die Black-Power-Bewegung folgte auf die Bürgerrechtsbewegung. Nach der Ermordung von Malcolm X 1965 rief Black Power zum sofortigen gewaltsamen Widerstand gegen weiße Unterdrückung auf.*

3 *Besucher beschäftigen sich mit den Exponaten des Schomburg Center.*

Langston Hughes

Der Dichter Langston Hughes wurde 1902 in Missouri geboren. 1929 kam er nach Harlem, wo er zur Schlüsselfigur der Bewegung Harlem Renaissance wurde. Bis zu seinem Tod 1967 schrieb er Gedichte, Theaterstücke und Prosa. Seine Asche wurde im Atrium (jenseits des Bibliothekseingangs) unter dem Terrazzoboden mit »Kosmogramm« begraben. Hier stehen Zeilen aus seinem Gedicht *The Negro Speaks of Rivers:* »My soul has grown deep like the rivers.«

↑ Das »Familienzimmer« in The Grange, dem Haus von Alexander Hamilton

③ Hamilton Grange National Memorial

📍 M1 🏛 St. Nicholas Park, 414 West 141st St 🚇 137 St-City College (1) 📞 +1-646-548-2310 🕐 Fr – So 10 – 12, 13 – 16 🚫 Thanksgiving, 25. Dez 🌐 nps.gov/hagr

Alexander Hamilton, Star des gleichnamigen Broadway-Musicals und Gesicht auf dem Zehn-Dollar-Schein, war einer der Architekten des föderalistischen Regierungssystems, der erste Finanzminister der USA und Gründer der National Bank. The Grange (1802) war sein Landhaus. Hamilton lebte hier nur zwei Jahre lang, bevor er 1804 bei einem Duell mit seinem politischen Gegner Aaron Burr starb.

1898 wurde das Haus um vier Blocks versetzt. 2008 kam es an seinen neuen Standort im St. Nicholas Park. Führungen starten um 10, 11 und 14 Uhr.

④ Riverside Church

📍 L3 🏛 490 Riverside Dr / 122nd St 🚇 116 St-Columbia University (1) 🕐 tägl. 7 – 22 🌐 trcnyc.org

Die Kirche, ein 21-stöckiger Stahlgerüstbau mit neogotischer Fassade, ahmt die Ka-

thedrale in Chartres nach. Das Gotteshaus wurde 1930 von John D. Rockefeller Jr. finanziert. Das Laura-Spelman-Rockefeller-Glockenspiel (zu Ehren der Mutter von Rockefeller Jr.) ist mit 74 Glocken das größte der Welt. Die Stundenglocke wiegt 20 Tonnen und ist die schwerste und größte gestimmte Glocke. Auch die Orgel mit ihren 22 000 Pfeifen ist eine der größten und eindrucksvollsten der Welt.

An der Rückseite der zweiten Empore befindet sich eine vollkommen mit Blattgold überzogene Gipsfigur von Jacob Epstein: *Die Herrlichkeit des Herrn*. Ein weiteres Epstein-Werk, *Madonna mit Kind*, steht im Innenhof.

Die Tafeln an der Kanzel ehren acht Männer und Frauen, die die Lehren Jesu beispielhaft vorlebten. Dazu gehören Michelangelo ebenso wie Florence Nightingale und Booker T. Washington.

Ruhe findet man in der separaten Christ Chapel, dem Nachbau einer französischen

↑ Glühende Bleiglasfenster hinter dem Altarkreuz in der Riverside Church

romanischen Kirche aus dem 11. Jahrhundert. Die Musikdarbietungen in der Kirche sind ansprechend. Führungen gibt es sonntags um 12:15 Uhr.

⑤ General Grant National Memorial

📍 L3 🏛 West 122nd St / Riverside Dr 🚇 116 St-Columbia University (1) 🚌 M5 🕐 Mi – So 9 – 17 🚫 1. Jan, Thanksgiving, 25. Dez 🌐 nps.gov/gegr

Das grandiose Monument wurde zu Ehren von Ulysses S. Grant, dem 18. Präsidenten der USA und Oberkommandierenden der Unionstruppen im Bürgerkrieg, errichtet. Im Mausoleum stehen die Särge von Grant und seiner Frau Julia – Grants Wunsch war es, gemeinsam bestattet zu werden. Nach Grants Tod 1885 kamen 600 000 Dollar Spenden von 90 000 Amerikanern zusammen, um ein Grabmal zu errichten, das dem Mausoleum von Halikarnassos (heute Bodrum), einem der sieben Weltwunder, gleichen sollte. Es wurde am 27. April 1897, an Grants 75. Geburtstag, eingeweiht. Die Parade mit 50 000 Menschen und einer Flotte von zehn amerikanischen und fünf europäischen Kriegsschiffen dauerte über sieben Stunden.

Der Innenraum ist dem Grabmal Napoléons im Pari-

Gospels in der Abyssinian Baptist Church

Die älteste afroamerikanische Kirche New Yorks (1808) wurde durch ihren charismatischen Pastor Adam Clayton Powell Jr. (1908 – 1972) bekannt. Er war Kongressmitglied und Bürgerrechtler und machte sie zur mächtigsten schwarzen Kirche der USA. Der neogotische Bau von 1923 ist für seine sonntäglichen Gospel-Gottesdienste bekannt (ab 11 Uhr, West 138th St / Powell Blvd).

Das imposante Grabmal von Grant besitzt eine beeindruckende Kuppeldecke (Detail)

ser Invalidendom nachempfunden. Jeder Sarkophag wiegt 8,5 Tonnen. In zwei Räumen gibt es Exponate zu Grants Leben, seiner Präsidentschaft und militärischen Laufbahn.

Im Norden und Süden wird das Gebäude von 17 sinusförmig gewundenen Mosaikbänken umgeben. Sie erinnern an Antoni Gaudí und wurden in den frühen 1970er Jahren von dem in Chile geborenen und in Brooklyn lebenden Künstler Pedro Silva entworfen. 1200 freiwillige Helfer stellten sie unter Silvas Aufsicht her. Die Mosaiken zeigen verschiedene Themen – von den Inuit über New Yorker Taxis bis hin zu Donald Duck.

Nördlich von Grants Grab findet sich ein anderes Denkmal – es ist um einiges einfacher, doch unglaublich anrührend. Eine schlichte Urne auf einem Sockel bezeichnet das Grab eines Kindes, das

im 18. Jahrhundert im Fluss ertrank. Der trauernde Vater brachte eine simple Plakette an: »Zur Erinnerung an St. Claire Pollock, ein liebenswertes Kind, gestorben am 15. Juli 1797 im fünften Lebensjahr.«

❻ Marcus Garvey Park

📍 N3 🏠 120th–124th St
Ⓢ 125 St (2, 3, 4, 5, 6)
🌐 nycgovparks.org

In dem hügeligen, felsigen Park steht der letzte New Yorker Feuerwachturm (1857), eine offene gusseiserne Konstruktion mit einer 14 Meter hohen Beobachtungsplattform. Die Glocke darunter diente dazu, Alarm auszulösen. Nach einer Renovierung für knapp sechs Millionen Dollar erstrahlen der Turm und die umliegende Plaza seit 2019 wieder in neuem Glanz.

Ursprünglich hieß der Platz Mount Morris Park. 1973 wurde er nach Marcus Garvey benannt. Garvey war 1916 aus Jamaika nach New York eingewandert und gründete dort die Universal Negro Improvement Association, die Selbsthilfe und Rassenstolz propagierte und eine Emigration aller schwarzen Menschen nach Afrika befürwortete.

❼ Langston Hughes House

📍 N3 🏠 20 East 127th St
Ⓢ 125 St (4, 5, 6) 🕐 für
Besucher 🌐 itooarts.com

Der gefeierte afroamerikanische Dichter Langston Hughes (siehe S. 257) lebte von 1948 bis zu seinem Tod 1967 in diesem Haus in Harlem. Hier verfasste er Klassiker seiner Jazz-Poesie wie Montage of a Dream Deferred. Seinen altersschwachen »Brownstone« von 1869 ließ man jahrelang verfallen.

Von 2016 bis 2019 wurde das Haus vom I, Too, Arts Collective angemietet. Bei den regelmäßig stattfindenden Lesungen waren zahlreiche bekannte Autoren zu Gast, darunter Jacqueline Woodson, Jason Reynolds, Cheryl Boyce-Taylor und Willie Perdomo.

Es gibt Pläne, das Haus in Zukunft wieder für Besucher zu öffnen.

8

Strivers' Row (St. Nicholas District)

📍 M1 🏠 202–250 West 138th St/West 139th St 🚇 135 St (2, 3)

Die beiden Blocks wurden 1891 errichtet, als Harlem als Viertel für die New Yorker Oberschicht beworben wurde. Die Reihenhäuser sind beispielhaft und wurden zum St. Nicholas Historic District erklärt. McKim, Mead & White waren für die nördliche Reihe von Ziegelbauten im Stil der Neorenaissance verantwortlich. Die georgianischen Häuser von Price und Luce sind verputzt und mit weißen Steinen eingefasst. James Brown Lords Gebäude haben eine Sandsteinbasis mit hervorstehenden roten Ziegelfassaden. Anfang des 20. Jahrhunderts waren sie bei den ehrgeizigen Professionals der wachsenden schwarzen Community als Wohnhäuser begehrt – daher der Spitzname »Strivers« (»Streber«).

Attraktive Stadthäuser im Mount Morris Historic District ↑

9

Studio Museum 127

📍 M3 🏠 429 West 127th St 🚇 125 St (2, 3) 📞 +1-212-864-4500 🕐 Do–So 12–18 🌐 studiomuseum.org

Gegründet wurde das Museum 1967 in Harlem mit dem Ziel, die erste Adresse für Sammlungen und Ausstellungen afroamerikanischer Kunst zu werden. Die derzeitigen Räume (144 West 125th Street) werden bis 2023 geschlossen, wenn das neue Gebäude nach einem Entwurf von Adjaye Associates (unter der Führung des britisch-ghanaischen Architekten David Adjaye) komplett fertiggestellt sein wird.

In der Zwischenzeit wird das Museum als temporärer Ausstellungsraum mit Wechselausstellungen schwarzer Künstler genutzt werden.

In der Sammlung des Museums sind über 400 Künstler mit über 2600 Werken vertreten, darunter Gemälden, Zeichnungen, Skulpturen, Fotografien und Installationen aus unterschiedlichen Materialien. In den Fotoarchiven lagert die größte existierende Sammlung von Bildern aus der Blütezeit Harlems. Mit dem InHarlem-Programm wird Kunst in der Nachbarschaft gefördert.

10

Mount Morris Historic District

📍 N3 🏠 West 119th–West 124th St 🚇 125 St (2, 3)

Die viktorianischen Häuser aus dem späten 19. Jahrhundert nahe dem Marcus Garvey Park zeigen noch immer ihre einstige Größe. Hierher zogen deutsche Juden aus der Lower East Side. Das Viertel kam ziemlich herunter, doch langsam setzt die Renovierung der Gegend ein.

Übrig geblieben sind einige imposante Kirchen, etwa die St. Martin's Episcopal Church. Im Viertel ist ein interessantes Nebeneinander von Glaubensrichtungen zu sehen: Die Mount Olivet Baptist Church (201st Malcolm X Boulevard) hat den ehemaligen Temple Israel, eine der größten Synagogen New Yorks, bezogen. Die Ethiopian Hebrew Congregation (1 West 123rd Street) ist in

Jazz live in Harlem

Jazz ist nach wie vor einer der Anziehungspunkte von Harlem. Jazzclubs wie Showman's und Minton's Playhouse sind beliebt. Der Saxofonist Bill Saxton spielt freitags und samstags in Bill's Place. Der Cotton Club (nicht mehr das Original) bietet guten Swing, Blues, Jazz und sonntags einen Gospel-Brunch (www.cottonclub-newyork.com).

> Duke Ellington, Thelonious Monk, Charlie Parker, Count Basie, John Coltrane und Billie Holiday starteten ihre Karrieren alle in den Clubs und Speakeasys von Harlem.

einem ehemaligen Herrenhaus untergebracht. Samstags singt hier ein Chor auf Hebräisch.

11

Museo del Barrio

📍 N5 🏠 1230 Fifth Avenue Ⓢ 103 St (6) ☎ +1-212-831-7272 🕐 Mi – Sa 11–18, So 12–17 🔒 Feiertage 🌐 elmuseo.org

Das 1969 gegründete Museum war das erste für lateinamerikanische Kunst in den USA. Es hat sich auf die Kultur Puerto Ricos spezialisiert und stellt zeitgenössische Malerei, Skulpturen, Folklore und historisches Kunsthandwerk aus. Hauptattraktion sind die 240 hölzernen Santos, geschnitzte Heiligenfiguren. Die präkolumbische Sammlung zeigt seltene Artefakte aus der Karibik. Die Exponate wechseln oft.

Mit seiner Lage am Ende der Museumsmeile versucht das Museum, die Kluft zwischen der edlen Upper East Side und El Barrio (Spanish Harlem) zu überbrücken.

12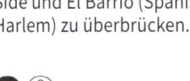

National Jazz Museum in Harlem

📍 N2 🏠 58 West 129th St Ⓢ 125 St (2, 3) ☎ +1-212-348-8300 🕐 Do – Sa 12–17 🌐 jazzmuseuminharlem.org

Das winzige Museum zeigt Harlems wichtigen Beitrag zur Jazzgeschichte. Duke Ellington, Thelonious Monk, Charlie Parker, Count Basie, John Coltrane und Billie Holiday starteten ihre Karrieren alle in den Clubs und Speakeasys von Harlem.

Zu sehen sind auch ausgewählte Jazz-Memorabilien, darunter etwa Duke Ellingtons weißes Piano und ein Schal für seine Frau oder Ralph Ellisons Jazzplatten-Sammlung. Das Museum arrangiert auch Jazz-Programme, Jazz-Kurse und Live-Gigs.

Restaurants

Patsy's Pizzeria
Ein italienisches Überbleibsel in Harlem. Es ist der Ort, wo das Konzept der »stückweisen Pizza« erfunden wurde. Nur Barzahlung.

📍 Q4 🏠 2287 First Avenue ☎ +1-212-639-1000
$$$

Africa Kine
Westafrikanische Gerichte wie Lammcurry, Erdnussbuttereintopf und würziger Fisch mit Okraschoten.

📍 N2 🏠 2267 Powell Blvd 🌐 africakinenyc.com
$$$

Red Rooster
Die Südstaatenküche bietet u. a. Steak mit grünen Tomaten und scharfes Jerk Chicken.

📍 N3 🏠 310 Malcolm X Blvd 🌐 redrooster harlem.com
$$$

Sylvia's Restaurant
Bestes Soul Food – von Hühnchen mit Waffeln bis zu Spareribs und kandierten Yamswurzeln.

📍 N3 🏠 328 Malcolm X Blvd 🌐 sylvias restaurant.com
$$$

Amy Ruth's
Wunderbares Soul Food. Das Frühstück mit Waffeln und die Desserts sind verführerisch.

📍 N4 🏠 113 West 116th St 🌐 amyruths.com
$$$

← *Das Apollo, der bekannteste Aufführungsort in Harlem*

Auf dem Crack-is-Wack-Spielplatz (East 127th St / Second Avenue) malte Keith Haring 1986 sein nun berühmtes Wandbild. 2019 wurde es von den Künstlern Louise Hunnicutt und William Tibbals neu gestaltet.

13 Apollo Theater

📍 M3 🏠 253 West 125th St Ⓢ 125 St (A, B, C, D) 📞 +1 212-531-5300 🕐 Veranstaltungen 🌐 apollotheater.org

Das Apollo eröffnete 1913 – nur für Weiße. Berühmt wurde es, als 1934 Frank Schiffman das Theater übernahm und es für alle zugänglich machte. Er verwandelte das Apollo in Harlems bekannteste Showbühne mit Legenden wie Bessie Smith, Billie Holiday, Duke Ellington und Dinah Washington.

Ab 1935 gab es mittwochs »Amateur Nights«, bei denen der Publikumsapplaus über den Sieg entschied. Die Veranstaltung war berühmt, es gab eine lange Warteliste. Die Amateurnächte beförderten die Karrieren von Sarah Vaughan, Pearl Bailey, James Brown und Gladys Knight.

In der Swing-Band-Ära war das Apollo als Vergnügungsort legendär. Nach dem Krieg führte eine neue Musikergeneration die Tradition fort: Thelonious Monk, Charlie Parker, Dizzy Gillespie, Aretha Franklin. In den 1980er Jahren wurde das Apollo renoviert. Immer noch spielen hier großartige Musiker.

14 Graffiti Wall of Fame

📍 P5 🏠 Park Avenue / East 106th St Ⓢ 103 St (6)

Die Graffiti Wall of Fame wurde 1980 vom Straßenkünstler Ray Rodríguez geschaffen – als Hommage an die Straßenkunst der 1970er Jahre. Die Innenseite der Betonwand gehört zum Spielplatz der Junior High School 13 Jackie Robinson. Deshalb ist hier manchmal abgeschlossen (fragen Sie in der Schule, 106th Street, nach). Auf der Mauer haben sich die besten Graffiti-Künstler der Stadt verewigt, darunter Dez, Crash, Flight, Delta, Tats Cru und Skeme.

15 City College of New York

📍 M2 🏠 Haupteingang West 138th St / Convent Avenue Ⓢ 137 St-City College (1) 🌐 ccny.cuny.edu

Das City College liegt auf einem Hügel neben den Hamilton Heights. Die um einen Innenhof errichteten

→
Studenten auf dem Rasen des Campus der Columbia University, Morningside Heights

---

Harlem Renaissance

Die Harlem-Renaissance-Bewegung der 1920er Jahre inspirierte Generationen von afroamerikanischen Musikern, Autoren und Schauspielern. Jazzmusiker wie Duke Ellington, Count Basie und Cab Calloway elektrifizierten die Menschen im Cotton Club, Savoy Ballroom, Apollo Theater und Smalls Paradise. Doch es ging nicht nur um Musik, es entstand auch grandiose Literatur, u. a. von Langston Hughes, Jean Toomer und Zora Neale Hurston. 1931, nach dem Tod der angesehenen afroamerikanischen Geschäftsfrau und Mäzenin A'Lelia Walker, verkündete Hughes das Ende der Harlem Renaissance.

neogotischen Gebäude entstanden 1903 bis 1906. Als Material diente Schiefer, der beim Bau der IRT-Subway in Manhattan anfiel. Später wurden Neubauten angefügt, um die über 15 000 Studenten aufzunehmen.

Das College stand früher allen Einwohnern der Stadt unentgeltlich zur Verfügung. Noch heute hat es relativ niedrige Studiengebühren. Dies ermöglicht auch zahlreichen Studierenden aus wirtschaflich schwächeren Haushalten den Hochschulbesuch.

16 Columbia University

L4 West 116th St/Broadway 116 St-Columbia University (1) Visitors Center: 213 Low Library, 535 West 116th St Mo–Fr 9–17; Manhattanville Campus: L2 West 125th–133rd St, zwischen Broadway und 12th Avenue 125 St (1) columbia.edu

Columbia ist bekannt für ihre juristische, medizinische und journalistische Fakultät. Unter den Alumni gibt es über 80 Nobelpreisträger. Berühmte Absolventen waren u. a. J. D. Salinger, James Cagney und Joan Rivers. Auf der anderen Straßenseite liegt das angeschlossene Barnard College.

Columbias Campus in Morningside Heights ist der dritte Standort einer der ältesten Universitäten der Vereinigten Staaten. Für Besu-

cher gibt es kostenlose Führungen (Infos im Besucherzentrum).

Die Universität wurde 1754 als King's College gegründet, nahe dem Ort, an dem das World Trade Center stand. Als sie 1814 umziehen wollte, erhielt sie von den Behörden Land zugewiesen, das angeblich 75 000 Dollar wert war. Die Universität baute jedoch nicht, sondern verpachtete den Grund und verbrachte 1857–97 in Nachbargebäuden. 1985 verkaufte sie den Grund für 400 Millionen Dollar an die Rockefeller Center Inc.

1897 begann am einstigen Standort des Bloomingdale Insane Asylum der Bau für den Campus. Architekt Charles McKim errichtete die Gebäude über Straßenniveau auf einer Terrasse. Die Rasenflächen bilden einen reizvollen Kontrast zur hektischen Stadt.

2017 wurde anderthalb Kilometer nördlich des Campus in Morningside Heights der neue Manhattanville Campus eröffnet, ein Entwurf des berühmten Architekten Renzo Piano. Das neunstöckige Jerome L. Greene Science Center aus

Glas und Stahl ist der größte Bau der Columbia University. Er ist Dreh- und Angelpunkt der Neurowissenschaftler des Mortimer B. Zuckerman Mind Brain Behavior Institute. Piano entwarf auch den achtstöckigen Metallplattenbau des Lenfest Center for the Arts mit der Wallach Art Gallery sowie Bühnen für Theater, Musik und Tanz. Pianos University Forum fungiert als Tor zum Campus und als Multifunktionsbau. Alle Gebäude zeigen viel Glas und sind von der Straße her einsehbar. Das Nash Building, ursprünglich als Auto-Showroom geplant, zeigt nun eine Ausstellung zur Campusgeschichte.

Spaziergang um die Columbia University

Länge 2 km **Dauer** 25 Min.
U-Bahn 116 St-Columbia University

Der Campus einer Universität ist beides: Ort der Gelehrsamkeit und der Architektur. Bewundern Sie die Gebäude, verweilen Sie etwas im Innenhof vor der Low Library, um zu beobachten, wie sich Amerikas künftige Elite zwischen den Vorlesungen tummelt. Gegenüber dem Campus, auf dem Broadway und in der Amsterdam Avenue, sind Coffee Houses und Bars, in denen man diskutiert, das Tagesgeschehen kommentiert oder sich einfach nur entspannt.

Subway 116 St-Columbia University (1)

START

Die **School of Journalism** ist eines der von McKim, Mead & White entworfenen Universitätsgebäude. Sie wurde 1912 vom Verleger Joseph Pulitzer gegründet. Hier wird der Pulitzer-Preis vergeben.

Die Skulptur *Alma Mater* wurde 1903 von Daniel Chester French geschaffen. Sie überstand während der Studentenrevolte 1968 eine Bombenexplosion.

Mit ihrer eindrucksvollen Fassade und der hohen Kuppel dominiert die **Low Library** den Hof. Sie wurde 1895–97 von McKim, Mead & White entworfen.

Die **Butler Library** ist die Hauptbibliothek.

Die älteren Gebäude der Columbia University wurden von McKim, Mead & White um einen erhöhten **rechteckigen Platz** herum angeordnet *(siehe S. 263)*.

BROADWAY

114TH ST

AMSTERDAM AVENUE

← *Abschlussfeier auf dem Campus der Columbia University in Morningside Heights*

Das **Sherman Fairchild Center** von 1977 ist Sitz der biowissenschaftlichen Fakultäten.

Die **St. Paul's Chapel** (1907) von Howells & Stokes ist bekannt für ihre Schnitzereien und das prächtige Gewölbe. Das lichtdurchflutete Innere besitzt eine gute Akustik.

Harlem und Morningside Heights

Zur Orientierung
Siehe Stadtteilkarte S. 252f

| 0 Meter | 100 | N |
| 0 Yards | 100 | ↑ |

ZIEL

Studentenunruhen brachten die Columbia University 1968 in die Schlagzeilen. Der Grund waren Pläne, eine Sporthalle im nahen **Morningside Park** zu errichten. Die Proteste zwangen die Universität, einen anderen Bauplatz zu suchen.

W 116TH ST

W 115TH ST

MORNINGSIDE DRIVE

13TH ST

→
*Fassade der
Église de
Notre Dame*

Die **Église de Notre Dame** wurde für eine französischsprachige Kongregation gebaut. Die Replik der Grotte von Lourdes hinter dem Altar wurde von einer Frau gestiftet, die glaubte, ihr Sohn sei in Lourdes geheilt worden.

Sollte die neogotische Kathedrale **St. John the Divine** jemals vollendet werden, wird sie eine der größten der Welt sein. Obwohl noch ein Drittel des Bauwerks fehlt, fasst die Kirche schon jetzt 10 000 Gläubige (*siehe S. 254f*).

Schon gewusst?

Manhattanville, der zweite Campus der Columbia University, wurde 2017 eröffnet.

Spaziergang durch Harlem

Länge 3 km **Dauer** 40 Min. **U-Bahn** 135th St

Wohl kaum ein Stadtteil in New York ist so reich an Kulturgeschichte wie Harlem mit seinem ausgeprägten afroamerikanischen Erbe. Dieser Spaziergang beginnt in Striver's Row, einem der wenigen Viertel, die in den 1920er und 1930er Jahren noch bezahlbaren Wohnraum boten. Zu jener Zeit strömten viele Kreative nach Harlem. Die Route führt dann an berühmten Gospelkirchen und Häusern bekannter New Yorker sowie Jazz- und Bluesclubs vorbei. Sie endet am Apollo Theater, wo schon viele Legenden auf der Bühne standen. In diesem Theater treten noch heute berühmte und aufstrebende Musiker auf.

Harlem und Morningside Heights

Zur Orientierung
Siehe Stadtteilkarte S. 252f

Die Route startet
in **Striver's Row**
(siehe S. 260).

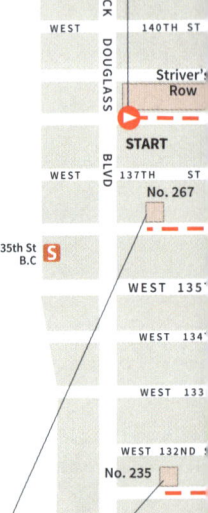

↑ *Verkehrsreiche Straße in Harlem mit dem Apollo Theater im Hintergrund*

Zore Neale Hurston lebte hier, als sie *Fire!!* gründete, ein Magazin für junge afroamerikanische Künstler.

Machen Sie einen Abstecher die 131 Street hinunter zum **Haus des Bürgerrechtlers Marcus Garvey** *(siehe S. 259).*

Schon gewusst?

An einigen Torschildern in Striver's Row steht noch immer: »Private Road, walk your Horses.«

Die Route endet am **Apollo Theater** *(siehe S. 262),* dort performten schon Berühmtheiten wie Ella Fitzgerald und James Brown.

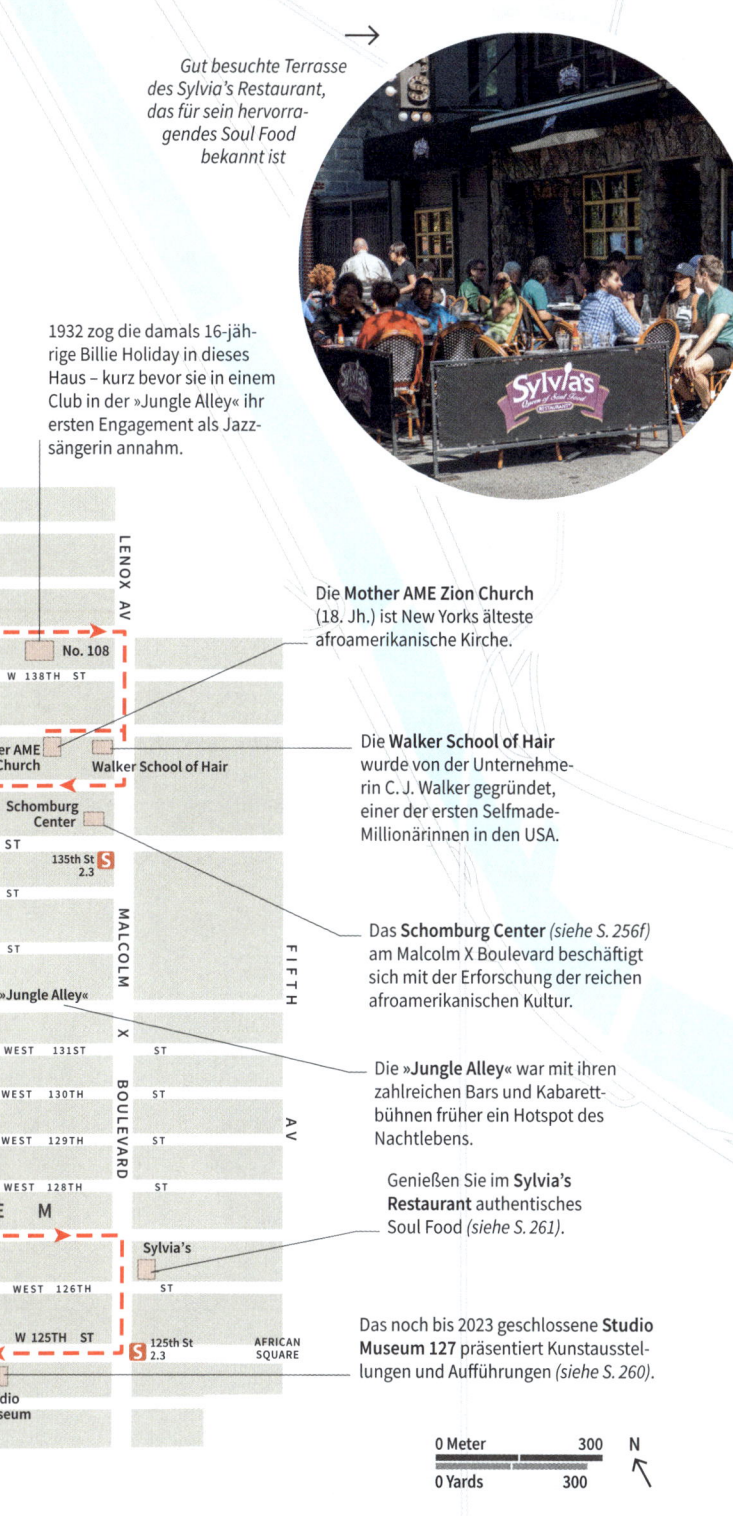

Gut besuchte Terrasse des Sylvia's Restaurant, das für sein hervorragendes Soul Food bekannt ist

1932 zog die damals 16-jährige Billie Holiday in dieses Haus – kurz bevor sie in einem Club in der »Jungle Alley« ihr ersten Engagement als Jazzsängerin annahm.

Die **Mother AME Zion Church** (18. Jh.) ist New Yorks älteste afroamerikanische Kirche.

Die **Walker School of Hair** wurde von der Unternehmerin C. J. Walker gegründet, einer der ersten Selfmade-Millionärinnen in den USA.

Das **Schomburg Center** *(siehe S. 256f)* am Malcolm X Boulevard beschäftigt sich mit der Erforschung der reichen afroamerikanischen Kultur.

Die »**Jungle Alley**« war mit ihren zahlreichen Bars und Kabarettbühnen früher ein Hotspot des Nachtlebens.

Genießen Sie im **Sylvia's Restaurant** authentisches Soul Food *(siehe S. 261)*.

Das noch bis 2023 geschlossene **Studio Museum 127** präsentiert Kunstausstellungen und Aufführungen *(siehe S. 260)*.

ADAM CLAYTON POWELL, JR BD

LENOX AV

No. 108

W 138TH ST

Mother AME Zion Church

Walker School of Hair

Schomburg Center

ST

135th St 2.3

ST

ST

MALCOLM

»Jungle Alley«

X

FIFTH

(SEVENTH AV)

WEST 131ST ST

WEST 130TH ST

BOULEVARD

WEST 129TH ST

AV

WEST 128TH ST

E M

Sylvia's

WEST 126TH ST

W 125TH ST

125th St 2.3

AFRICAN SQUARE

Studio Museum

0 Meter 300   N

0 Yards 300

Brooklyn

Brooklyn wurde 1898 ein Stadtbezirk *(borough)* von New York und war zunächst jahrzehntelang hauptsächlich Wohnviertel und Industriestandort. Seit Beginn des 21. Jahrhunderts hat sich Brooklyn drastisch verändert – heute ist es dreimal größer als Manhattan.

Viertel wie Fort Greene, Williamsburg, Bushwick und Cobble Hill gehören nun zu den angesagtesten der Stadt, sie sind für ihre Bars, Flohmärkte und die Hipster-Kultur bekannt. Brooklyn ist ein begehrtes Wohnviertel geworden. Zwischen den hübschen »Brownstones« in baumbestandenen Straßen stößt man auf interessante Museen, fantasievolle Restaurants und innovative kulturelle Zentren.

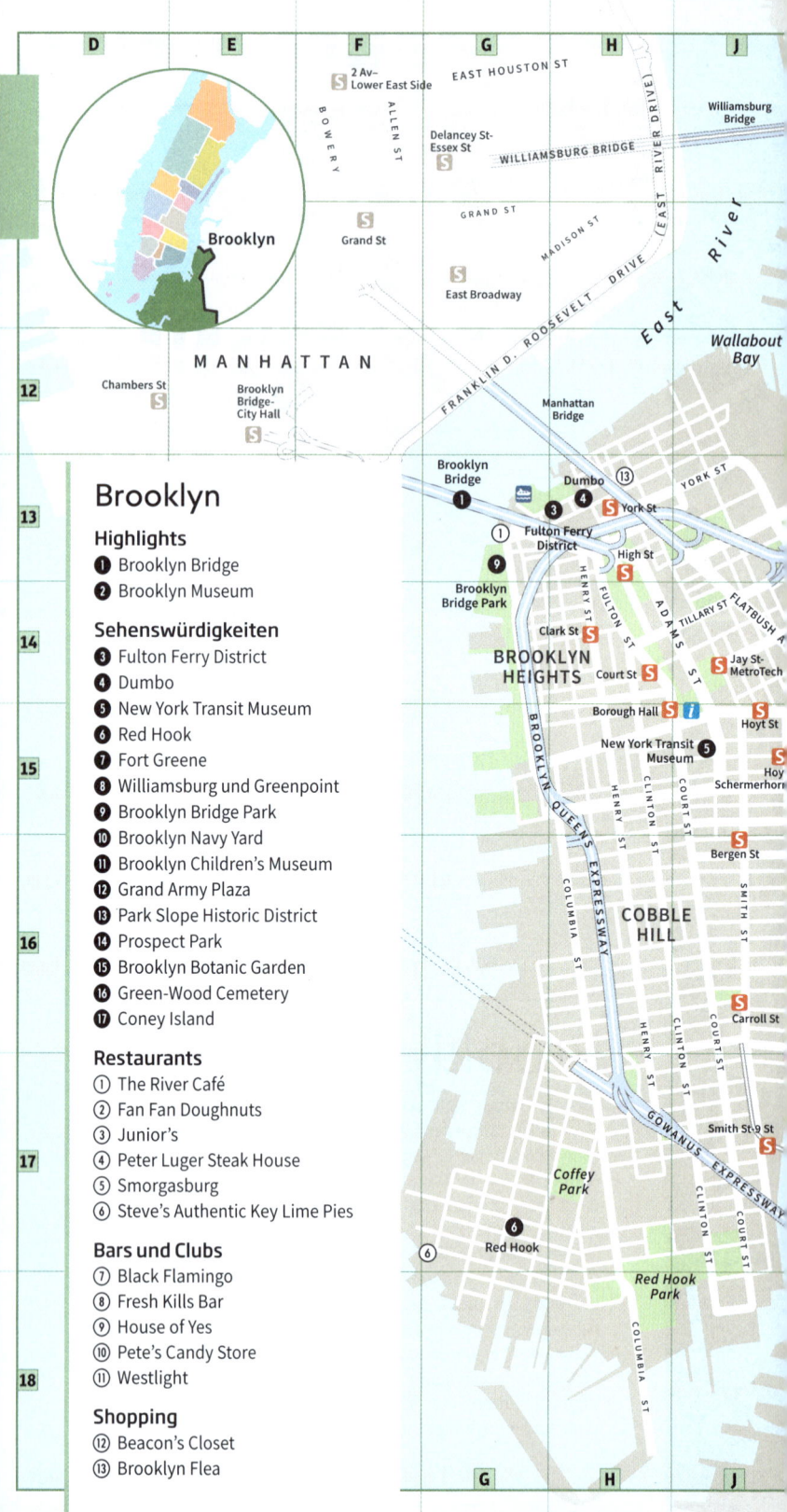

Brooklyn

Highlights
1 Brooklyn Bridge
2 Brooklyn Museum

Sehenswürdigkeiten
3 Fulton Ferry District
4 Dumbo
5 New York Transit Museum
6 Red Hook
7 Fort Greene
8 Williamsburg und Greenpoint
9 Brooklyn Bridge Park
10 Brooklyn Navy Yard
11 Brooklyn Children's Museum
12 Grand Army Plaza
13 Park Slope Historic District
14 Prospect Park
15 Brooklyn Botanic Garden
16 Green-Wood Cemetery
17 Coney Island

Restaurants
① The River Café
② Fan Fan Doughnuts
③ Junior's
④ Peter Luger Steak House
⑤ Smorgasburg
⑥ Steve's Authentic Key Lime Pies

Bars und Clubs
⑦ Black Flamingo
⑧ Fresh Kills Bar
⑨ House of Yes
⑩ Pete's Candy Store
⑪ Westlight

Shopping
⑫ Beacon's Closet
⑬ Brooklyn Flea

**Schon
gewusst?**

Die Höhe der neogoti-
schen Brückenpfeiler
beträgt 271 Fuß –
gut 83 Meter.

❶

Brooklyn Bridge

📍 G13 🚇 Chambers St (J, Z), Brooklyn Bridge-City Hall (4, 5, 6) auf der Manhat-
tan-Seite; High St (A, C) auf der Brooklyn-Seite 🚌 M9, M15, M22, M103

**Die Brooklyn Bridge gehört zu den ältesten Ikonen der Stadt. Sie verbindet die *boroughs*
Manhattan und Brooklyn, sie ist eine unverzichtbare Lebensader für den Pendlerverkehr,
ein architektonisches Schmuckstück und ein Symbol des amerikanischen Traums.**

Die 1883 vollendete Brooklyn Bridge war
20 Jahre lang die weltweit längste Hängebrücke – und die erste aus Stahl. Dem Ingenieur
John A. Roebling kam die Idee dazu, als er auf
dem Weg nach Brooklyn, das damals noch
eine eigene Stadt war, mit der Fähre im gefrie-
renden East River stecken blieb.

Der Bau beschäftigte 600 Arbeiter 16 Jahre
lang und kostete 20 Menschenleben, auch
Roebling gehörte zu den Opfern. Die meisten
starben nach Arbeiten unter Wasser in den
Senkkästen an der Taucherkrankheit. Beim
Brückenbau wurden völlig neue Techniken an-
gewandt – von der Tragseilherstellung bis zur
Versenkung der tragenden Teile.

Nach ihrer Fertigstellung verband die Brücke Manhattan und Brooklyn – es war die Ge-
burt New Yorks als Metropole. Auch die New
Yorker waren beeindruckt. Neben ihrer Funktion für den Verkehr war die Brücke ein spekta-
kulärer Zugewinn an Architektur, lange bevor
Wolkenkratzer die Skyline dominierten.

↑ *Die Brooklyn Bridge vor der Skyline von Lower Manhattan*

1883

Bei ihrer Fertigstellung ist die Brooklyn Bridge mit 1834 Metern die längste Hängebrücke der Welt

1911

Die Mautgebühren werden abgeschafft, seither kann die Brücke gratis überquert werden

2021

Nach Fertigstellung des Radwegs ist die Holzpromenade ausschließlich Fußgängern vorbehalten

Chronik

1869

△ Ingenieur John A. Roebling wird von einer einlaufenden Fähre der Fuß zerquetscht. Er stirbt drei Wochen später

1870

Der Brückenbau beginnt unter Leitung von Washington A. Roebling, dem Sohn von John A. Roebling

1983

▷ Der 100. Geburtstag der Brücke wird mit einem spektakulären Feuerwerk gefeiert

Über die Brücke

Hauptsächlich ist sie eine bequeme Verbindung zwischen zwei Bezirken – doch die Schönheit der Brooklyn Bridge ist noch immer überwältigend. Nicht nur Autos und Fußgänger nutzen die Brücke, mittlerweile sieht man auch viele Radfahrer.

Für Besucher ist die Überquerung der Brücke mit ihren grandiosen Ausblicken ein Muss. Von hier aus scheinen die Hochhäuser des Financial District direkt aus dem Wasser aufzusteigen, im Norden erhebt sich das Empire State Building über Midtown. Heute gelangt man von der Centre Street in Manhattan auf

> **Für Besucher ist die Überquerung der Brücke mit ihren grandiosen Ausblicken ein Muss. Die Aussicht von der Mitte ist spektakulär.**

Fotomotiv
Brooklyn Bridge

Unverzichtbar: Ein Besuch des Big Apple ist ohne das perfekte Foto der Brooklyn Bridge unvollkommen. Die besten Nahaufnahmen erzielt man im Fulton Ferry District (Brooklyn). Für Panoramaaufnahmen gehen Sie nördlich der Brücke die South Street hoch (Manhattan).

den hölzernen Fußgängerweg. Von hier kann man bis Brooklyn schlendern oder bei der ersten Treppe die Brücke verlassen, um nach Brooklyn Heights *(siehe S. 284f)* oder zum Fulton Ferry District *(siehe S. 278)* zu gelangen. Der erste Brückenabschnitt ist (vor allem im Sommer) nicht sehr voll. Sie sollten früh aufbrechen oder die Brücke von Brooklyn aus überqueren – dann haben Sie Manhattans Skyline immer im Blick.

Fotogen: Blick auf Manhattan durch die Stahlseile der Brücke ↓

Schon gewusst?

1884 marschierten Elefanten über die Brücke, um zu beweisen, dass sie sicher ist.

Highlight

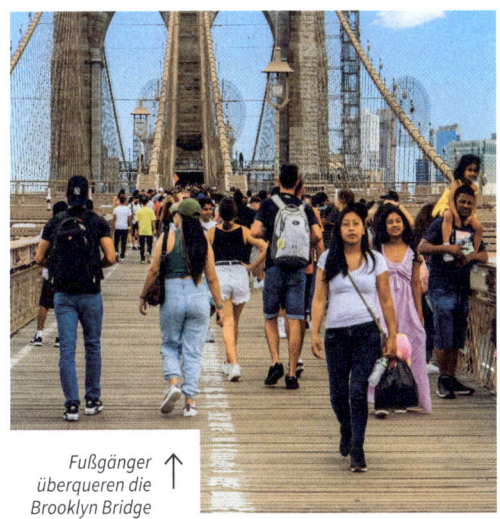

Fußgänger überqueren die Brooklyn Bridge ↑

Restaurant

The River Café
Nach Überqueren der Brücke sollten Sie hier einkehren. Das Café am Wasser besitzt einen Michelin-Stern und bietet grandiose Ausblicke und exzellentes Essen. Abends ist korrekte Kleidung erwünscht.

G13 **1 Water St**
Frühstück: Mo – Fr; Mittagessen: Sa, So; Abendessen: tägl.
rivercafe.com
$$$

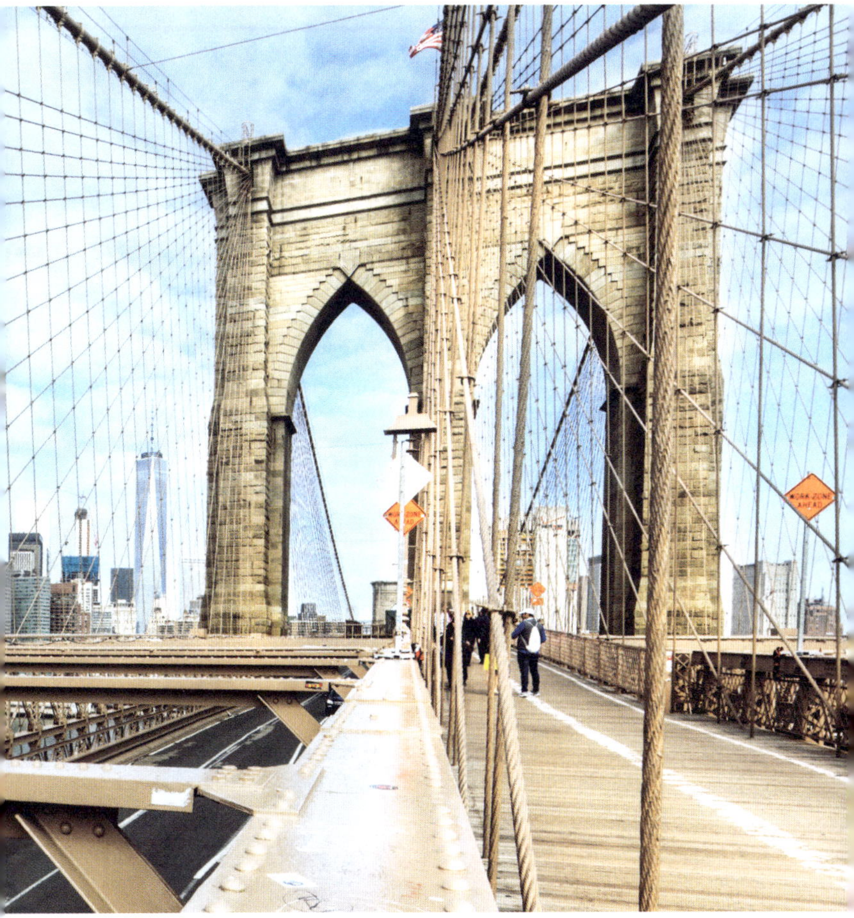

② ⚡ Ⓜ 🖼 🛍 ♿

Brooklyn Museum

📍 M16 🏛 200 Eastern Pkwy Ⓢ Eastern Pkwy-Brooklyn Museum (2, 3)
🚌 B41, B45, B67, B69 📞 +1-718-638-5000 🕐 Mi – So 11–18 (1. Sa im
Monat 17 – 23) 📅 1. Jan, Thanksgiving, 25. Dez 🌐 brooklynmuseum.org

Die Kulturinstitution beherbergt eine enzyklopädische Kollektion von gut einer Million Exponaten, darunter eine herausragende Sammlung von Kunst der Ureinwohner, exquisite Objekte des alten Ägypten, islamische Kunstwerke sowie bedeutende amerikanische und europäische Malerei.

Das 1897 eröffnete Brooklyn Museum sollte der größte Kulturbau der Welt werden – eine Meisterleistung der New Yorker Architekten McKim, Mead & White –, wurde aber kleiner als geplant. Heute zeigt es auf 50 000 Quadratmetern eine Sammlung, die dem Met Konkurrenz macht. Im Erdgeschoss findet man die Ausstellung »Connecting Cultures«, im ersten Stock Kunstwerke aus Asien und der islamischen Welt. Im zweiten Stock folgen Ägypten, Klassik sowie europäische Gemälde und Skulpturen. Im dritten Stock gibt es Kunsthandwerk, im vierten amerikanische Kunst. Zu den Highlights gehören der Ibis-Sarg, vermutlich vom Tierfriedhof in Tuna el-Gebel (Mittelägypten), Werke großartiger Maler wie Monet und das Hirschgewand (19. Jh.) eines Blackfoot-Häuptlings. Judy Chicagos Installation *The Dinner Party* ist im Elizabeth A. Sackler Center for Feminist Art.

←
Auf Francis Guys A Winter Scene in Brooklyn *(1820) ist Downtown zu sehen*

↑ *John Singer Sargents* An Out-of-Doors Study *(1889) zeigt den Maler Paul Helleu*

The Dinner Party

The Dinner Party, eine Ikone feministischer Kunst, gibt Frauen ihren Platz in der Geschichte zurück. Die riesige Installation ist ein dreieckiges, zeremonielles Bankett mit eingedeckten Plätzen für 39 Frauen, angefangen von einer griechischen Göttin bis zur Malerin Georgia O'Keeffe. Die Fliesen des Bodens enthalten weitere 999 Namen.

↑ *Das Brooklyn Museum besitzt etwa eine Million Artefakte*

SEHENSWÜRDIGKEITEN

❸
Fulton Ferry District
📍 H13 🚇 High St (A, C)

Das kleine Viertel am Fuß der Brooklyn Bridge war einst der betriebsamste Abschnitt am East River – wegen Robert Fultons dampfbetriebenen Fähren. Ein Wahrzeichen aus dem 19. Jahrhundert ist das Eagle Warehouse, ein Industriebau (1893) für die Tageszeitung *Brooklyn Eagle*, die eine Zeit lang von Walt Whitman verlegt wurde. Heute sind hier teure Apartments.

Am alten Pierareal landen und fahren immer noch Fähren von und nach Manhattan. Der Lastkahn Bargemusic bietet populäre Konzerte klassischer Musik. Grimaldis originale Pizza kann man bei Juliana's Pizza genießen (nicht zu verwechseln mit Grimaldi's Restaurant in derselben Straße). Viele leckere Sorten frisch zubereitetes Eis gibt es in der Ample Hills Creamery.

❹
Dumbo
📍 H13 🚇 York St (F), High St (A, C)

Dumbo, die Abkürzung für »Down Under the Manhattan Bridge Overpass«, ist eine schicke Gegend mit Industriebauten zwischen Manhattan und Brooklyn Bridge. Seit den 1990er Jahren kamen Kunstgalerien, hippe Lokale, Luxus-Eigentumswohnungen und Bars hinzu. Der Uferbereich mit Gärten bietet einen tollen Blick auf Manhattan. Die Kunstinstitution St. Ann's Warehouse liegt in einer einstigen Tabakfabrik. Sonn-

tags (Apr – Okt) gibt es hier einen weiteren Flohmarkt in Brooklyn. In 55 Water Street ist die Food-Hall Time Out Market untergebracht.

❺
New York Transit Museum
📍 J15 🏛 Boerum Pl / Schermerhorn St 🚇 Borough Hall (2, 3, 4, 5), Jay St-MetroTech (A, C, F, R) 📞 +1-718-694-1600 🕐 Di – Fr 10 – 16, Sa, So 11 – 17 🚫 Feiertage 🌐 nytransitmuseum.org

Das Museum, das die Geschichte des öffentlichen

Bargemusic
Kammermusik auf einem alten Lastkahn? Das erscheint merkwürdig, doch die Akustik im Bargemusic ist top. Auf dem Café-Kahn finden fünfmal pro Woche Konzerte mit Musikern aus aller Welt statt. Das Boot ist unter der Brooklyn Bridge vertäut (1 Water St). Tickets gibt es online (bargemusic.org) oder telefonisch unter +1-800-838-3006. Konzerte dauern eine bis anderthalb Stunden.

Von der Empire Fulton Ferry Lawn hat man einen guten Blick auf Manhattan

Nahverkehrs der Stadt zeigt, nimmt fast die ganze einstige Court-Street-Station ein.

Ausgestellt sind Fotos, Modelle, Pläne, alte Drehkreuze sowie interaktive Modelle zur Kraftstofftechnik. Besucher können diverse U-Bahn- und Straßenbahnwagen auf den Bahnsteigen bewundern.

Es gibt einen kleinen Ableger mit Museumsshop im Grand Central Terminal *(siehe S. 188f)* in Manhattan.

6 Red Hook
 G17 S Smith St-9 St (F, G)

Das 1636 zuerst von Holländern besiedelte Gebiet erhielt seinen Namen Roode Hoek von der Farbe des Bodens (*roode* = rot) und seiner Form (*hoek* = Ecke). Hier trifft die New York Bay auf die Gowanus Bay. Es wurde später zum härtesten Hafenviertel der USA und war Vorlage für Elia Kazans Film *Die Faust im Nacken* (1954) sowie Arthur Millers Tragödie *Blick von der Brücke* (1955).

Heute ist Red Hook ein bunter Mix aus Ziegel-Lager-

↑ *Ein umgewandeltes Stadthaus in Fort Greene, Brooklyn*

häusern, Radwegen, Kopfsteinpflasterwegen und Läden. Sein unaufgeregt-legeres Flair ist einzigartig. Die Van Brunt Street, die lebhafteste Straße, bietet einige Fachgeschäfte und Lokale. Die Red Hook Ball Fields richten lokale Football-Turniere aus. An Sommerwochenenden gibt es hier Stände mit lateinamerikanischen Gerichten.

7 Fort Greene
 K14 S Atlantic Av (B, D, N, Q, R, 2, 3, 4, 5), Fulton St (G) W bam.org

Fort Greene ist voller schöner Stadthäuser im italienischen und Eastlake-Stil (Mitte 19. Jh.). Im Zentrum liegt der 1867 von Frederick Law Olmsted und Calvert Vaux angelegte Fort Greene Park. Der Park wird vom Prison Ship Martyrs' Monument (1908) gekrönt, das an die 11 500 Amerikaner erinnert, die in den schwimmenden Gefangenenlagern der Briten während der Revolutionskriege starben.

Die Brooklyn Academy of Music (BAM) in der Lafayette Avenue Nr. 30 ist die bekannteste Bühne. Hier werden oft Avantgarde-Aufführungen geboten. Hauptgebäude ist das Opera House (1908) von Howard Gilman, ein Beaux-Arts-Juwel (Entwurf von Herts & Tallant). Im nahen Harvey Theater (1904) sind meist Theaterstücke des BAM zu sehen.

8 Williamsburg und Greenpoint
 L10 und M10 S Bedford Av (L) nach Williamsburg, Greenpoint Av oder Nassau Av (G) nach Greenpoint

Das trendige Williamsburg erstreckt sich im Nordosten Brooklyns. Boutiquen, Plattenläden, Bars, Coffeeshops

Shopping

Beacon's Closet
Kleiderarsenal mit überbordendem Angebot für moderne und Vintage-Outfits. Kleinere Filialen befinden sich in Park Slope, Bushwick und Greenwich Village.

M10 74 Guernsey St, Greenpoint
W beaconscloset.com

Brooklyn Flea
Der Flohmarkt, der in Williamsburg (Apr – Okt: Sa) und Dumbo (Apr – Okt: So) stattfindet, bietet mehr als 200 Stände mit Kunst, Kunsthandwerk und Kulinarik. Im Winter können die Standorte in den Innenräumen variieren.

K8 und H13
51 North Sixth St, Williamsburg; Manhattan Bridge Archway (80 Pearl St), Dumbo
W brooklynflea.com

und Restaurants säumen die Bedford Avenue. Die Ecke ist vor allem für Indie-Rock-Bühnen populär.

Kulinarische Attraktionen sind die Brooklyn Brewery *(siehe S. 32)*, der Markt Smorgasburg *(siehe S. 282)* und der Brooklyn Flea (Apr – Okt).

Greenpoint, eine polnische Hochburg, zieht die Kunstszene an. Die Russian Orthodox Cathedral of the Transfiguration (1922) liegt North 12th Street / Ecke Driggs Avenue. Der byzantinische Bau besitzt fünf kupferne Zwiebeltürme, die sich über die Bäume des McCarren Park (1903) erheben. Der Park – mit Schwimmbad von 1936 und dem renommierten McCarren Hotel – bildet die inoffizielle Grenze zwischen beiden Vierteln.

9  Brooklyn Bridge Park

📍 G13 🏠 von der Manhattan Bridge bis zur Atlantic Avenue Ⓢ High St (A, C), York St (F), Clark St (2, 3) 🅦 brooklynbridgepark.org

Auf der schön angelegten Grünfläche am Wasser, die sich von Dumbo bis Brooklyn Heights erstreckt, gibt es Spielplätze, Sportanlagen, Aussichtspunkte und renovierte Docks. Im Parkabschnitt direkt östlich der Brooklyn Bridge findet man das Traditionskarussell Jane's Carousel, eine große Liegewiese und Picknickplätze.

Auf der anderen Seite der Brücke bietet der Pier One kostenlose Kajakfahrten an Sommerwochenenden, Pier Two Shuffleboard-Felder und eine Rollschuhbahn. Pier Five hat Fußball- und Hockeyballfelder sowie einen Picknickbereich. Pier Six ist ideal für Kinder – mit Wasserpark, Kletterarealen und einer Riesenrutsche.

10 Brooklyn Navy Yard

📍 K12 🏠 von der Manhattan bis zur Williamsburg Bridge ℹ BLDG 92, 63 Flushing Avenue Ⓢ High St (A, C), York St (F) 🅦 brooklynnavyyard.org

Die fast verfallene einstige Schiffswerft befindet sich in einem Umstrukturierungsprozess. Heute leben über 300 Unternehmen, von der Brooklyn Grange Farm bis zu den Steiner Studios (wo *Boardwalk Empire* und *Girls* gedreht wurden). Informieren Sie sich im Brooklyn Navy Yard Center (BLDG 92), das die Geschichte des Are-

↑ *Blick auf den Brooklyn Navy Yard, häufiger Schauplatz von Filmen*

als nachzeichnet und Modelle von Schiffen präsentiert, die hier gebaut wurden, etwa die USS *Ohio*. Ein Highlight ist die Kings County Distillery, die Bourbon produziert.

11 Brooklyn Children's Museum

📍 N15 🏠 145 Brooklyn Avenue Ⓢ Kingston Av (3), Kingston-Throop Av (C) 🕐 Di – Fr 10 –17 (Do bis 18), Sa, So 10 –19 🔒 Feiertage 🅦 brooklynkids.org

Das 1899 gegründete Kindermuseum war das erste seiner

Art. Seither ist es Modell und Inspiration für über 250 weitere Kindermuseen in den USA und in der ganzen Welt. Es liegt in einem unterirdischen Hightech-Gebäude von 1976. 2008 bekam es eine »grüne« Renovierung des uruguayischen Architekten Rafael Viñoly – er versah den Bau mit Solartechnik und energiesparenden Geräten und vergrößerte die Ausstellungsfläche.

In den Abteilungen finden sich Exponate zum Anfassen, die auf Umwelt und lokale Bezüge eingehen, darunter auch auf verschiedene multikulturelle Viertel im Umkreis von Brooklyn.

Der Bereich »Totally Tots« ist für Kinder unter fünf Jahren reserviert und enthält eine Wasserwunder-Spielecke. Die ganz Kleinen können nen Tiere streicheln. Es gibt auch Spielzeugläden und -restaurants, in denen Kinder einkaufen oder verkaufen, bezahlen und sogar eine (Fake-)Pizza zubereiten können. Spezielle Kurse, etwa Zumba für Kids oder Kunstprojekte, werden täglich angeboten.

→ *Sonnenuntergang über Manhattan – von Brooklyn aus gesehen*

⑫ Grand Army Plaza

📍 M16 🏛 Plaza St / Flatbush Avenue 🚇 Grand Army Plaza (2, 3)

Frederick Law Olmsted und Calvert Vaux entwarfen 1870 das große Oval als Zugang zum Prospect Park *(siehe S. 282)*. Der Eastern Parkway, der erste Parkway der Welt, beginnt ebenfalls hier.

Der Torbogen (Soldiers' and Sailors' Arch) und seine Skulpturen kamen 1892 zur Ehrung und zum Gedenken an die Union Army hinzu. Der von John H. Duncan entworfene Bogen erinnert stark an antike römische Monumente. Stanford White veränderte den Bogen zwischen 1894 und 1901, um die Bronzeskulpturen von Philip Martiny und Frederick MacMonnies und die Säulen hinzufügen zu können. Erstaunlicherweise ist die Büste John F. Kennedys das einzige New Yorker Denkmal für den 35. Präsidenten der USA.

Der Bogen selbst ist bisweilen für Wechselausstellungen geöffnet.

⑬ Park Slope Historic District

📍 L16 🏛 vom Prospect Park West unter der Flatbush Avenue bis 8th, 7th, 5th Avenue 🚇 Grand Army Plaza (2, 3), 7 Av (F)

Die schöne Ansammlung viktorianischer Bürgerhäuser entstand um 1880 am Rand des Prospect Park. Damals wohnte hier die obere Mittelschicht, deren Bürger nach Manhattan pendeln konnten, nachdem 1883 die Brooklyn Bridge fertiggestellt worden war. Die schattigen Straßen werden von Häusern gesäumt, die unterschiedlichste, Ende des 19. Jahrhunderts populäre Baustile aufweisen. Besonders schön sind die mit Rundportalen versehenen Gebäude.

Der Montauk Club (25 Eighth Avenue) fällt durch einen Stilmix auf. Er besitzt Anklänge an Venedigs Ca' d'Oro, zeigt aber auch Friese und Wasserspeier der Montauk, nach denen der im 19. Jahrhundert beliebte Privatclub benannt ist.

Bars und Clubs

Black Flamingo
Bar im Stil der 1970er Jahre mit Tanzfläche.

📍 L10 🏛 168 Borinquen Pl, Williamsburg 🕐 Mo 🌐 blackflamingonyc.com

Fresh Kills Bar
Die besten Cocktails in Williamsburg.

📍 M10 🏛 161 Grand St 🌐 freshkillsbar.com

House of Yes
Opulente Tanzevents plus Cabaret.

📍 M10 🏛 2 Wyckoff Avenue, Bushwick 🕐 So, Di 🌐 houseofyes.org

Pete's Candy Store
Freundliches Pub mit kostenloser Livemusik.

📍 M10 🏛 111 North 12th St 🕐 Di 🌐 petescandystore.com

Westlight
Toller Blick auf die City.

📍 M10 🏛 111 North 12th St, Williamsburg 🌐 westlightnyc.com

Restaurants

Fan Fan Doughnuts

Die riesigen Donuts sind ein Traum, etwa die Hibiskus-Variante.

📍 M13 🏠 448 Lafayette Avenue, Bedford-Stuyvesant 🆆 fan-fandoughnuts.com

💲💲💲

Junior's

Das ehrwürdige Diner in Brooklyn ist für seine Cheesecakes bekannt.

📍 K14 🏠 386 Flatbush Avenue Extension / De-Kalb Avenue 🆆 juniors cheesecake.com

💲💲💲

Peter Luger Steak House

Seit 1887 gibt es hier bestes Porterhouse-Steak – ausschließlich. Nur Barzahlung.

📍 K10 🏠 178 Broadway 🆆 peterluger.com

💲💲💲

Smorgasburg

Der Open-Air-Markt bietet samstags in Williamsburg und sonntags im Prospect Park über 100 Essensstände (Apr – Okt; im Winter innen).

📍 M10 🏠 East River State Park, 90 Kent Avenue und Prospect Park, Breeze Hill 🆆 smorgasburg.com

💲💲💲

Steve's Authentic Key Lime Pies

Hier gibt es die besten *lime pies* im Nordosten.

📍 G17 🏠 Pier 40, 185 Van Dyke St 🆆 keylime.com

💲💲💲

⑭ Prospect Park

📍 M17 🚇 Grand Army Plaza (2, 3), Prospect Park (B, Q) 🆆 prospectpark.org

Den Architekten Olmsted und Vaux gefiel der 1867 eröffnete Park besser als ihr Central Park *(siehe S. 238 – 241)*. Die Long Meadow mit ihren ausgedehnten Rasenflächen und grandiosen Ausblicken ist die größte zusammenhängende Grünanlage New Yorks. Olmsted war überzeugt, dass »Besucher ein Gefühl der Erleichterung spüren, sobald sie – den dicht bevölkerten Straßen der Stadt entronnen – den Park betreten«. Diese Vorstellung gilt heute noch genauso wie vor 150 Jahren.

Sehenswert sind u. a. Stanford Whites Croquet-Kolonnaden sowie die Teiche und Trauerweiden des Vale of Cashmere. Im Musikpavillon gibt es im Sommer Konzerte.

Ein Highlight ist die Camperdown-Ulme von 1872, ein bizarr gewachsener Baum. Die alte Ulme wird vielfach in Gedichten besungen und auf Gemälden dargestellt. Eine Ranger-Führung ist ideal, um den Park und seine Land-schaften zu erkunden – von klassischen Gärten mit Statuen bis zu Felsenschluchten mit Bächen.

⑮ Brooklyn Botanic Garden

📍 M16 🏠 900 Washington Avenue 🚇 Prospect Park (B, Q), Eastern Pkwy (2, 3) 🕐 Di – So (unterschiedl. Öffnungszeiten, Infos auf der Website) 🆆 bbg.org

Obwohl der Garten nicht groß ist, bietet er viel Abwechslung. Das Areal wurde 1910 von den Brüdern Olmsted entworfen und umfasst u. a. einen elisabethanischen »Zierkräutergarten« und eine der größten Rosensammlungen Nordamerikas.

Hauptattraktion ist der Japanische Garten mit Hügeln, Teichen, Teehaus und Shinto-Schrein. Wenn Ende April / Anfang Mai die Kirschblüten leuchten, findet ein japanisches Kulturfest statt. Zur gleichen Zeit kann man die Magnolienblüte an der Magnolia Plaza bewundern: Etwa 80 Bäume entfalten ihre cremeweißen Blüten vor dem Narzissen-Hintergrund des Boulder Hill.

Gäste suchen auf Coney Island traditionelles Strandvergnügen und Rummelplatz-Amüsement ↑

> Mitte des 19. Jahrhunderts schrieb Walt Whitman, der Poet aus Brooklyn, viele seiner Gedichte auf Coney Island, das damals noch eine wilde Atlantikküste war.

Der Duftgarten ist in erhöhten Beeten mit intensiv duftenden Pflanzen angelegt, ihre Namen sind auch in Blindenschrift zu lesen. Im Gewächshaus gibt es eine Bonsai-Sammlung und seltene Regenwald-Bäume.

Green-Wood Cemetery

📍 L18 🏠 500 25th St / Fifth Avenue Ⓢ 25 St (R) 🕐 Apr – Sep: 7–19; Okt – März: 7–17 🆆 green-wood.com

Der 193 Hektar große Friedhof wurde 1838 angelegt und ist heute eher ein hübscher Stadtpark. Einige berühmte Einwohner der Stadt liegen hier begraben, darunter der Straßenkünstler Jean-Michel

Kirschblüte im Japanischen Garten des Brooklyn Botanic Garden

Basquiat (1960 – 1988), der Abolitionist Henry Ward Beecher (1813 – 1887), Komponist Leonard Bernstein (1918 – 1990) und der Glaskünstler Louis Comfort Tiffany (1848 – 1933). Die gesamte Familie Steinway, Hersteller der berühmten Flügel, ist in einem Mausoleum mit 119 Räumen bestattet.

17 Coney Island

📍 N13 Ⓢ Stillwell Avenue (D, F, N, Q), W 8 St (F, Q) 🆆 coneyisland.com

New Yorker besuchen Coney Island seit 1867 wegen des Strandvergnügens. Massen bevölkern die Halbinsel, um sich in ihren kitschigen Vergnügungsparks mit Achterbahnen und Süßwarenständen von der Hektik Manhattans zu erholen.

Mitte des 19. Jahrhunderts schrieb Walt Whitman, der Poet aus Brooklyn, viele seiner Gedichte auf Coney Island, das damals noch eine wilde Atlantikküste an der Südspitze von Brooklyn war. In den 1920er Jahren machte es Werbung als »weltgrößter Spielplatz« mit drei großen Rummelplätzen. 1920 fuhr auch die U-Bahn bis Coney Island, 1921 wurde eine Promenade angelegt, was der Halbinsel sogar in der Depression ihre Popularität sicherte.

Auch Coney Island wird modern – zum Kummer der Einheimischen, die fürchten, es werde seinen Charakter verlieren. Doch die Promenade erlaubt noch immer den Blick auf den Ozean. Der Luna Park bietet einige gruselige Fahrgeschäfte, darunter die etwa 95 Jahre alte Achterbahn Cyclone – sie steht mittlerweile unter Denkmalschutz. Weniger Mutige werden das ebenfalls denkmalgeschützte Wonder Wheel präferieren, von dem aus man auf die City blickt (Infos über Öffnungszeiten und Preise auf der Website).

Zu weiteren Attraktionen von Coney Island zählt das New York Aquarium mit 350 Tierarten. Das Coney Island Museum zeigt Memorabilien und Relikte alter Fahrgeschäfte.

Die Meerjungfrauen-Parade im Juni *(siehe S. 54)* ist ein großes Ereignis.

Spaziergang durch Brooklyn Heights

Länge 1,5 km **Dauer** 25 Min. **U-Bahn** Clark St

Brooklyn Heights liegt jenseits des East River – direkt gegenüber Lower Manhattan. Es gehört zu den elegantesten historischen Vierteln New Yorks. In den 1820er Jahren ließen reiche New Yorker hier Reihenhäuser, die »Brownstones«, errichten. Die Gegend wurde zur ersten Pendler-Vorstadt. Die Fertigstellung der Brooklyn Bridge 1883 verstärkte diese Entwicklung. Heute gilt Brooklyn Heights als ausgesprochen wohlhabendes Viertel – und als »hypergentrifiziert«.

Brooklyn Bridge Park / Dumbo Ferry Terminal

START

Bargemusic ist ein unter der Brooklyn Bridge vertäuter, renovierter Café-Lastkahn vom Ende des 19. Jahrhunderts. Hier gibt es abends Kammermusik *(siehe S. 278)*.

Die **Ample Hills Creamery** liegt in einem früheren Bau für Löschboote (frühes 20. Jh.) am Fulton Ferry Pier. Sie serviert exotische Eissorten.

FURMAN ST

COLUMBIA HEIGHTS

↑ *Die Ample Hills Creamery in einem Bau für Löschboote (frühes 20. Jh.)*

BROOKLYN QUEENS EXPY

BROOKLYN HEIGHTS

WILLO

In der **Willow Street Nr. 70** soll Truman Capote *Frühstück bei Tiffany* geschrieben haben.

COLUMBIA HEIGHTS

Die **Brooklyn Heights Promenade** ist ein Fußgängerweg, der eine grandiose Aussicht auf die Statue of Liberty, die Hochhäuser von Lower Manhattan und auf die Brooklyn Bridge bietet.

CLARK ST

0 Meter	75
0 Yards	75

N ↑

ZIEL

Direkt unter der Brooklyn Bridge liegt der **Fulton Ferry District**. Der historische Kai ist nach Robert Fulton, dem Dampferkönig, benannt. Hier liegt auch das Eagle Warehouse mit seinem großen Uhrfenster (*siehe S. 278*).

In **Juliana's Pizza** bekommt man Patsy Grimaldis berühmte Holzkohleofen-Pizzas – nicht zu verwechseln mit dem neueren Grimaldi's nebenan.

Zur Orientierung
Siehe Stadtteilkarte S. 270f

Schon gewusst?

Brooklyn Heights, Amerikas erste »Suburb«, war das erste Wohngebiet außerhalb Manhattans.

24 Middagh Street ist die Adresse des ältesten Hauses (1824). Weitere alte Gebäude stehen entlang der Middagh und Willow Street.

In der **Plymouth Church** wirkte Pastor Henry Ward Beecher, ein Abolitionist und Kämpfer für Frauenrechte. Die Kirche war Teil der Underground Railroad, ein Ort, an dem Sklaven auf ihrem Weg in die Freiheit Unterschlupf fanden.

Subway
Clark St
(A, C)

↑ *Fulton Ferry District ist ein Hafenareal mit grandioser Aussicht über den Fluss*

Yankee Stadium (siehe S. 297)

Highlights
① The Cloisters Museum
⑦ New York Botanical Garden

Sehenswürdigkeiten
② Hispanic Society
③ Morris-Jumel Mansion
④ George Washington Bridge und Fort Washington Park
⑤ Shabazz Center
⑥ Ralph Ellison Memorial
⑧ Poe Cottage
⑨ Woodlawn Cemetery
⑩ Bronx Zoo
⑪ Belmont und Arthur Avenue
⑫ Yankee Stadium
⑬ Bronx Museum of the Arts
⑭ Flushing Meadows-Corona Park
⑮ Queens Museum
⑯ Louis Armstrong House Museum
⑰ Steinway & Sons
⑱ Noguchi Museum und Socrates Sculpture Park
⑲ Museum of the Moving Image and Kaufman Astoria Studio
⑳ MoMA PS1, Queens
㉑ Hunters Point Waterfront
㉒ New York Hall of Science
㉓ SculptureCenter
㉔ Flushing
㉕ Jackson Heights
㉖ Rockaway Beach
㉗ Historic Richmond Town
㉘ Jacques Marchais Museum of Tibetan Art
㉙ Snug Harbor Cultural Center and Botanical Garden
㉚ Alice Austen House
㉛ Little Sri Lanka

Abstecher

Obwohl Upper Manhattan und die vier *boroughs* außerhalb von Manhattan (Brooklyn, Bronx, Queens und Staten Island) zu New York City gehören, haben sie jeweils ein anderes Flair. Es handelt sich vor allem um Wohngebiete, hier türmen sich auch keine Wolkenkratzer, es gibt keine weltberühmten Sehenswürdigkeiten, die mit New York assoziiert werden.

Doch diese ruhigeren Gegenden bieten zahlreiche andere Attraktionen. Hier liegt der größte Zoo der Stadt, es gibt idyllische botanische Gärten, faszinierende Museen und ikonische Sportarenen. Die Restaurants zeigen die ganze kulinarische Vielfalt einer multiethnischen Stadt.

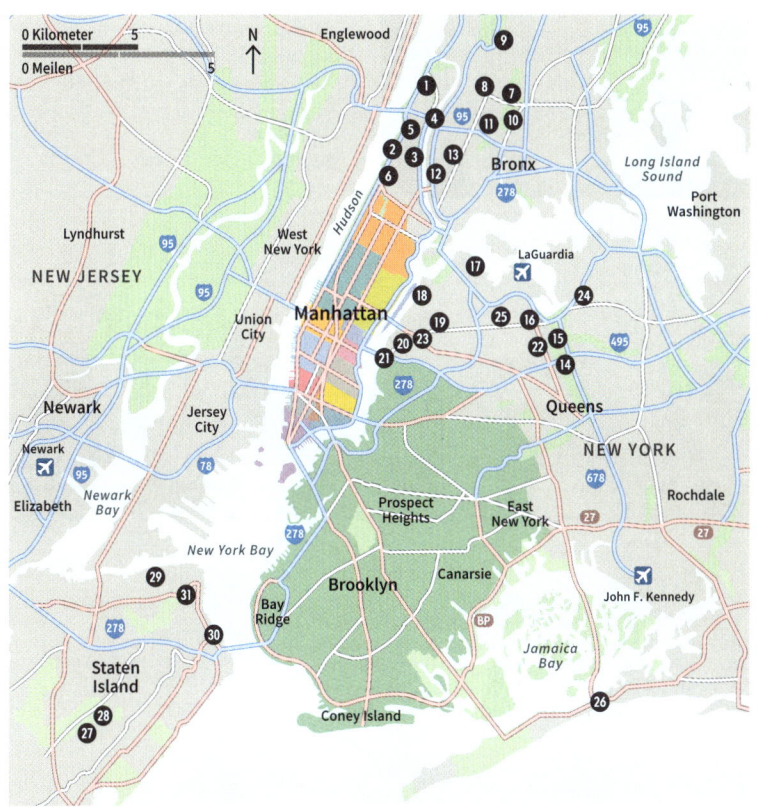

ABSTECHER
STADTTEILE

Lassen Sie den Lärm von Downtown Manhattan hinter sich, und erleben Sie die Stadt außerhalb des Zentrums. Erkunden Sie Upper Manhattan und, weiter nördlich, die Bronx, den einzigen Stadtbezirk auf dem amerikanischen Festland. Jenseits des East River liegt das multikulturelle Queens, während die Insel Staten Island im New Yorker Hafengebiet situiert ist.

Seiten 290 – 293

Upper Manhattan

Die einstige holländische Siedlung ist nun ein Wohnviertel, wo man die Hektik Downtowns kaum spürt. Upper Manhattan ist ideal, um nicht so berühmte Museen, idyllische Grünflächen und schöne Häuser zu entdecken.

Entdecken
Geschichte, mittelalterliche Kunst

Sehenswert
The Cloisters Museum, Fort Washington Park

Genießen
Gärten des Cloisters Museum

Seiten 294 – 297

Bronx

Die einst prosperierende Vorstadt wurde Mitte des 20. Jahrhunderts ein Synonym für Slum, doch allmählich wird auch die Bronx gentrifiziert. Man stößt hier auf schöne Ecken, darunter historische Herrenhäuser, ruhige Parks, ein hervorragender botanischer Garten, ein Zoo – und das Yankee Stadium.

Entdecken
Baseball, grüne Lungen

Sehenswert
New York Botanical Garden, Bronx Zoo, Yankee Stadium

Genießen
Baseball im Yankee Stadium

Queens

Queens ist der größte Stadtbezirk und eine Fundgrube an Kultur – von Piano-Showrooms und Skulpturengärten bis zum Filmmuseum und dem einstigen Wohnhaus Louis Armstrongs. Queens ist übrigens tatsächlich ein »Schmelztiegel« der Kulturen, es gibt hier jede Menge Ethno-Restaurants. Griechische, indische und Thai-Aromen liegen in der Luft. Queens ist auch ein Zentrum der Craftbeer-Renaissance. Die meisten hiesigen Brauereien betreiben Schankräume *(tap rooms)*.

Entdecken
Multikulti, Ethno-Küchen, Craftbeer, Museen

Sehenswert
Queens Museum, Museum of the Moving Image, Steinway & Sons, Louis Armstrong House Museum

Genießen
Ausschank saisonaler Biere in den Brauereien von Queens

Staten Island

Abgesehen von der berühmten Fähre nach Staten Island – die Attraktionen der Insel sind auch New Yorkern nicht unbedingt bekannt. Doch es wäre ein Fehler, den »vergessenen« Stadtbezirk zu übersehen. Besucher, die sich hinter den Fährhafen wagen, werden überrascht sein. Sie finden hier Hügel, Seen und Grünflächen mit Fernsicht, erstaunliche Ausblicke auf den Hafen und gut erhaltene Bauten aus Amerikas Frühzeit. Die größte Überraschung dürfte das »Versteck« für tibetische Kunst sein – zu finden im Nachbau eines buddhistischen Tempels.

Entdecken
Eine andere Ansichte Manhattans, sri-lankisches Essen, tibetische Kunst

Sehenswert
Historic Richmond Town, J. Marchais Museum of Tibetan Art, Little Sri Lanka

Genießen
Richmond Town – wie im 19. Jahrhundert

$\rightarrow$

❶ 🖉 🅜 🖵 🛍 ♿

The Cloisters Museum

🏠 99 Margaret Corbin Drive, Fort Tryon Park 🅂 190 St (A) 🚌 M4 ☎ +1-212-923-3700
🕐 Do – Di 10 –17 📅 1. Jan, Thanksgiving, 25. Dez 🆆 metmuseum.org/visit/met-cloisters

Das einzigartige Museum für mittelalterliche Kunst auf einem Hügel in Upper Manhattan versetzt Besucher in ein europäisches Kloster – dank der mittelalterlichen Kapellen, Kreuzgänge und Bauteile, die aus Europa hierher transportiert wurden.

Diese Zweigstelle des Metropolitan Museum of Art entstand im 20. Jahrhundert. Der Bildhauer George Grey Barnard gründete das Museum 1914. John D. Rockefeller Jr. finanzierte 1925 den Ankauf der Sammlung durch das Met. Er stiftete auch das Gelände am Fort Tryon Park (sowie dasjenige in New Jersey auf der anderen Seite des Hudson River, damit die Aussicht nicht verbaut werden konnte).

Der Architekt Charles Cullens, der die Riverside Church *(siehe S. 258)* errichtete, baute den Komplex, wobei er die Fragmente europäischer Klöster integrierte und so das mittelalterliche Aussehen schuf. Die Kreuzgänge heißen Cuxa, Saint-Guilhem, Bonnefont und Trie – nach ihrem französischen Ursprung. Das Museum ist chronologisch aufgebaut. Es beginnt mit der Romanik (ca. 1000 n. Chr.) und schreitet fort zur Gotik (1150 –1520). Skulpturen, Bleiglasfenster, Gemälde und Klostergärten finden Sie auf der unteren Ebene. Die Einhorn-Gobelins sind die Attraktion auf der oberen Ebene.

The Cloisters Museum in Upper Manhattan mit seinem klösterlichen Aussehen

Einhorn-Gobelins

Die Serie von sieben um 1500 in Flandern gewebten Wandteppichen (auch bekannt als *Die Jagd nach dem Einhorn*) stellt die Jagd nach dem mythischen Einhorn dar und seine Gefangennahme mithilfe einer Jungfrau. Die unglaublich detailreiche Darstellung und ihr Symbolismus – die Fachwelt streitet über die Auslegung – machen es zu einem großartigen mittelalterlichen Kunstwerk. Die Goblins wurden sowohl als Metaphern für Tod und Auferstehung von Christus als auch für die höfische Liebe interpretiert.

Besucher unter den Marmorsäulen des Cuxa-Kreuzgangs aus dem 12. Jahrhundert

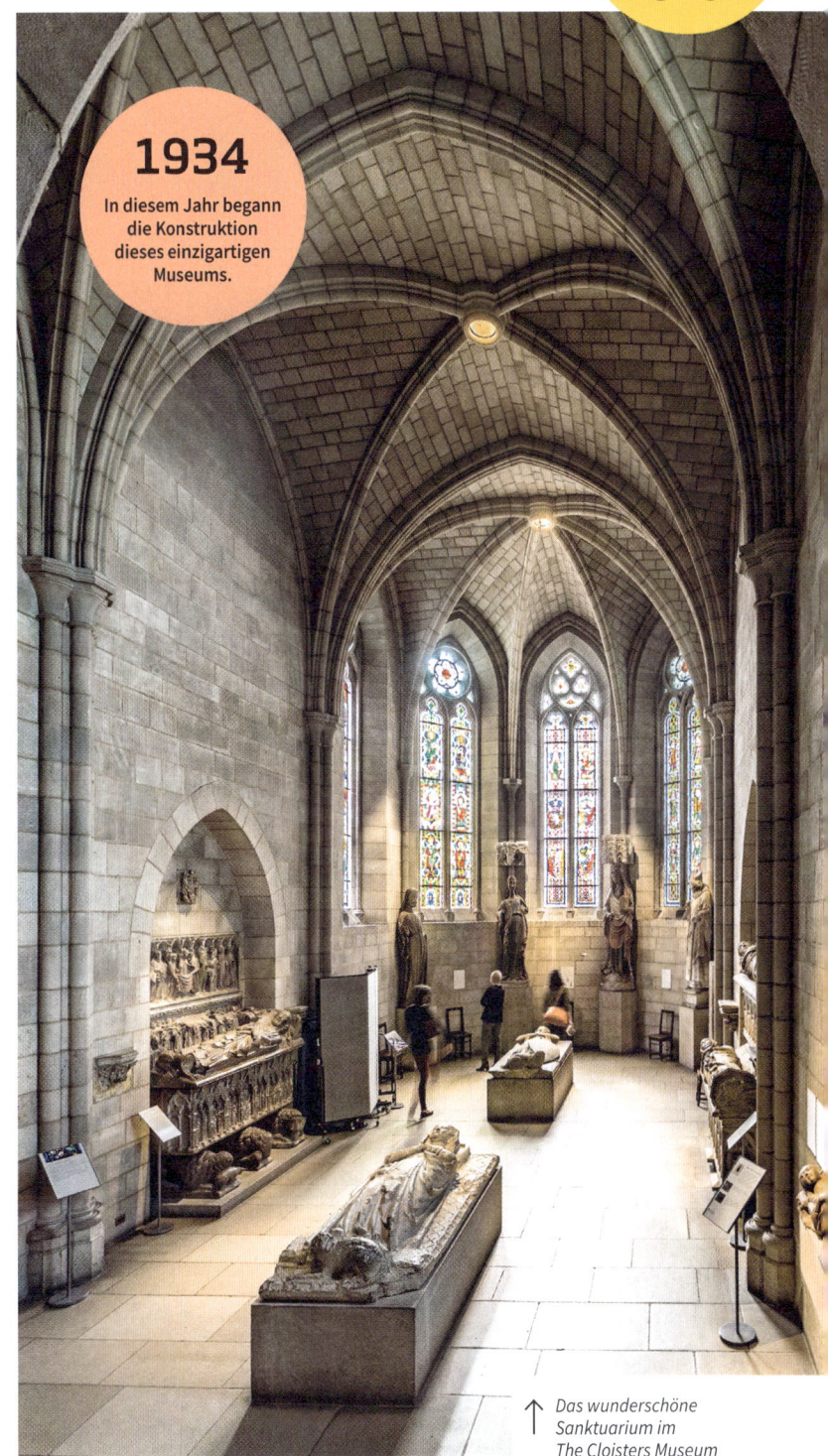

1934

In diesem Jahr begann die Konstruktion dieses einzigartigen Museums.

↑ *Das wunderschöne Sanktuarium im The Cloisters Museum*

SEHENSWÜRDIGKEITEN

2 Ⓜ 🏛 ♿

Hispanic Society

🏠 Broadway / 155th St
Ⓢ 155 St (C), 157 St (1)
📞 +1-212-926-2234
🕐 wg. Renovierung
🌐 hispanicsociety.org

Die Hispanic Society of America besitzt eine der größten Sammlungen spanischer Kunst außerhalb Europas. Sie umfasst Skulpturen, dekorative Kunst, Drucke und Fotografien, die in Wechselausstellungen gezeigt werden. Die Hauptabteilung des Museums besitzt Goyas *Herzogin von Alba*. Die angrenzende Sorolla-Abteilung bietet Joaquín Sorolla y Bastidas *Ansichten von Spanien*, ein Auftragswerk von 1911. Die 14 großen Wandbilder zeigen das Alltagsleben. Der obere Balkonbereich hat die besten Klassiker: etwa El Grecos *Heilige Familie* sowie Porträts von Velázquez.

Die Hispanic Society ist Teil von Audubon Terrace, einem Komplex neoklassizistischer Gebäude in Washington Heights, der 1908 von Charles Pratt Huntington errichtet wurde. Finanziert wurde er von Archer Milton Huntington, dem Cousin des Architekten. Der Großteil der Gebäude wird vom Boricua College belegt. Auch während der andauernden Renovierung bleibt ein Teil der Sammlung zugänglich.

3 🏛 Ⓜ 🏛

Morris-Jumel Mansion

🏠 65 Jumel Terrace / West 160th St und Edgecombe Avenue Ⓢ 163 St-Amsterdam Av (C) 📞 +1-212-923-8008 🕐 Di – Fr 10 – 16, Sa, So 10 – 17 🕐 einige Feiertage
🌐 morrisjumel.org

Das Stadthaus ist eines der wenigen Gebäude aus vor-

↑ *Hübsch restauriert: die Fassade des Morris-Jumel Mansion*

revolutionärer Zeit. Es wurde 1765 für Lt. Col. Roger Morris gebaut, heute ist es ein Museum mit neun im Stil der Zeit eingerichteten Räumen. 1820 kauften Stephen Jumel und seine Frau Eliza das Haus und möblierten es mit den Mitbringseln ihrer Frankreichreisen. Viele der Originale sind noch zu sehen. Im Boudoir steht der »Delfinstuhl«, der angeblich von Napoléon stammt.

Elizas sozialer Aufstieg und ihre zahlreichen Affären lösten Skandale aus. Man munkelte, sie habe 1832 ihren Gatten verbluten lassen, um ihn zu beerben. Später ehelichte sie den 77-jährigen Aaron Burr und ließ sich drei Jahre später, am Tag seines Todes, wieder scheiden.

Das restaurierte georgianische Haus besitzt einen klassischen Portikus und einen achteckigen Flügel.

Führungen finden samstags um 12 Uhr und sonntags um 14 Uhr statt.

4

George Washington Bridge und Fort Washington Park

Ⓢ 175 St (A), 181 St (1)
🌐 panynj.gov

Der französische Architekt Le Corbusier bezeichnete die Brücke über den Hudson einmal als den »einzigen Ort der Anmut in dieser chaotischen Stadt«. Obwohl sie nicht annähernd so berühmt ist wie ihr Gegenstück nach Brooklyn, hat diese Brücke des Ingenieurs Othmar Ammann und des Architekten Cass Gilbert doch ihren eigenen Charakter.

Den mutigen Plan, Manhattan und New Jersey miteinander zu verbinden, gab es schon 60 Jahre lang, bevor die Port Authority of New York die Summe von 59 Millionen Dollar aufbrachte, um das Projekt zu verwirklichen. Ammann wollte statt einer teuren Eisenbahn eine Autobrücke bauen. Die Arbeiten begannen 1927. Die Brücke wurde 1931 eröffnet. Heute ist sie unverzichtbar für den Pendlerverkehr zwischen Manhattan und Fort Lee in New Jersey. Auf ihr verkehren 53 Millionen Fahrzeuge pro Jahr.

Cass Gilbert hatte für die beiden Pfeiler Mauerwerk vorgesehen. Doch da das Geld nicht reichte, entstand eine gerüstartige Struktur (183 Meter hoch, 1067 Meter lang). Das untere Deck kam 1962 hinzu. Unterhalb des östlichen Turmpfeilers im Fort Washington Park steht ein Leuchtturm von 1889, der 1951 wegen öffentlicher Proteste vom Abriss verschont wurde. Hildegarde Hoyt Swift verfasste das Kinderbuch *The Little Red Lighthouse and the Great Grey Bridge* (1942) zu den beiden Wahrzeichen.

Jeden September findet das Little Red Lighthouse Festival statt. Dann gibt es auch eine Lesung des berühmten Buchs.

5

Shabazz Center

🏠 3940 Broadway / West 165th Street 🚇 168 St (A, C, 1) 📞 +1-212-568-1341 🕐 Di 11–17, Mi – Fr 11–18 🌐 theshabazzcenter.org

Das Shabazz Center in Washington Heights (eigentlich: Malcolm X and Dr. Betty Shabazz Memorial and Educational Center) erinnert an das Leben des einflussreichen afroamerikanischen muslimischen Predigers und poli-

tischen Aktivisten Malcolm X. Im Center finden Veranstaltungen und Filmvorführungen zum Werk von Malcolm X statt. Im Erdgeschoss gibt es Touchscreen-Schirme, die wichtige Stationen seines Lebens mit Videos und Interviews dokumentieren.

Das Center befindet sich in den Überresten des Audubon Ballroom, in dem Malcolm X 1965 ermordet wurde. Der Ballsaal gehört heute zum Columbia-Presbyterian Hospital.

Malcolm X wurde 1925 als Malcolm Little in Nebraska geboren, verbrachte aber die meiste Zeit seines Lebens in New York als Anhänger von Elijah Muhammads Nation of Islam, mit der er aber später brach. Er inspirierte die Black-Power-Bewegung.

6

Ralph Ellison Memorial

🏠 West 150th St / Riverside Dr 🚇 145 St (1)

Mit diesem kleinen Denkmal wird der afroamerikanische Autor Ralph Ellison geehrt. Die Bronzeplatte, in der eine ausgeschnittene männliche Figur zu sehen ist, wurde 2003 von Elizabeth Catlett geschaffen. Auf vier Ecksteinen sind Zitate von Ellison eingraviert, etwa die Anfangszeilen von *Invisible Man* (1952): »Ich bin unsichtbar, verstehst Du, weil sich die Leute einfach weigern, mich zu sehen.«

Der 1913 im rassistischen Süden der USA geborene Ralph Ellison kam 1936 nach Harlem. Er lebte ganz in der Nähe (730 Riverside Drive).

George Washington Bridge, die Verbindung zwischen New York und New Jersey

New York Botanical Garden

🏠 Kazimiroff Blvd, Bronx River Parkway (Exit 7W) Ⓢ Bedford Pk Blvd (4, B, D) 🚌 Bx26 📞 +1-718-817-8700 🕐 Di – So 10 –18 (Jan, Feb: bis 17) 🌐 nybg.org

Der New Yorker botanische Garten gehört zu den größten und ältesten der ganzen Welt. Der üppig grüne Park im Herzen der Bronx ist ein wunderbares Fleckchen Natur in der Stadt.

Ein Besuch des 100 Hektar großen New York Botanical Garden ist eine Entdeckungsreise der besonderen Art – vom herrlichen viktorianischen Glashaus bis zum Everett Children's Adventure Garden. Die grüne Oase umfasst 50 Gartenbereiche und Pflanzensammlungen sowie einen 20 Hektar großen, weitgehend naturbelassenen Wald, den Thain Family Forest. Dieser natürliche Waldbestand gehört zu den letzten der Stadt. Er folgt den Pfaden des Stammes der Lenape und hütet einige Bäume, die noch aus der Zeit der Amerikanischen Revolution stammen.

Man kann mit einer Tram durch die Anlage fahren. Die kommentierte Fahrt dauert 20 Minuten und hat neun Haltestellen. An diesen kann man auch aussteigen und später wieder zusteigen.

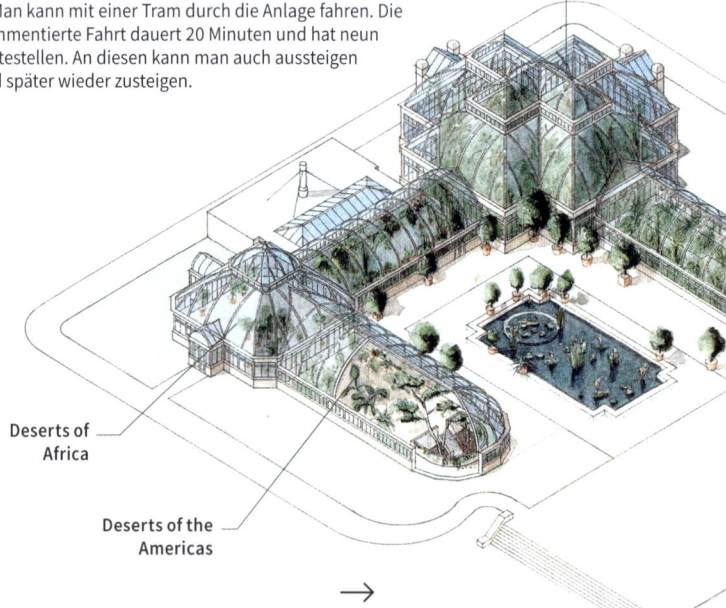

Temporär geöffnete Bereiche

Deserts of Africa

Deserts of the Americas

→

Enid A. Haupt Conservatory – ein Glashaus aus elf miteinander verbundenen Arealen

Tropical Upland Rain Forest Gallery

Ein Besuch des 100 Hektar großen New York Botanical Garden ist eine Entdeckungsreise - vom viktorianischen Glashaus bis zum Everett Children's Adventure Garden.

→ Im Peggy Rockefeller Rose Garden (1988) wurden ca. 2700 Rosenstöcke angepflanzt; Enid A. Haupt Conservatory mit Wasserlilienteich (Detail)

Palm Dome

Courtyard Pool

Schon gewusst?

Im New York Botanical Garden stehen auch über 200 Kirschbäume.

Tropical Lowland Rain Forest Gallery

Aquatic Plants und Vines Gallery

In diesem Haus lebte und schrieb Edgar Allan Poe drei Jahre lang

Bronx Zoo

🏠 2300 Southern Blvd, Bronx Ⓢ E Tremont Av (2, 5) 🚌 Bx9, Bx12, Bx19, Bx22, Bx39, BxM11, Q44 📞 +1-718-220-5100 🕐 Apr – Okt: Mo – Fr 10–17, Sa, So 10–17:30; Nov – März: tägl. 10–16.30) Ⓦ bronxzoo.com

Im 1899 gegründeten Bronx Zoo leben über 4000 Tiere, die etwa 500 Arten angehören, in realistisch nachgebildeten Lebensräumen. Zu den Bewohnern gehören u. a. Bären, Bisons und Paviane. Der Zoo gilt als führend bei der Erhaltung gefährdeter Arten, etwa des Indischen Panzernashorns oder des Schneeleoparden.

Beliebte Bereiche sind Tiger Mountain, JungleWorld und Congo Gorilla Forest mit einer großen Gorillapopulation sowie die Wild Asia Monorail und die World of Reptiles. Führungen finden um 10:15 und 11:45 Uhr statt.

Poe Cottage

🏠 2640 Grand Concourse Ⓢ Kingsbridge Rd (D, 4) 📞 +1-718-881-8900 🕐 Do, Fr 10–15, Sa 10–16, So 13–17 Ⓦ bronxhistorical society.org

In dem weißen Schindelhaus, das 1812 als einfaches Heim eines Arbeiters errichtet worden war, wohnte 1846–49 Edgar Allan Poe. Heute liegt es unpassenderweise inmitten von Wohnblocks.

Obwohl Poe bereits als Verfasser von *The Raven* relativ erfolgreich war, hatte er Mitte des 19. Jahrhunderts ziemliche finanzielle Probleme. Auf der Suche nach frischer Luft zog er mit seiner Frau Virginia und deren Mutter Maria aufs Land. Doch kurz nachdem sie das Cottage bezogen hatten, starb Virginia an Tuberkulose.

In seiner Trauer gelang es Poe dennoch, einige verehrungswürdige Werke zu schreiben, darunter auch das bewegende Gedicht *Annabel Lee*, das er in Erinnerung an seine Frau verfasste. Heute besitzt das renovierte Haus mehrere Räume, die so wie zu Poes Zeiten eingerichtet sind.

Das elegante Poe Park Visitor Center steht separat (2650 Grand Concourse). Das vom japanischen Architekten Toshiko Mori entworfene Zentrum zeigt Kunst in Sonderausstellungen. Sein scharfkantiges Dach erinnert übrigens an einen Raben – zu Ehren des berühmtesten Gedichts des Schriftstellers.

Woodlawn Cemetery

🏠 Webster Avenue / East 233rd St Ⓢ Woodlawn (4) 🕐 tägl. 8:30–16:30 Ⓦ the woodlawncemetery.org

Auf dem 1863 eröffneten Friedhof sind viele prominente und wohlhabende New Yorker bestattet. Denkmäler und Grabsteine befinden sich hier in schöner Umgebung. Das Mausoleum F. W. Woolworths und seiner Familie ist so verschnörkelt wie das Hochhaus, das diesen Namen trägt *(siehe S. 85)*. Der rosafarbene Marmor des Grabmals von Fleischmagnat Herman Armour erinnert stark an einen Schinken.

Weitere hier bestattete bekannte New Yorker sind Bürgermeister Fiorello LaGuardia, der Kaufhausgründer Rowland Hussey Macy, der Schriftsteller Herman Melville und die Jazzlegende Duke Ellington.

Belmont und Arthur Avenue

Ⓢ Fordham Rd (B, D, S), dann 🚌 Bx12 Ⓦ arthuravenuebronx.com

Belmont liegt in Gehweite vom botanischen Garten und vom Zoo. Hier lebt New Yorks größte italoamerikanische Community. Das Viertel ist eine authentische (und wesentlich größere) Alternative zu Little Italy in Manhattan, das quasi nur aus einem Straßenzug besteht. Belmonts Hauptstraße Arthur

»Helden«-Sandwiches in einem Geschäft in der Arthur Avenue

Avenue ist voller italienischer Bäckereien und Lokale.

Der Arthur Avenue Retail Market bietet Konditoreien, Fleischer, Pasta-Hersteller, Stände mit italienischen Wurstwaren, Fischstände und Coffeeshops. Im September feiert die Community Ferragosto, ein Herbstfest, mit Tanz, Essensständen, Live-Acts und einem Käseschnitzerei-Wettbewerb.

12

Yankee Stadium

🏠 East 161st St/River Avenue, Highbridge 🚇 161 St (B, D, 4) 🕐 tägl. 10–12:40 (außer Spieltage)
🌐 mlb.com/yankess

Die Arena war 1923 die erste Heimstatt des Baseball-Teams New York Yankees. Zu ihren Helden gehörten zwei der besten Spieler aller Zeiten: Babe Ruth und Joe Di-Maggio, der auch durch seine Ehe mit Marilyn Monroe bekannt war. 1921 errang der Linkshänder Babe Ruth gegen die Boston Red Sox den ersten *home run* des Stadions. Das 1923 fertiggestellte Yankee Stadium hieß deshalb auch »Haus von Ruth«.

2009 zogen die Yankees in ein neues Stadion, das parallel zum alten liegt. Es war mit 1,5 Milliarden Dollar einer der teuersten öffentlichen Bauten der USA.

Die Yankees zählen nach wie vor zu den besten Teams der American League. In New York gibt es mehrere Yankee-Clubhouse-Shops, wo man Tickets für Spiele oder Stadionführungen kaufen kann.

13 Ⓜ️ 🖥️ ♿

Bronx Museum of the Arts

🏠 1040 Grand Concourse 🚇 167 St (B, D) ☎ +1-718-681-6000 🕐 Mi – So 11–18, (Fr bis 20) 📅 1. Jan, Thanksgiving, 25. Dez
🌐 bronxmuseum.org

Das Museum von 1971 präsentiert über 1000 zeitgenössische Werke asiatischer, lateinamerikanischer und afroamerikanischer Künstler. Regelmäßig finden Lesungen und andere Events statt.

Unter den präsentierten Künstlern befinden sich Romare Bearden (1911–1988), ein Multimedia-Künstler, der den afroamerikanischen Alltag darstellt, Whitfield Lovell (*1959 in der Bronx), der Bleistift- und Kohlezeichnungen anfertigt, die kubanische Installations- und Performance-Künstlerin Tania Bruguera (*1968), der Fotograf Seydou Keïta (1921–2001) aus Mali, der Brasilianer Hélio Oiticica (1937–1980), die Afroamerikanerin Kara Walker (*1969) und der Chinese Xu Bing (*1955).

Seit 1982 liegt das Museum in einer ehemaligen Synagoge, eine Stiftung der Stadt. 2006 wurde es nach der Renovierung durch Arquitectonica aus Miami mit einer gezackten »Akkordeon«-Fassade aus Stahl und Glas wiedereröffnet.

Geburtsort der Hip-Hop-Tour

In dieser Gegend liegt die Heimat des Hip-Hop. Die Szene in der Bronx entstand Mitte der 1970er Jahre mit Pionieren wie Kool DJ Herc (Run DMC formierte sich 1981 in Queens, Fab Five Freddy in Brooklyn). Hush Hip Hop Tours (www.hushtours.com) bietet Touren durch Harlem und die Bronx – mit Gastgebern wie Grandmaster Caz, Rahiem und Ralph McDaniels.

International bekannt: das Yankee Stadium in der Bronx ↓

14

Flushing Meadows-Corona Park

🚇 Mets-Willets Point (7)

Das Areal, auf dem 1939 und 1964 die beiden Weltausstellungen New Yorks stattfanden, ist ein ausgedehntes, am Wasser gelegenes Picknickgelände mit vielen Attraktionen, so dem Citi Field Stadium (41 000 Plätze), dem Stadion der Baseball-Mannschaft New York Mets und Ort für Popkonzerte. In Flushing Meadows liegt auch das National Tennis Center, Austragungsort der US Open.

Die Unisphere – Symbol der Weltausstellung 1964 – beherrscht noch die Szene. Der riesige Stahlglobus ist zwölf Stockwerke hoch und 350 Tonnen schwer und liegt im Zentrum eines Brunnens.

15

Queens Museum

🏠 New York City Building, Flushing Meadows-Corona Park 🚇 111 St (7)
📞 +1-718-592-9700
🕐 Mi – So 11 – 17 📅 4. Juli, Thanksgiving, 25. Dez
🌐 queensmuseum.org

Das Museum nahe der Unisphere blieb als einziges

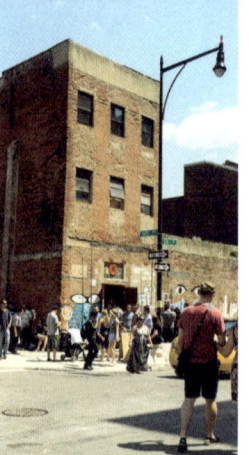

Gebäude der Weltausstellung 1939 übrig. Es beherbergte den New York City Pavilion. Das Museum bietet Wechsel- und Dauerausstellungen. Die Neustadt-Sammlung zeigt Tiffany-Glas von Louis Comfort Tiffany, der in den 1890er Jahren seine Werkstätten in Corona hatte, die Ausstellung »From Watersheds to Faucets: The Marvel of the NYC Water Supply System« hat ein Reliefmodell der New Yorker Wasserversorgung aus Holz und Gips, das für die Weltausstellung 1939 geschaffen worden war.

Ein weiteres Highlight ist das Panorama der Stadt, ein Überbleibsel der Weltausstellung von 1964. Das 864 Quadratmeter große Panorama ist das größte Architekturmodell der Welt mit 895 000 Holzgebäuden plus Häfen, Flüssen und Brücken.

16

Louis Armstrong House Museum

🏠 34 – 56 107th St 🚇 103 St-Corona Plaza 📞 +1-718-478-8274 🕐 Di – Fr 10 – 17, Sa, So 12 – 17 📅 Feiertage
🌐 louisarmstronghouse.org

Die Trompeter-Legende (1901–1971) lebte hier von 1943 bis zu seinem Tod. Arm-

Mikrobrauereien

Durst auf Bier? In Long Island City gibt es die Rockaway Brewing (Ales und Starkbier; www.rockawaybrewco.com) und die für ihre fruchtigen Biere bekannte Fifth Hammer Brewing (www.fifthhammerbrewing.com). SingleCut Beersmiths in Astoria (www.singlecut.com) ist Spezialist für Lager. In Ridgewood schenkt die Finback Brewery (www.finbackbrewery.com) saisonale Craftbeer-Sorten aus.

strong ist auf dem nahen Flushing Cemetery begraben. Sein Heim ist so erhalten, wie er und seine vierte Frau, die Sängerin Lucille Wilson, es bewohnt haben. Die stündlichen Führungen sind obligatorisch. Im Garten gibt es Konzerte. Man kann Audio-Aufnahmen von Armstrong hören – von Trompetenübungen über Mahlzeiten bis zum Gespräch mit Freunden. Das Besucherzentrum gegenüber besitzt weitere Aufnahmen des Audio-Archivs von Armstrong.

17

Steinway & Sons

🏠 1 Steinway Place, 19th Avenue 🚇 Ditmars Boulevard (N, W) 🌐 steinway.com

Der Deutsche Heinrich Steinweg (1797–1871) emigrierte 1850 nach Amerika. Nach der Anglisierung seines Namens zu Henry Steinway gründete er 1853 Steinway & Sons.

Die Firma war bald dafür bekannt, die besten Klaviere und Flügel herzustellen. Sie produziert 1250 Flügel pro Jahr. Die handgefertigten Instrumente bestehen aus 12 000 Einzelteilen. Ihre Fertigung aus Ahorn, Walnuss oder Birnbaum dauert ein ganzes Jahr. Dienstags und donnerstags (Sep – Juni) gibt es von 9:30 bis 12 Uhr Führungen (Reservierung erforderlich).

18

Noguchi Museum und Socrates Sculpture Park

🏠 9-01 33rd Rd 🚇 Broadway (N, W), dann 🚌 Q104 📞 +1-718-204-7088 🕐 Skulpturenpark: tägl. 9 bis Sonnenuntergang; Museum: Mi – Fr 10 –17, Sa, So 11 – 18
📅 1. Jan, Thanksgiving, 25. Dez 🌐 noguchi.org

Das Museum mit Garten ist dem japanisch-amerikani-

Mikrobrauereien

Durst auf Bier? In Long Island City gibt es die Rockaway Brewing (Ales und Starkbier; www.rockawaybrewco.com) und die für ihre fruchtigen Biere bekannte Fifth Hammer Brewing (www.fifthhammerbrewing.com). SingleCut Beersmiths in Astoria (www.singlecut.com) ist Spezialist für Lager. In Ridgewood schenkt die Finback Brewery (www.finbackbrewery.com) saisonale Craftbeer-Sorten aus.

↑ *Das Queens Museum bietet sonntags kostenlose Führungen (engl., span.)*

schen Bildhauer und Designer Isamu Noguchi (1904 – 1988) gewidmet. Es entstand, um den kreativen Visionen Noguchis Raum zu geben. Noguchi wurde 1947 durch seine Arbeit für die Herman Miller Company bekannt, als er den Noguchi-Tisch schuf. Er kreierte auch die Installation *Red Cube* vor dem Marine Midland Building in Lower Manhattan.

Der nahe Socrates Sculpture Park am Vernon Boulevard entstand 1986, als der abstrakte Expressionist Mark di Suvero eine alte Deponie in ein Open-Air-Studio umwandelte. Seither haben hier verschiedene Künstler große Werke ausgestellt (Parkführungen Mi – So um 14 Uhr).

19

Museum of the Moving Image and Kaufman Astoria Studio

🏠 36-01 35th Avenue / 36th St, Astoria 🚇 36 St (N, W), Steinway St (R) 📞 +1-718-777-6800 🕐 Mi – Fr 10:30 – 17 (Fr bis 20), Sa, So 10:30 – 18 🚫 1. Jan, Thanksgiving, 25. Dez 🌐 movingimage.us

Auf dem Höhepunkt der New Yorker Kinoära drehten in dem 1920 von Paramount Pictures eröffneten Astoria Studio Größen wie Rudolph Valentino, W. C. Fields, die Marx Brothers und Gloria Swanson. Als die Filmindustrie nach Hollywood abwanderte, übernahm die Armee das Studio und produzierte hier 1941 bis 1971 Lehrfilme.

1977 wurde die Astoria Motion Picture and Television Foundation gegründet, um das Studio zu retten. *The Wiz*, Sidney Lumets Musical mit Michael Jackson und Diana Ross in den Hauptrollen, wurde hier gedreht, um die Renovierung zu finanzieren. Heute verfügen die Studios über die besten Filmeinrichtungen der Ostküste.

In einem der Gebäude liegt das Museum of the Moving Image, das Filmmemorabilien von Ben Hurs Streitwagen bis zu Kostümen aus *Star Trek* zeigt. Die Dauerausstellung schöpft aus 130 000 Exponaten. Das Museum bietet ein Kino (254 Sitze), ein Amphitheater mit Video-Vorführungen und einen Vorführraum. Filme gibt es freitags bis sonntags, Führungen durch die Jim Henson Exhibition (mit Figuren der *Muppet Show*) samstags um 11:30 und 12:30 Uhr.

20

MoMA PS1, Queens

🏠 22 – 25 Jackson Avenue, Queens 🚇 23 St-Court Sq (E, F, M), 45 Rd-Courthouse Sq (7), Court Sq (G), 21 St-Van Alst (G) 🚌 B61, Q67 📞 +1-718-784-2084 🕐 Do – Mo 12 – 18 🚫 1. Jan, Thanksgiving, 25. Dez 🌐 moma.org/ps1

Das 1971 gegründete PS1 (eine Filiale des MoMA) entstand im Rahmen eines Programms für die Umwandlung leer stehender öffentlicher Gebäude in Galerien und Ateliers. Neben Wechsel- und Dauerausstellungen gibt es interaktive Events.

Das Mina's ist ein mediterran inspiriertes Café unter der Leitung von Mina Stone.

Restaurants

Empanadas Café
Hier gibt es leckere lateinamerikanische Empanadas mit Fleischfüllung (testen Sie Rindfleisch und Käse).

🏠 56-27 Van Doren St, Corona 🌐 empanadas cafe.com
💲💲💲

Jackson Diner
Das bekannteste indische Restaurant in Jackson Heights serviert exzellente Currys.

🏠 37 – 47 74th St, Jackson Heights 🌐 jacksondiner.com
💲💲💲

Adda
Das zeitgenössische indische Lokal bietet authentische Tandoori-Gerichte, Currys und Biryanis.

🏠 31-31 Thomas Avenue, Long Island 🚫 So 🌐 addanyc.com
💲💲💲

SriPraPhai
Authentische Thai-Küche, die Lichtjahre vom Angebot in Manhattan entfernt ist. Nur Barzahlung.

🏠 64-13 39th Avenue, Woodside 🚇 Mi 🌐 sripraphai.com
💲💲💲

Taverna Kyclades
Die beliebte, freundliche griechische Taverne ist auf Seafood spezialisiert.

🏠 33-07 Ditmars Blvd, Astoria 🌐 taverna kyclades.com
💲💲💲

㉑
Hunters Point Waterfront
S Vernon Blvd-Jackson Av (7)

Am Ostufer des East River und am südlichen Ende von Long Island City in Queens liegt das kleine Viertel Hunters Point. Von vielen Stellen der Uferpromenade, die überwiegend vom landschaftlich schön gestalteten Gantry Plaza State Park gesäumt wird, genießt man fantastische Aussichten auf die Ostseite von Manhattan. Im Park steht ein riesiges Werbeschild mit dem Pepsi-Logo. Es ist ein Relikt der 1940er Jahre aus der nahe gelegenen Abfüllanlage, die 1999 geschlossen wurde.

Attraktionen im Park sind LIC Landing (ein Veranstaltungsraum und Café), ein Nebelbrunnen und restaurierte Portalkrane als Dokumente der industriellen Blütezeit von Hunters Point.

Etwas landeinwärts an der 46th Avenue findet von April bis Oktober an Wochenenden der LIC Flea & Food Market statt. Gemeinsam mit einer Reihe hoch aufragender Wohngebäude wurde 2019 in der Nähe die Hunters Point Library mit einer mar-

kanten, aluminiumbeschichteten Betonhülle vollendet.

㉒
New York Hall of Science
A 47-01 111th St, Corona **S** 111th St (7) **O** Mo–Fr 9:30–17, Sa, So 10–18 Sep–März: Mo **W** nysci.org

Das Wissenschafts- und Technologiemuseum wurde 1964 zur Weltausstellung gegründet. Es bietet mehr als 450 interaktive Exponate zu Themen wie Farbe, Licht und Physik. Es gibt täglich Live-Shows und Präsentationen, die Wissenschaft anschaulich machen. Weitere Attraktionen für Kinder sind der Minigolfplatz Rocket Park und der riesige Wissenschaftsspielplatz.

㉓
SculptureCenter
A 44-19 Purves St, Long Island City **S** Queens Plaza (E, M, R) **O** Do–Mo 12–18 **W** sculpture-center.org

Dieses Zentrum für zeitgenössische Kunst präsentiert das ganze Jahr über innovative Arbeiten etablierter und aufstrebender Künstler in

Wechselausstellungen. Es befindet sich in einer früheren Reparaturwerkstatt für Straßenbahnen, die 2001 von der Architektin Maya Lin kunstvoll renoviert wurde.

㉔
Flushing
S Main St (7)

In Flushing existiert New Yorks dynamischste Chinatown, das Flair ist authentischer als in Manhattans weitaus touristischerer Chinatown. Es gibt viele Restaurants, Bäckereien und Läden, die Geschenke, asiatische Lebensmittel, Kräuterheilmittel und Akupunktur anbieten. Zum Essen hat man die Qual der Wahl: In der Main Street und den von ihr

 Entdeckertipp
Ganeshatempel

Etwas versteckt in 45-57 Bowne Street steht der Sri Maha Vallabha Ganapati Devasthanam, ein hinduistischer Tempel, der Ganesha (dem elefantenköpfigen Gott) gewidmet ist und im südindischen Stil erbaut wurde.

← *Blick vom Gantry Plaza State Park auf die Skyline von Manhattan*

abzweigenden Straßen gibt es viele exzellente chinesische Restaurants. Die Golden Shopping Mall in 41-28 Main Street ist ein guter Ausgangspunkt für einen Bummel durch das lebhafte Viertel. Weitere Hotspots sind Xi'an Famous Foods (41-10 Main St), Miss Li (133-49 Roosevelt Av) und Happy Lamb (136-59 37th Av).

Zu Beginn seiner Geschichte im 17. Jahrhundert lebte in Flushing eine große Quäkergemeinde. Das aus Holz erbaute Flushing Quaker Meeting House (137-16 Northern Blvd) kann besichtigt werden. Sehenswert sind auch Kingsland Homestead (145-35 37th Av), ein kleines Bauernhaus, und das im Saltbox-Stil errichtete Bowne House (37-01 Bowne St). Es wurde um 1661 erbaut und ist damit das zweitälteste Gebäude der Stadt.

25 Jackson Heights

S Roosevelt Av (7, E, F, M, R)

Dieses Viertel in Queens ist mit seinen großen süd- und südostasiatischen, südamerikanischen und mexikanischen Communities wohl das vielfältigste von New York. An der Roosevelt Avenue (und zunehmend auch am Northern Boulevard) hallen lateinamerikanische Rhythmen aus den Lautsprechern, Straßenverkäufer bieten heiße *churros* an, Läden führen große Sortimente an lateinamerikanischer Musik, Panamahüten und *piñatas*. Jackson Heights ist bekannt für seine vielfältige kulinarische Szene. Viele New Yorker kommen hierher, um kolumbianische Maiskuchen zu essen. Zahlreiche Restaurants wie die mexikanische Taqueria Coatzingo (7605 Roosevelt Av) und das brasilianische Copacabana (80-26 Roosevelt Av) sind bei Einheimischen wie Touristen gleichermaßen beliebt.

Eine der buntesten Ecken des Viertels ist Little India, das an der 74th Street zwischen Roosevelt und 37th Avenue liegt (es gibt auch Little Pakistan und Little

Bangladesh in der 73rd St). Hier werden verzierter Goldschmuck, Saris und Gewürze verkauft. Zu den populärsten Lokalen gehören Jackson Diner *(siehe S. 299)* und Al Naimat (3703 74th St).

26 Rockaway Beach

S Rockaway Park-Beach 116 St (A)

Direkt am Ende der U-Bahnlinie A liegt Rockaway Beach. Der malerische Strand ist etwas eleganter als die von Coney Island und der einzige Ort in New York, an dem erfahrene Surfer auf ihre Kosten kommen.

Die lang gestreckte sandige Rockaway Peninsula trennt die Jamaica Bay vom Atlantik, über Dammwege ist die Halbinsel mit den anderen Teilen von Queens verbunden. Die Hauptattraktion ist zweifellos der 16 Kilometer lange Sandstrand, der den gesamten südlichen Rand der Halbinsel säumt.

Im Sommer lockt der Riis Park Beach Bazaar mit Live-Bands und einem Lebensmittelmarkt, der Rockaway Beach Surf Club das ganze Jahr über mit Tacos und Cocktails.

↑ *Rockaway Beach – traumhaft schöner Sandstrand und Hotspot für Surfer*

Historic Richmond Town

🏠 441 Clarke Avenue 🚌 S74 von der Fähre aus 📞 +1-718-351-1611 🕐 Di – Fr 12 –17, Sa, So 11 –17 🗓 Feiertage 🌐 historicrichmondtown.org

Von den 29 Gebäuden in New Yorks einzigem restaurierten Dorf und Freilichtmuseum sind 14 zu besichtigen. Das nach den heimischen Muscheln »Cocclestown« genannte Dorf wurde im Volksmund – zum Ärger der Anwohner – zu »Cuckoldstown« (»Stadt des gehörnten Ehemanns«). Gegen Ende des Unabhängigkeitskriegs erhielt es den Namen »Richmondtown«. Es war Kreishauptstadt, bis Staten Island 1898 eingemeindet wurde. Richmond Town ist ein typisches Beispiel für eine frühe Siedlung in New York.

In dem um 1695 erbauten Voorlezer's House im holländischen Stil war die älteste Grundschule des Landes. Der 1837 eröffnete Stephens General Store diente zugleich als Postamt. Er wurde detailgetreu nachgebaut.

Der 40 Hektar große Komplex umfasst Wagenschuppen, ein Gerichtsgebäude von 1837, Bürgerhäuser, mehrere Läden und eine

↑ Historic Richmond Town konserviert die Vergangenheit

Schenke. Hier finden Workshops zu traditionellen Handwerkstechniken statt.

Die St. Andrew's Church von 1708 und ihr Friedhof liegen jenseits des Mill Pond Stream. Das Historical Society Museum residiert im County Clerk's and Surrogate's Office, entzückend ist das Spielzeugzimmer.

Jacques Marchais Museum of Tibetan Art

🏠 338 Lighthouse Avenue 🚌 S74 ab Fähre 📞 +1-718-987-3500 🕐 Mi – So 13 –17 (Dez: nur Sa) 🗓 Feiertage 🌐 tibetanmuseum.org

Das Museum enthält eine der größten Privatsammlungen tibetischer Kunst außerhalb Tibets mit Werken vom 15. Jahrhundert bis zur Gegenwart. Es wurde 1947 von der Kunsthändlerin Mrs. J. Marchais gegründet. Das Hauptgebäude ist die Kopie eines Bergklosters mit dreistöckigem Altar. Ein weiterer Bau dient als Bibliothek.

Im Garten stehen lebensgroße Buddha-Figuren. 1991 kam der Dalai Lama hierher.

Snug Harbor Cultural Center und Botanical Garden

🏠 1000 Richmond Terrace 🚌 S40 von der Fähre bis Snug Harbor Gate 🕐 Park: tägl. Sonnenaufgang bis -untergang 🌐 snug-harbor.org

Snug Harbor wurde 1801 als Bleibe für altersschwache und abgearbeitete Seeleute gegründet. 1975 wurde dies ein Komplex für Museen, Sammlungen, Kunstzentren und Gartenanlagen. Der 34 Hektar große, von Bäumen bestandene Campus besitzt 28 Gebäude, die grandiosen Greek-Revival-Stil und italienische Stilelemente zeigen. Das älteste, schön restaurierte Gebäude ist die Main Hall (Building C), die als Besucherzentrum dient. Das angrenzende Newhouse Center for Contemporary Art bietet Ausstellungen lokaler Künstler (März – Nov: Do –So).

Weitere Gebäude beherbergen das preisgekrönte Staten Island Children's Museum (Di – Fr) und die Noble Maritime Collection, die Lithografien und Bilder zu maritimen Themen des Malers John Noble (1913 –1983) präsentiert. Besucher haben auch Zutritt zu seinem Hausboot-Atelier. 2016 wurde das Staten Island Museum hierher verlegt, seine Dauerausstellung widmet sich der Geschichte von Staten Island in den letzten 300 Jahren.

Der größte Teil von Snug Harbor gehört zum Botanical Garden. Zu seinen Attraktionen zählen eine Ausstellung zu Schmetterlingen, ein charmant-altmodischer Rosengarten sowie verschiedene Themenbereiche und Ausstellungen. Der Chinese Scholar's Garden mit seinen Goldfischteichen, Pagodenbauten und Bambushainen wurde 1999 von Gartenkünstlern aus dem chinesischen Suzhou angelegt.

> Der Chinese Scholar's Garden mit seinen Goldfischteichen, Pagodenbauten und Bambushainen wurde 1999 von Gartenkünstlern aus Suzhou angelegt.

Shopping

Empire Outlets
New Yorks erstes Outlet-Center eröffnete 2019 neben dem Staten Island Ferry Terminal und umfasst mittlerweile mehr als 100 Shops.

 55 Richmond Terrace
W empireoutlets.nyc

Restaurants

Denino's Pizzeria & Tavern
Sie ist seit 1937 der Favorit unter den Pizzerias von Staten Island. Testen Sie die Spezialität Muschelpastete oder die »Müllpastete« (Wurst, Fleischbällchen, Peperoni, Pilze, Zwiebeln). Nur Barzahlung.

A 524 Port Richmond Avenue
W deninossi.com
$ $ $

Ralph's Famous Italian Ices
Das seit 1928 existierende Lokal ist berühmt für köstliche Desserts.

A 501 Port Richmond Avenue ⏱ Sommer: tägl. 11–23:30
W ralphsices.com
$ $ $

③⓪ Alice Austen House
A 2 Hylan Blvd 🚌 S 51 von der Fähre bis Hylan Blvd
📞 +1-718-816-4506
⏱ März–Dez: Di–Fr 13–17, Sa, So 11–17 (Gelände jeweils bis Sonnenuntergang)
🗓 Thanksgiving, 25. Dez
W aliceausten.org

In dem 1690 erbauten kleinen Landhaus verbrachte die 1866 geborene Fotografin Alice Austen den Großteil ihres Lebens. Ihre Fotos dokumentieren das Leben auf der Insel, in Manhattan, aber auch in anderen Teilen der USA und in Europa.

Beim Börsenkrach 1929 verlor sie ihr ganzes Vermögen, sodass sie schließlich 1950 mit 84 Jahren völlig mittellos in ein Armenhaus ziehen musste. Ein Jahr später wurde ihr fotografisches Talent vom Magazin *Life* entdeckt. Die darauf folgenden Einnahmen ermöglichten ihr den Umzug in ein Altenheim. Als sie 1952 starb, hinterließ Austen 3500 Negative aus der Zeit von 1880 bis 1930.

Ihr Haus wurde vor dem Abriss bewahrt und restauriert. Heute organisiert der Freundeskreis »Alice Austen House« Ausstellungen ihrer besten Arbeiten.

③① Little Sri Lanka
A Victory Blvd 🚌 S 51 von der Fähre bis Hylan Blvd
📞 +1-718-816-4506 ⏱ unterschiedl. Öffnungszeiten

Little Sri Lanka liegt am Victory Boulevard (Ecke Cebra Avenue) im Viertel Tompkinsville in Staten Island. Vom Fährhafen aus ist es ein 20-minütiger Spaziergang. Hier lebt die größte sri-lankische Gemeinde außerhalb Sri Lankas. Günstige Hoppers (eine Art Pfannkuchen) und Currys gibt es bei New Asha (322 Victory Boulevard), in der Lanka Grocery (353 Victory Boulevard) stapeln sich Ceylontees, Chutneys, Gewürze, Süßigkeiten und andere Delikatessen.

→ *Alice Austen House, das gegen Ende des 17. Jahrhunderts erbaut wurde*

REISE-INFOS

Anfahrt von Queens nach Manhattan

NEW YORK
REISEPLANUNG

Mit etwas Planung sind die Vorbereitungen für die Reise schnell zu erledigen. Die folgenden Seiten bieten Ihnen Tipps und Hinweise für Anreise und Aufenthalt.

Auf einen Blick

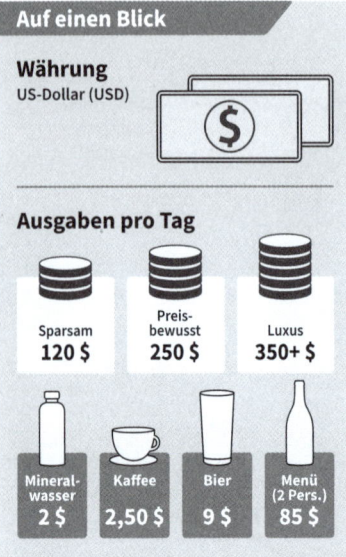

Währung
US-Dollar (USD)

Ausgaben pro Tag

Sparsam	Preis-bewusst	Luxus
120 $	**250 $**	**350+ $**

Mineral-wasser	Kaffee	Bier	Menü (2 Pers.)
2 $	**2,50 $**	**9 $**	**85 $**

Klima

Von Juni bis August scheint die Sonne am längsten. November bis Februar gibt es wenige Sonnenstunden.

Im Sommer betragen die Temperaturen durchschnittlich 29 °C (84 °F), im Winter fallen sie unter null.

Der meiste Regen fällt im März und August, Schauer gibt es das ganze Jahr über.

Strom

In den USA beträgt die Stromspannung 110 Volt, 60 Hz. Für europäische Elektrogeräte benötigen Sie einen Adapter.

Einreise

Das Visa Waiver Program (VWP) für visumfreies Reisen in die USA gilt für Deutsche, Österreicher und Schweizer für einen Aufenthalt von bis zu 90 Tagen. Erforderlich dafür ist ein elektronischer Reisepass (ePass mit Chip). Auch Kinder jeden Alters benötigen ein eigenes Ausweisdokument.

Von allen Reisenden werden bei der Einreise digitale Fingerabdrücke genommen und digitale Fotos gemacht. Vor Reiseantritt ist ein APIS-Formular auszufüllen. Diese Daten werden vor Abflug an die US-Behörden übermittelt (das Formular erhalten Sie bei Ihrer Fluglinie bzw. unter www.drv.de).

VWP: Für die Einreise per Flugzeug ohne Visum müssen Sie eine gültige elektronische Einreisegenehmigung (**ESTA**) haben, die spätestens 72 Stunden vor Reiseantritt online einzuholen ist: Der Antrag kann ausschließlich auf der ESTA-Website gestellt werden. Die fällige Gebühr von 14 US-Dollar ist per Kreditkarte zu bezahlen. Die ESTA-Genehmigung ist zwei Jahre lang gültig und ermöglicht in diesem Zeitraum mehrmalige Einreisen in die USA.

Die Einreisebestimmungen für die USA wurden 2017 erneut verschärft, Reisende müssen sich sowohl bei der Einreise als auch bei der Ausreise einer Sicherheitsbefragung unterziehen, was zu einer erhöhten Wartezeit führen kann. Empfohlen wird derzeit, mindestens drei Stunden vor Abflug am Airport zu sein.

ESTA

🆆 esta.cbp.dhs.gov/esta

Sicherheitshinweise

Aufgrund unvorhersehbarer Entwicklungen kann es zu Änderungen und Einschränkungen kommen. Aktuelle Hinweise zur Einreise sowie Sicherheitshinweise bieten das deutsche Auswärtige Amt (www.auswaertiges-amt.de), das österreichische Bundesministerium für europäische und internationale Angelegenheiten (www.bmeia.gv.at) oder das Eidgenössische Departement für auswärtige Angelegenheiten der Schweiz (www.eda.admin.ch).

Zoll

Während des Flugs erhalten Sie ein blaues Formular für die Zollerklärung – hier benötigen Sie zwingend eine erste Übernachtungsadresse in den USA.

Geringe Mengen Tabak (200 Zigaretten pro Person ab 18 Jahren) und Alkohol (ein Liter pro Person ab 21 Jahren) dürfen Sie mitbringen, Einfuhrverbot herrscht für Fleischprodukte und Pflanzen.

U.S. Customs and Border Protection
🅦 cbp.gov/travel/international-visitors/know-before-you-visit

Versicherungen

Wegen der hohen Arztkosten ist eine Auslandsreise-Krankenversicherung, die auch den Rücktransport im Notfall einschließt, anzuraten. Im Notfall sollten Sie nicht eines der städtischen, sondern ein privates Krankenhaus aufsuchen. Neben Versicherungen für (zahn-)ärztliche Behandlungen sind auch Gepäck-, Diebstahl- und Unfallversicherungen zu erwägen. Viele Anbieter bieten Kombis.

Hotels

Mit über 130 000 Hotelzimmern bietet New York für jeden etwas. Die Top-Hotels gehören zwar zu den teuersten der USA, doch es gibt viele Mittelklasse-Hotels, familiengeführte B & Bs und Hostels. Hotels sind unter der Woche gut belegt, wenn Geschäftsleute in der Stadt sind. Die besten Rabatte erhält man also am Wochenende.

Die Hotelsteuer beträgt generell 14,75 Prozent, dazu kommt noch eine Zimmergebühr von 3,50 Dollar pro Nacht.

Bezahlen

Kreditkarten von **MasterCard**, **Visa**, **American Express** oder **Diners Club** werden in den USA fast überall akzeptiert, zudem fungieren sie oft als Sicherheitsleistung (z. B. bei Hotels und Autovermietungen). Auch mit Debitkarten wie etwa der **girocard** (mit Maestro-Logo) können Sie bisweilen bezahlen bzw. Geld abheben. Geldautomaten sind in fast allen Banken und an nahezu jeder Ecke zu finden.

Bei Verlust Ihrer Kredit- oder Debitkarte lassen Sie diese sofort sperren.
Allgemeine Notrufnummer
📞 011-49-116-116

Reisende mit besonderen Bedürfnissen

Gebäude, die nach 1987 errichtet wurden, müssen Einrichtungen für Behinderte haben. Alle Stadtbusse können für Rollstuhlfahrer abgesenkt werden.

Das **Mayor's Office for People with Disabilities** bietet Informationen und Service.

Der **Theater Development Fund** versucht, den Service für Rollstuhlfahrer und Menschen mit Hör- und Seheinschränkungen im Theater zu verbessern.

Die **Lighthouse Guild** bietet Tipps, wie sehbehinderte Menschen New York erkunden.
Lighthouse Guild
🅦 lighthouseguild.org
Mayor's Office for People with Disabilities
🅦 www1.nyc.gov/site/mopd/index.page
Theater Development Fund
🅦 tdf.org

Sprache

Gesprochen wird amerikanisches Englisch. New York ist eine kosmopolitische Stadt, Sie werden viele Sprachen und Akzente hören.

Öffnungszeiten

Montag und Dienstag Museen sind teilweise an einem der Tage geschlossen, viele sind allerdings durchgängig geöffnet.
Sonntag Alle Banken und kleinere Läden schließen den ganzen Tag.
Feiertag Museen, Attraktionen und Läden sind meist geschlossen. Die Feiertagsschließungen einzelner Sehenswürdigkeiten sind in diesem Buch angegeben.

Feiertage

1. Jan	New Year (Neujahr)
Jan (3. Mo)	Martin Luther King, Jr. Day
Feb (3. Mo)	President's Day
Mai (letzter Mo)	Memorial Day
4. Juli	Independence Day (Nationalfeiertag)
Sep (1. Mo)	Labor Day (Tag der Arbeit)
Okt (2. Mo)	Columbus Day
11. Nov	Veterans Day
Nov (4. Do)	Thanksgiving (Erntedank)
25. Dez	Christmas (Weihnachten)

IN NEW YORK
UNTERWEGS

Die meisten Besucher erreichen New York per Flugzeug, innerhalb der USA auch per Zug oder Bus. In der Stadt kommt man am besten mit öffentlichen Verkehrsmitteln voran.

Auf einen Blick

Tickets

Die folgenden Tickets sind in Bussen und U-Bahnen (Subways) der MTA gültig.

Einzelticket

3 $

2 Std. gültig, einmaliges Umsteigen erlaubt

Pay-Per-Ride MetroCard

2,75 $

2 Std. gültig, einmaliges Umsteigen erlaubt

7-Tage-MetroCard

33 $

unbegrenzte Fahrten mit Bus und U-Bahn

Geschwindigkeitsbegrenzung

Freeways

65 mph (100 km/h)

Städtische Freeways

55 mph (90 km/h)

Stadt-gebiet

25 mph (40 km/h)

Verkehrsberuhigte Zone

20 mph (30 km/h)

Anreise mit dem Flugzeug

New York besitzt drei Flughäfen. Die beiden Hauptflughäfen für internationale Flüge sind John F. Kennedy International (JFK) in Queens und Newark Liberty International (EWR) in New Jersey. Beide fertigen auch Inlandsflüge ab. Der dritte Flughafen, LaGuardia (LGA) in Queens, wickelt hauptsächlich Inlandsflüge und Flüge nach Kanada ab. Alle drei Flughäfen bieten Verbindungen in die meisten amerikanischen Städte.

Nach der Ankunft am Flughafen müssen Sie sich diversen Kontrollen unterziehen. Zunächst müssen Sie den Einreiseschalter passieren, für den Sie Ihren Reisepass und die ESTA-Bestätigung griffbereit haben sollten. Dort werden Ihnen einige Fragen zu Ihrem Aufenthalt in den USA gestellt sowie digitale Fingerabdrücke und ein Foto gemacht. Bei der Zollkontrolle geben Sie Ihr schon im Flugzeug ausgefülltes Zollformular ab.

Zu Verbindungen von den Flughäfen in die Stadt *siehe Tabelle rechts*.

Anreise mit dem Zug

Züge von **Amtrak** und die Regionalzüge von Long Island Rail Road (**LIRR**) und New Jersey Transit (**NJT**) kommen alle in der Penn Station (zwischen Seventh und Eighth Avenue und 31st und 34th Street) unter dem Madison Square Garden an. Amtrak hat eigene Ticketschalter in der Moynihan Train Hall direkt gegenüber der Penn Station und separate Wartebereiche im Bahnhof.

Die Regionalzüge von **Metro-North** fahren zum Grand Central Terminal (42nd Street / Park Avenue) in Midtown Manhattan.

Tickets können am Tag des Fahrtantritts oder vorab online bzw. telefonisch erworben werden. Prepaid-Tickets können am Ticketschalter (Ausweis erforderlich) oder an Automaten in den Bahnhöfen abgeholt werden. Achten Sie bei Frühbuchungen immer auf Rabatte.

Mit dem USA Rail Pass von Amtrak (499 $) kann man innerhalb von 15 Tagen auf acht Streckenabschnitten durch die USA fahren, Kinder zahlen die Hälfte.

Von den Flughäfen in die Stadt

Flughafen	Verkehrsmittel	Fahrtdauer	Preis
John F. Kennedy	AirTrain JFK + LIRR	1:30 Std.	ab 18,50 $
	AirTrain JFK + U-Bahn	1:30 Std.	10,50 $
	SuperShuttle	1–2 Std.	ab 26 $
	Taxi	1–1:45 Std.	ab 53 $
Newark Liberty	AirTrain Newark + NJ Transit	1:30 Std.	15,25 $
	Newark Airport Express	45–60 Min.	18,50 $
	SuperShuttle	1–2 Std.	ab 23 $
	Taxi	45–60 Min.	70–95 $
LaGuardia	LaGuardia Link + Subway	50 Min.	2,75 $
	NYC Express Bus	1:30 Std.	16 $
	SuperShuttle	1–2 Std.	ab 20 $
	Taxi	1–1:30 Std.	35–40 $

Eine sehr stark frequentierte Route ist der Northeast Corridor zwischen Boston, New York, Philadelphia und Washington, DC. Auf dieser Strecke werden auch Hochgeschwindigkeitszüge eingesetzt. Diese **Acela Express**-Züge fahren stündlich. Sitzplätze für die erste und Business-Klasse muss man reservieren. Es gibt Anschlüsse für Laptops.

Amtrak setzt im Northeast Corridor auch Schlafwagen ein. Die Reise ist oft komfortabler als Flüge, bei denen man lange Fahrtzeiten zum und vom Airport hat. Eingeschlossen sind Einzelkabinen mit Dusche, ein Essen und Zugang zu einem Aufenthaltswaggon.

Acela Express
W amtrak.com/acela-train
Amtrak
W amtrak.com
LIRR
W new.mta.info/agency/long-island-rail-road
Metro-North
W new.mta.info/agency/metro-north-railroad
NJT
W njtransit.com

Anreise mit dem Bus

Fernreisebusse eignen sich hervorragend für Überlandfahrten in den USA. Von New York aus kann man mit ihnen beträchtliche Teile des Landes kennenlernen.

Fernreisebusse aus allen Regionen der Vereinigten Staaten kommen am **Port Authority Bus Terminal** (PABT), Eighth Avenue zwischen 40th und 42nd Street, an. Hier herrscht rund um die Uhr reges Treiben. Über 6000 Busse fahren ab bzw. kommen an, zur Rushhour kann es hektisch werden.

Taxis findet man gleich an der Eighth Avenue. Die U-Bahnen A, C und E halten auf den unteren Ebenen des Busbahnhofs. Durch einen ungefähr einen Häuserblock langen Tunnel erreicht man den Times Square mit weiteren Verbindungen.

Vom Port Authority Bus Terminal bestehen außerdem Busverbindungen zu allen drei Flughäfen sowie nach New Jersey.

Greyhound bietet günstige Busfahrten zwischen New York und Philadelphia (2 Std.), Washington, DC (4 Std.), Boston (4,5 Std.), Toronto (11,5 Std.) und Montreal (8,5 Std.) sowie weiteren Städten. Billiganbieter wie **Megabus** und **Bolt Bus** fahren u. a. an der 34th Street (zw. 11th und 12th Avenue) ab.

Bolt Bus
W boltbus.com
Greyhound
W greyhound.com
Megabus
W megabus.com
Port Authority Bus Terminal
W panynj.gov/bus-terminals/port-authority-bus-terminal.html

Öffentliche Verkehrsmittel

New Yorks Bus- und U-Bahn-System wird von der Metropolitan Transportation Authority (**MTA**) betrieben. Fahrpläne, Ticketinformationen, Subway- und Bus-Pläne sowie Routenplaner finden Sie auf der Website der MTA.

Die Hauptverkehrszeiten sind werktags zwischen 7 und 9:30 Uhr sowie von 16:30 bis 18:30 Uhr. Zu anderen Tageszeiten und an Feiertagen ist der Verkehr wesentlich angenehmer. An Feiertagen fahren generell weniger Verkehrsmittel.

MTA
w mta.info

Tickets

OMNY, das Bezahlsystem von MTA, funktioniert in allen Bussen und U-Bahnen (Subways). Bezahlt wird mit Kredit-, Debit- oder Prepaidkarten bzw. online über Wallets (digitale Geldbörsen). Fahrgäste halten dafür ihre Karte oder ihr Smartphone über ein Lesegerät. Auch Sieben-Tage- oder 30-Tage-Pässe erhält man damit.

Bis zur vollständigen Umstellung auf dieses neue System sind MetroCard und Einzelfahrscheine aus Papier (SingleRide-Tickets) für Fahrten mit Bussen oder U-Bahnen weiterhin gültig. Man kann mit ihnen – wie auch beim Bezahlsystem OMNY – einmal von der U-Bahn auf den Bus (oder umgekehrt) umsteigen bzw. zwischen zwei Buslinien wechseln. Die Gültigkeit beträgt zwei Stunden.

Das Einzelticket aus Papier oder das Einzelticket mit MetroCard kostet drei Dollar, mit einer Pay-Per-Ride MetroCard beträgt es nur 2,75 Dollar, egal, wie weit Sie fahren. Wer öfter fährt, sollte sich einen Sieben-Tage-Pass (33 $) zulegen, dann verringern sich die Kosten pro Fahrt weiter.

MetroCards und Tickets erhalten Sie an allen Zeitungskiosken, in Drugstores und in allen U-Bahnhöfen. MetroCards gibt es für Beträge ab 5,50 bis 80 Dollar. Neben Sieben-Tage-Pässen sind auch 30-Tage-Pässe (127 $) für unbegrenzte Fahrten erhältlich.

Die MTA erhebt einen Dollar Gebühr für eine neue MetroCard. Wer seine MetroCard immer wieder auflädt, spart diese Kosten natürlich.

OMNY
w omny.info

U-Bahn (Subway)

Die Subway ist die schnellste und bequemste Möglichkeit, sich in der Stadt zu bewegen, das Netz umfasst über 470 Stationen in allen *boroughs* sowie Routen in die entferntesten Winkel. Die meisten Linien fahren rund um die Uhr, allerdings nachts und an Wochenenden in größeren Zeitabständen.

Die Linien 1, 2, 3, 4, 5, 6, A, B, C, D, Q decken den Großteil der Stadt ab. Sie verkehren in Nord-Süd-Richtung, beginnend in Upper Manhattan oder der Bronx, und fahren (mit Ausnahme der Linien 1 und 6) nach Osten Richtung Brooklyn. Die Linie L quert Manhattan in Ost-West-Richtung entlang der 14th Street nach Brooklyn, die Linie 7 fährt entlang der 42nd Street nach Queens. Die Linien E, F, M, N, R und W starten in Queens und haben ein paar Haltestellen in der City, bevor sie nach Brooklyn weiterfahren (außer der Linie E, die in Lower Manhattan endet).

Busse

Busse fahren in der Regel morgens und zur abendlichen Rushhour alle drei bis fünf Minuten, von 12 bis 16:30 Uhr und 19 bis 22 Uhr alle 7 bis 15 Minuten. Am Wochenende und an Feiertagen ist der Takt reduziert.

Viele Buslinien fahren 24 Stunden lang, überprüfen Sie das vorsichtshalber am Fahrplan der Haltestelle. Nach 22 Uhr fahren viele Busse nur noch alle 20 Minuten, von Mitternacht bis 6 Uhr alle 30 bis 60 Minuten.

Bustouren

Beliebt sind die Hop-on-hop-off-Busse, bei denen man an jeder Station aussteigen und auch wieder zusteigen kann.

Gray Line bietet solche Touren an. Die Routen umfassen eine Downtown-, Uptown- und Brooklyn-Schleife sowie Nacht- und Feiertagstouren (keine Hop-on-hop-off-Möglichkeit). Es gibt 48- oder 72-Stunden-Pässe.

Gray Line
w graylinenewyork.com

Taxis

Manhattans »Yellow Cabs« kann man beliebig auf der Straße anhalten. Man findet sie auch außerhalb der meisten Hotels und an einigen Taxiständen. Wenn das Licht auf dem Dach leuchtet, ist das Taxi frei. Barzahlung ist jederzeit möglich, doch Taxis sollten auch Kreditkarten akzeptieren (Telefonnummer für Beschwerden: 311).

Grüne Taxis von Boro fahren auch in Stadtteile, die Yellow Cabs nicht bedienen – nördlich der West 110th Street und East 96th Street in Manhattan, Bronx, Queens (außer den Flughäfen), Brooklyn und Staten Island. Sie können Sie überall in der Stadt absetzen, dürfen allerdings keine Passagiere unterhalb der 96th und 110th Street aufnehmen.

Alle Taxis haben ein Taxameter und stellen Quittungen aus. Das Taxameter startet bei 3,30 Dollar. Nach einer fünftel Meile oder nach 60 Sekunden Wartezeit wird die Fahrt um 50 Cent teurer. Zwischen 20 und 6 Uhr wird eine zusätzliche Gebühr von 50 Cent fällig.

Einen Dollar Zusatzgebühr bezahlt man zwischen 16 und 20 Uhr an Werktagen. Für alle Fahrten südlich der 96th Street wird die New York State Congestion Surcharge in Höhe von 2,50 Dollar erhoben. Gebühren für die Brückenmaut kommen dazu.

Uber-Taxis starten bei 7,19 Dollar und berechnen 1,48 Dollar pro Meile. Lyft und Gett haben ähnliche Tarife.

Autofahren in New York

Dichter Verkehr, Mangel an Parkplätzen und hohe Mietwagenpreise machen Autofahren in New York zu einer frustrierenden Angelegenheit. Die stressfreie Option ist der öffentliche Nahverkehr außerhalb der Rushhour.

Autovermietung

Autovermietungen gibt es in Flughäfen, großen Bahnhöfen und auch in der Stadt.

Um einen Wagen zu mieten, müssen Sie mindestens 25 Jahre alt sein, einen gültigen Führerschein besitzen (ein internationaler Führerschein ist nützlich), Ihren Pass und eine Kreditkarte vorlegen. Es ist ratsam, das Auto vollgetankt zurückzugeben (sonst zahlen Sie für das fehlende Benzin die teuren Preise der Vermietungen). Untersuchen Sie das Auto vorab auf Schäden, eventuelle Mängel sollten im Vertrag vermerkt werden.

Parken

Parken in Manhattan ist fast unmöglich und teuer. Sie können Ihr Auto in einer Parkgarage abstellen oder den Parkplatz Ihres Hotels nutzen – sofern es einen gibt. Beide Optionen sind kostspielig (mindestens 25 $ pro Nacht).

Es gibt Parkplätze mit Parkuhren, wo man bis zu zwölf Stunden parken kann (ab 3,50 $ pro Stunde), man muss aber alle ein oder zwei Stunden Geld nachwerfen. Falls nicht, ist eine Strafe von mindestens 65 Dollar fällig.

New York hat einige – allerdings teure – Langzeit-Parkplätze (ab 50 $ pro Tag).

Straßenverkehrsregeln

Um Auto zu fahren, benötigen Sie einen gültigen Führerschein (der internationale Führerschein ist empfehlenswert) sowie Fahrzeugpapiere und Versicherungen.

Die Höchstgeschwindigkeit von 25 mph (40 km/h) zu überschreiten ist angesichts der vielen Ampeln fast unmöglich. Es besteht Anschnallpflicht (auch in Taxis). Kinder unter drei Jahren benötigen einen Kindersitz hinten. Die meisten Straßen New Yorks sind nur in eine Richtung befahrbar.

Anders als den in USA üblich, dürfen Sie an einer roten Ampel nicht ohne Weiteres nach rechts abbiegen, sondern nur, wenn es durch Verkehrszeichen ausdrücklich erlaubt ist.

Es gilt eine Grenze von 0,8 Promille Blutalkohol. Für Fahrer unter 21 Jahren liegt sie bei null. Fahren unter Alkohol zieht erhebliche Strafen nach sich, sogar Gefängnis. Trinken Sie am besten gar keinen Alkohol, wenn Sie Auto fahren wollen.

Bei Unfällen oder Pannen sollten Sie zunächst Ihre Autovermietung verständigen. Mitglieder der American Automobile Association (AAA) können ihre Autos zur nächsten Service-Station abschleppen lassen. Bei einfacheren Problemen wird die AAA sie gegen Gebühr an Ort und Stelle beheben.

AAA

🆆 aaa.com

Radfahren

Sich neben den Autoschlangen in Midtown auf einem Rad zu bewegen erfordert Mut. Es gibt aber auch wunderbare Radwege, z. B. am East River und auf der West Side sowie im Central Park, wo Autos an Wochenenden nicht fahren dürfen.

Bike Rent NYC bietet Leihräder sowie geführte Radtouren in der Stadt. Man kann Räder für einen Tag, drei Tage oder einen ganzen Monat mieten.

Citibike stellt 13 000 Räder an mehr als 800 Stationen überall in der Stadt zur Verfügung. Über eine App *(siehe S. 313)* kann man für eine bestimmte Adresse ein Rad reservieren oder mit Kreditkarte an einer der Stationen mieten.

Helme sind zwar nicht Pflicht, doch es ist empfehlenswert, einen zu tragen.

Bike Rent NYC

🆆 bikerent.nyc

Citibike

🆆 citibikenyc.com

Zu Fuß unterwegs

An allen Straßenkreuzungen in New York gibt es Ampeln, teils auch akustische Signale. New York kann man wunderbar zu Fuß entdecken, doch da die Attraktionen beträchtlich auseinanderliegen können, sollten Sie bequeme Schuhe anziehen.

Boote und Fähren

Die Fähren von **New York Waterway** verbinden New Jersey und Manhattan.

NYC Ferry verkehrt zwischen Manhattan, Brooklyn, Queens und der Bronx.

Eine Fahrt auf der kostenlosen Staten Island Ferry (24 Std.) bietet spektakuläre Ansichten von Lower Manhattan und der Statue of Liberty.

New York Waterway

🆆 nywaterway.com

NYC Ferry

🆆 ferry.nyc

PRAKTISCHE
HINWEISE

Ein paar wenige Kenntnisse der lokalen Gegebenheiten genügen – hier finden Sie die wichtigsten Hinweise und Tipps für Ihren New-York-Aufenthalt.

Auf einen Blick

Notfälle

Generelle Notrufnummer

9 1 1

Zeit

In New York gilt die Eastern Standard Time (EST) = Mitteleuropäische Zeit (MEZ) minus sechs Stunden. Sommerzeit: Mitte März bis Anfang November.

Leitungswasser

Wasser aus dem Hahn kann man – wenn nicht anders angemerkt – bedenkenlos trinken.

Trinkgeld

Bedienung	15–20 %
Barmann	1 $ pro Drink
Gepäckträger	2 $ pro Gepäckstück
Zimmermädchen	10 % der Zimmerrechnung
Taxifahrer	10–15 %

Information

Die Mitarbeiter des **New York Convention and Visitors Bureau (NYC & Co.)** informieren Besucher umfassend in mehreren Sprachen.
Tourismusinformation
D5 Macy's Visitor Info Center, 151 W 34th St +1 212-484-1222
ny.com/general/centers.html

Persönliche Sicherheit

Auch in New York gibt es Kleinkriminalität, achten Sie also auf Ihre Umgebung. Taschendiebe operieren gern in öffentlichen Verkehrsmitteln und in belebten Gegenden.

Einen Diebstahl sollten Sie innerhalb von 24 Stunden beim nächsten Polizeirevier melden (Pass mitnehmen). Lassen Sie sich eine Kopie des Berichts für Ihre Versicherung geben. Den Verlust Ihres Reisepasses sollten Sie unverzüglich dem **Konsulat** Ihres Heimatlandes mitteilen.
Deutsches Generalkonsulat
F3 871 United Nations Plaza
+1 212-610-9700
new-york.diplo.de
Österreichisches Generalkonsulat
P9 31 E 69th St +1 212-737-6400
austria-ny.org
Schweizer Generalkonsulat
F4 633 3rd Avenue, 30. Stock
+1 212-599-5700
eda.admin.ch/newyork

Gesundheit

Beim Besuch eines (Zahn-)Arztes müssen Sie oft die Behandlungskosten vorstrecken. Bewahren Sie alle Zahlungsbelege auf, um sie zu Hause mit Ihrer Versicherung abzurechnen.

Mehrere Notfall-Ambulanzen sowie Apotheken sind rund um die Uhr geöffnet. Zum **Mount Sinai** können Sie einfach hingehen oder einen Termin vereinbaren. Eine weitere Option sind die **NYC Health + Hospitals**. In dringenden Fällen rufen Sie den Notarzt.
Mount Sinai
mountsinai.org
NYC Health + Hospitals
nychealthandhospitals.org

Rauchen, Alkohol und Drogen

In den Vereinigten Staaten ist es erst ab 21 Jahren erlaubt, Alkohol zu erwerben und zu konsumieren (eventuell Pass mitnehmen). Es ist verboten, Alkohol in öffentlichen Parks zu trinken bzw. geöffnete Flaschen mit Alkohol im Auto zu haben. Die Strafen für Autofahren unter Alkohol sind hart *(siehe S. 311)*.

Rauchen ist in den USA in öffentlichen Gebäuden, Bars, Restaurants und Läden verboten. Um Zigaretten bzw. Tabak zu kaufen, muss man über 18 Jahre alt sein (eventuell Pass mitnehmen).

2021 wurden im Bundesstaat New York Besitz und Konsum von Cannabis für Personen ab 21 Jahren legalisiert, für härtere Drogen gilt dies weiterhin nicht. Zuwiderhandlungen können hohe Strafen nach sich ziehen.

Ausweispflicht

Sie müssen in New York Ihren Pass nicht ständig bei sich tragen. Falls die Polizei Ihre Identität überprüfen will, genügt meist eine Fotokopie Ihres Ausweises. Eventuell müssen Sie das Originaldokument innerhalb von zwölf oder 24 Stunden vorlegen.

Vorwahlen und Nummern

Bei Telefonaten innerhalb der USA wählen Sie unabhängig von Ihrem Standort immer die 1, dann den dreistelligen *area code*, dann die siebenstellige Telefonnummer. Für Auslandsgespräche wählen Sie erst die 011, anschließend die jeweilige Ländervorwahl, dann die Ortsvorwahl (ohne 0) und die Rufnummer.

Mobiltelefone und WLAN

In New York gibt es viele WLAN-Hotspots (Wi-Fi), auch in MetroRail-Stationen. In Cafés und Restaurants können Sie – bei Konsum – das jeweilige WLAN benutzen.

Mit einem europäischen Handy (in den USA *cell phone* oder *mobile phone*) können Sie nur telefonieren, wenn es sich um ein Smartphone handelt. Alte GSM-Handys funktionieren nur als Triband- oder Quadband-Mobiltelefone.

Für günstige Telefonate brauchen Sie eine US-SIM-Karte. **Cellion** (www.cellion.de) etwa bietet gratis eine SIM-Karte mit eigener US-amerikanischer Rufnummer. Die Kosten werden von Ihrem Konto abgebucht.

Post

Briefmarken erhält man in Postämtern, Drugstores und Zeitungskiosken. Das Porto für einen Standardbrief / Postkarte nach Europa beträgt 1,30 Dollar. Briefkästen auf der Straße sind blau oder rot-weiß-blau. Postämter sind im Allgemeinen montags bis freitags von 9 bis 17 und samstags von 12 bis 16 geöffnet, an Sonntagen geschlossen.

Steuer und Trinkgeld

Die Sales Tax (8,875 %) entspricht etwa der europäischen Mehrwertsteuer und wird den meisten Waren (auch Gerichten in Lokalen) aufgeschlagen. Bedienungen erwarten zwischen 15 und 20 Trinkgeld. Eine schnelle Trinkgeld-Berechnung ist es, die Steuer zu verdoppeln – das ergibt ca. 18 Prozent.

Besucherpässe (Cards)

New York besitzt eine Reihe von Besucherpässen und Rabattkarten für Ausstellungen, Events, Museumseintritte und öffentlichen Nahverkehr. Man kann sie online oder in Touristeninformationen erwerben. Kalkulieren Sie, bei welchen Karten und Pässen Sie wirklich Geld sparen.
City Pass
W citypass.com
Go City Pass
W gocity.com
The New York Pass
W newyorkpass.com

Website und Apps

Citibike
Mit dieser App finden Sie Rad-Stationen in Ihrer Nähe und erhalten zeitnahe Updates zu verfügbaren Rädern.

NYC & Co.
New Yorks offizielle Tourismusinformation bietet Infos auf: www.nycgo.com.

NYC Ferry
Diese App versorgt Sie mit Routen, Fahrplänen und Links zu allen New Yorker Fährdiensten. Sie erlaubt Ihnen zudem, papierlos Fahrkarten zu kaufen und auf diese Weise per Smartphone auf die Fähre zu gelangen.

DANKSAGUNG

Dorling Kindersley möchte sich bei allen bedanken, die dieses Buch möglich gemacht haben.

Karissa Adams, Adam Brackenbury, Elizabeth Byrne, James Davis, Sarah Dennis, Matt Dobbin, Bridget Fuller, Pauline Giacomelli-Harris, Meryl Halls, George Hamilton-Jones, Catherine Hetherington, Debbie James, Tom Morse, Chris Rushby, Mike Sansbury

Kartografisches Material: ERA-Maptec Ltd. (Dublin) mit freundlicher Genehmigung von Shobunsha (Japan)

Revision: Hansa Babra, Stephen Keeling, Sumita Khatwani, Lucy Sara-Kelly, Christine Stroyan, Lucy Richards, Priyanka Thakur

Hempell 284ml; Christian Horz 135u; Wangkun Jia 259mlo; Jjfarq 106–107, 137or; Kmiragaya 82–83o, 220–201o; Takahiko Katayama 301ur; Lavendertime 17o, 102–103; Chon Kit Leong 275ol; Leungphotography 44or; Littleny 169ol, 295o; Steve Lovegrove 192or; Meinzahn 180–181o, 190or; Palinchak / Fernand Léger © ADAGP, Paris und DACS, London 2018 Wandbilder *United Nations General Assembly Hall* 191o; Sean Pavone 57mlo, 81ur, 208–209ol, 239mru, 242–243o, 292or; Louise Rivard 45ml; Eq Roy 247o; Simon Thomas 80ol; Tupungato 221ul; *Fearless Girl* von Kristen Visbal / Statue im Auftrag von SSGA / Michaelfitzsimmons 82u; David Pereiras Villagrá 99o, Gaspard Walter 46–47o; Jannis Werner 197mro; Witgorski 47mru; Yang Zhang 264ul; Zhukovsky 30ol.

Eataly: 155; Virginia Rollison 154mlu; Evan Sung 154ul.

Getty Images: AFP / Kena Betancur 55ml / Torsten Blackwood 24ul, / Timothy A. Clary 40–41o / Don Emmert 40ol / Oliver Lang 219mlo; Archive Photos 60o; Jon Arnold 34u, 221mu; Bettmann 254mlu; Bruce Bi 188–189; Bloomberg 26mr, 31o, 54mro, 232; Andrew Burton 31ml; Buyenlarge 49mlo; CBS Photo Archive 51ur; Julie Dermansky 59or; James Devaney 297or; DigitalVision / Matteo Colombo 274–275u; Dia Dipasupil 54mru; Krzysztof Dydynski 110om; Elsa 44u; EyeEm / Ricardo Ramirez 87ur; Fine Art 57ol; FPG 57or; Victor Fraile Rodriguez 39o; Noam Galai 13o, 50–51o; Robert Giroux 58–59o; Steven Greaves 46um; Heritage Images 49mru / Brooklyn Museum 276ul; Gary Hershorn 55ur; John Kobal Foundation 165or; Stacy Kay 303ur; Keystone-France 69or; Library of Congress 95or; Lonely Planet 47ml / Glenn van der Knijff 149o; Brad Mangin 297u; Maremagnum 34–35o, 212ul; Gonzalo Marroquin 51mlo; Francis G. Mayer / Brooklyn Museum 276ml; MCNY / Gottscho-Schleisner 77mlo; Mondadori Portfolio 204mlu; John Moore 95mo; Hal Morey 188ml; Francis G. Mayer / Brooklyn Museum 276ml; National Archives 165mru; New York Daily News 58mru, 167ul, 254mu, 255um; The New York Historical Society 56om, 167mlu; Johnny Nunez 50u; Pacific Press 54mr; Archive Photos / Pictorial Parade 58ul; Andria Patino 241ul; Sean Pavone 46ol; Steve Kelley aka mudpig 273mru; Photolibrary / Toshi Sasaki 119o; Jason Carter Rinaldi 167ur; Douglas Sacha 96ml; Mark Sagliocco 97; Steve Schapiro 60ur; Merten Snijders 24mlu; Sunset Boulevard 60mru, 60ul; Claire Takacs 26ur; Mario Tama 96mu; Tetra Images 68; Tony Shi Photography 156ul; Universal History Archive 70mo, 273mlu; Jack Vartoogian 12o; Roger Viollet 254ul; Slaven Vlasic 54mlo, 55or; The Washington Post 13mr; Westend61 188mro; CQ-Roll Call, Inc. / Tom Williams 59mu; Barry Winiker 206ml.

Governors Island: Kreg Holt 77mro.

iStockphoto.com: 400tmax 73mro, 120or; ablokhin 24om; AlbertPego 289ul; AlexPro9500 218mlu; Alija 166ul, 239mlo; andykazie 55ol; andyparker72 221ur; BirgerNiss 75ol; Boogich 166–167o, 239ro; Matt Burchell 10mlu; c3nsored 28mr; chang 170mr; dell640 238–239u; diego

grandi 132ml; E+ / Bim 304-5 / FilippoBacci 272–273o; Eloi_Omella 192ul, 240or; espiegle 11o; ferrantraite 38–39u, 41mlu; GCShutter 10–11u; iShootPhotosLLC 48–49o; JayLazarin 157ol; jejim 206mr; johnandersonphoto 32–33o; Juntaski 37o; littleny 19ol, 150–151; lucagavagna 35mlo, 202ul; Lya_Cattel 45ur; MaximFesenko 8mlo; mbbirdy 62–63u; MBPROJEKT_Maciej_ Bledowski 288mu; Meinzahn 291; mizoula 131ul, 263ul; NicolasMcComber 122ml; moniquee2 20ol, 172–173; nuiiko 244ur; OlegAlbinsky 227ul; Andrei Orlov 28o; S. Greg Panosian 71or; peeterv 4um; pidjoe 24mru; PJPhoto69 35ul; robertcicchetti 178mu; RolfSt 285ur; sangaku 76–77u; santypan 52–53u; SeanPavonePhoto 84u; SergeYatunin 255mru; Snowshill 12ul; tomeng 176ur; Torre-signer 32–33u; visualspace 72–73o, 131o, 239um; wdstock 18o, 94–95u, 124–125, 142ul, 146ul, 147ol, 170om, 249ol.

La Bernardin: Daniel Krieger 30ur.

Metropolitan Museum of Art: *Seerosen* von Claude Monet (Paris 1840–1926 Giverny), 1916–19, Schenkung von Louise Reinhardt Smith, 1983 39ur; Marmorstatue einer alten Frau (14–68 v. Chr.), römisch, Rogers Fund, 1909 222ur; *Das Letzte Abendmahl des hl. Hieronymus* (um 1490) von Botticelli (Alessandro di Mariano Filipepi) (Florenz 1444/45–1510), Stifung von Benjamin Altman, 1913 223or; *Washington Crossing the Delaware* (1851) von Emanuel Leutze (Schwä-bisch Gmünd 1816–1868 Washington, DC), Schen-kung von John Stewart Kennedy, 1897 223ul.

Museum at Eldridge Street: 96ul, 96ur.

Museum of Chinese in America: 108–109u, 109ol.

New Museum: Dean Kaufman 106 om; Scott Rudd 106ul.

New York Public Library: 178–179u, 179mro.

Picfair.com: Dan Martland 196ul.

The Public Theater / Tammy Shell: Aufnahme des kostenlosen Festivals Shakespeare in the Park 10mo.

Mit freundlicher Genehmigung des **Queens Museum:** David Sundberg, Esto 299ol.

Rex by Shutterstock: Kobal / Warner Bros TV / Bright / Kauffman / Crane Pro / 61mu.

Robert Harding Picture Library: Wendy Connett 11mr; Richard Cummins 159mr, 206mru; *Apo-calypse of the Twin Towers* von Joe Kincannon, St. John the Divine, New York / Godong 254ml; KFS 16mu, 90–91; Tetra Images 16ml, 64–65.

Schomburg Center / NYPL: 257or, 257ml, 257m.

Shutterstock.com: Vanessa Carvalho 43or; Ryan Rahman 59mro.

SPiN: 44mlo.

studio ai architects: Ed Caruso 133ur.

Dieser Reiseführer wird regelmäßig aktualisiert. Angaben wie Telefonnummern, Öffnungszeiten, Adressen, Preise und Fahrpläne können sich jedoch ändern. Der Verlag kann für fehlerhafte oder veraltete Angaben nicht haftbar gemacht werden. Für Hinweise, Verbesserungsvorschläge und Korrekturen ist der Verlag dankbar. Bitte richten Sie Ihr Schreiben an:

Dorling Kindersley Verlag GmbH
Redaktion Reiseführer
Arnulfstraße 124 • 80636 München
reise@dk.com

www.dk-verlag.de

Hauptautoren
Stephen Keeling, Eleanor Berman
Senior Editor Alison McGill
Senior Designer Laura O'Brien
Project Editor Lucy Richards
Project Art Editors Bess Daly, Tania Gomes, Ben Hinks, Stuti Tiwari Bhatia, Bharti Karakoti, Priyanka Thakur, Vinita Venugopal
Factcheck Todd Obolsky
Editors Danielle Watt, Penny Phenix
Register Helen Peters
Senior Picture Researcher Ellen Root
Bildredaktion Harriet Whitaker
Illustrationen Richard Draper, Robbie Polley, Hamish Simpson
Cartographic Editor James Macdonald
Kartografie Ashutosh Ranjan Bharti, Uma Bhattacharya, Zafar ul Islam Khan, Chez Picthall, Kunal Singh
Design Umschlag Maxine Pedliham, Bess Daly
Bildredaktion Umschlag Susie Peachey
Senior DTP Designer Jason Little
DTP Coordinator George Nimmo
Senior Producer Stephanie McConnell
Managing Editor Rachel Fox
Art Director Maxine Pedliham
Publishing Director Georgina Dee

Verlagsleitung Monika Schlitzer, DK Verlag
Programmleitung Heike Faßbender, DK Verlag
Redaktionsleitung Stefanie Franz, DK Verlag
Projektbetreuung Theresa Fleichaus, DK Verlag
Übersetzung Barbara Rusch, München; Dr. Elfi Ledig, München
Redaktion Gerhard Bruschke, München
Schlussredaktion Philip Anton, Köln
Umschlaggestaltung Ute Berretz, München
Satz und Produktion DK Verlag, München
Druck Livonia Print SIA, Lettland

ISBN 978-3-7342-0680-1

27 28 29   24 23 22

DK Vis-à-Vis

Vis-à-Vis-Reiseführer

#dkvisavis
www.dk-verlag.de
   /dkverlag